中炮过河车对盘河马布局解析

梁文斌 / 编著

第一辑

经济管理出版社·棋书中心

图书在版编目（CIP）数据

中炮过河车对盘河马布局解析. 第一辑/梁文斌编著. —北京：经济管理出版社，2015.5

ISBN 978-7-5096-3623-7

Ⅰ. ①中… Ⅱ. ①梁… Ⅲ. ①中国象棋—布局（棋类运动） Ⅳ. ①G891.2

中国版本图书馆 CIP 数据核字（2015）第 039440 号

组稿编辑：郝光明　王　琼
责任编辑：郝光明　史思旋
责任印制：黄章平
责任校对：超　凡

出版发行：经济管理出版社
（北京市海淀区北蜂窝 8 号中雅大厦 A 座 11 层　100038）
网　　址：www.E-mp.com.cn
电　　话：(010) 51915602
印　　刷：保定金石印刷有限公司
经　　销：新华书店
开　　本：720mm×1000mm/16
印　　张：17.25
字　　数：301 千字
版　　次：2015 年 5 月第 1 版　2015 年 5 月第 1 次印刷
印　　数：1—5000 册
书　　号：ISBN 978-7-5096-3623-7
定　　价：63.00 元

·版权所有　翻印必究·

凡购本社图书，如有印装错误，由本社读者服务部负责调换。
联系地址：北京阜外月坛北小街 2 号
电话：(010) 68022974　邮编：100836

总 序

在大师的指引下

象棋金牌教练梁文斌大师与经济管理出版社倾力合作，将金牌教练教象棋丛书奉献给广大象棋爱好者。首部作品《梁大师讲中局》（第一辑）已问世，受到了广大读者的由衷喜爱。

我们能看到的出版时间最早的象棋书是明朝的象棋谱。如果将当今的一般象棋书与600余年前的象棋书相比较，会得出这样的分析结果：今天的象棋书在内容上要丰富得多，历史上的象棋书与其不可同日而语，但在棋书的形式上却没有多大变化。今天，象棋已有了极大的发展，广大象棋爱好者对象棋书早已有更高的要求，但象棋书的出版无论内容还是形式都远远未能反映出时代的变化和读者的需求，这真是极大的缺失和遗憾。

我们向梁大师请教，进行思想交流，便有了我们和梁大师的真诚合作，有了金牌教练教象棋丛书。

人间要好诗

1200年前，唐朝诗人白居易拜读前辈大诗人李白和杜甫的诗集后，从心灵深处发出一声呐喊："天意君须会，人间要好诗！"（白居易《读李杜诗集因题卷后》）这一声呐喊化为时代的呼唤。

1200年前，大唐帝国从开元盛世陷入"安史之乱"的灾祸，盛世的繁荣和乱世的流离成就了历史上两位最伟大的诗人。

唐朝的开元时期（713~741年）是中国封建社会的鼎盛时期，也是造就李白和杜甫的时代。历史告诉我们，只有国运昌盛，才有文学的兴旺发达，才有文化的繁荣，才有象棋运动的蓬勃发展。今天，人民的物质生活水平空前提高，因此人们对包括象棋在内的文化需求也有了极大提高，喜爱象棋的人越来越多，数以千万计的象棋爱好者需要更多更好的棋书，借助读棋书提高棋艺水平。"人间要好诗"，时代需要好书，需要好棋书。

然而，现有的棋书显然不能满足人们的需求。虽然读者可以看到很多棋书，但它们内容与形式大多雷同，是不同作者对象棋竞技的个人认识，是对棋局胜负得失的见解和分析。各种象棋书均独立存在，彼此缺乏统一性和联系性，更缺乏循序渐进的特性，而这一特性恰恰是学习象棋的规律性的根本体现，是广大象棋爱好者最需要的。很多读者都有这样的体会：买回一本棋书，照书打谱，认识大有提高，但很难在实战中提高成绩。究其原因，本质上是读者的水平与弈战的象棋大师以及作者的水平相去甚远，实际上不能真正理解棋书中的大部分内容。没有理解就无法记忆，没有记忆就没有真正的提高，就不能和大师以及作者产生共鸣。广大象棋爱好者需要的是这样的棋书：它由浅入深、循序渐进，引领读者一步步地在提高棋艺水平的道路上探索着不断前进，使读者的实战水平不断提高，对象棋的认识不断升华，最终能与象棋大师对话。

广大象棋爱好者迫切需要更适合他们学习和使用的一整套自学象棋工具书。金牌教练教象棋丛书正是在这种新形势、新时代的呼唤下应运而生的。它的规模和结构如下：《象棋布局系列》、《梁大师讲中局》、《梁大师讲残局》和《梁大师讲排局》。布局、中局、残局、排局各由多辑组成，选材务求精要，从而构成一整套自成体系、独具特色的象棋自学工具书。我们坚信，读者只要认真学习，刻苦研练，并把学到的新知识在实践中大胆运用，就一定能获得意想不到的成功。

我们坚信，有了金牌教练教象棋这首"好诗"，广大读者一定能依据它优美的旋律，演绎出成功人生的美好华章。

寂寞壮心惊

今天的象棋成型于宋朝。千年以来，中华民族承受了世界史上罕有的灾祸，象棋却不仅没有被湮灭，反而不断地发扬光大。这是因为，它具有为人民群众所喜爱的极其深厚的基础，不仅是历代智者和勇者共同喜爱的高水平的竞技游戏，更是中华民族在苦难与辉煌交替发展的历史中演变出的走向成功的思维武器。它不仅已经成为中华民族文化的重要组成部分，而且已经成为世界文化的一部分。唯其如此，在物质生活极其丰富的今天，象棋运动才得到前所未有的大发展。有统计资料显示，我国的象棋爱好者数以亿计，全世界的象棋爱好者也越来越多。

喜爱象棋是一回事，学好象棋是另一回事，两者之间没有那种很多人幻想的因果关系。象棋已经发展成为独立的思想体系和知识体系。它犹如一座规模宏大、结构复杂的宫殿。它的大门虽然永远向一切访问者敞开，但访问者须有行千里路、读万卷书的深厚功力，否则不能登堂入室。细数当代象棋大师的名

总　序

字，竟然寥寥不过百人，足见象棋的难度和深度。

多数喜爱象棋的人之所以不能达到学好象棋的目的，是因为大多数人不能忍受寂寞。然而，任何事业的成功无一例外地是寂寞人生的高回报，学好象棋自然也是如此。

金牌教练教象棋丛书是帮助读者成为象棋大师的书。读者须志存高远，摒弃虚荣和浮躁，保持淡泊和宁静，在纯净的心灵光芒的照耀下探寻象棋的真理，在读书和研习中追求理想，实现精神的升华。

志存高远的人总是与寂寞为伴。究其实质，寂寞是人类的高尚品质和操守，是人生的至高境界，是世俗不能理解、更不能企及的思想，是人类精神的核心要素之一。读者若能接受这样的认识，在难得的寂寞中学习象棋，学好象棋就不再是难事。

要想达到目的，就要耐得寂寞。其实，耐得寂寞是要人被动接受，处于精神升华的初级阶段，只有选择寂寞、追求寂寞才是高境界，才能获得成功。如果谁能使自己的人生与寂寞不再分离，那他就距成功不远了。

梁文斌大师是一个与寂寞相伴的人。因此，他拒绝灯红酒绿、五光十色的世俗生活，潜心于象棋的研究和教学。正是由于这种选择，梁大师有令人惊叹的健康体魄。他年近古稀，每天睡眠时间不过5小时，大量的时间用于著述和教学，因而能够不断地为广大读者提供好书。

因为寂寞，梁大师成为享誉棋界的金牌教练，把那些在寂寞中生活的男孩和女孩培养成为象棋大师。读者若能选择寂寞，梁大师会用双手扶着你，帮助你站在象棋巨人的肩上。

你当然熟悉这些名字：胡荣华、柳大华、吕钦、许银川……

"济时敢爱死？寂寞壮心惊！"（杜甫：《岁暮》）当年，国难当头，以天下为己任的杜甫本想投身政治却报国无门，于是选择了寂寞与诗歌。历史成就了杜甫。

"语不惊人死不休！"（杜甫：《江上值水如海势，聊短述》）这是杜甫的名句，是梁大师最喜爱的格言。梁大师喜爱杜甫，把"语"变成了"棋"。生逢盛世，梁大师选择了寂寞与象棋。历史成就了梁文斌。

亲爱的读者，如果你选择了象棋且矢志不渝，那么只要同时选择寂寞，在大师的指引下学习，沿着大师的足迹前进，历史也一定会公平而慷慨地成就你的事业和人生。

郝光明

2011年10月28日

前　言

《中炮过河车对盘河马布局解析》战术的起源颇难考证。古代棋谱皆无提及，近代民间流传名家对局寥若晨星，亦难查考。

根据现有资料推测，中炮过河车对盘河马的争斗大约始于20世纪初期。1956年首届全国象棋个人赛，"中炮巡河炮"抵抗盘河马的新式武器首次亮相。因盘河马强烈反击而令人生畏，后来中炮巡河炮退出江湖。最为轰动棋坛的是王嘉良首创"中炮过河车肋道捉马"，先后战胜大名鼎鼎的刘忆慈、杨官璘两大顶级棋手，成为明星布局战术。

但是在1957年又有盘河马抵抗中炮新战术，使1956年大显神威的王嘉良首创"中炮过河车肋道捉马"失灵了。

这就迫使棋手们寻求新的攻击之路。1958年全国象棋赛，著名辽宁棋手孟立国首创"中炮冲中兵"攻击盘河马的战术横空出世。在此基础上，以后各种各样新式布局武器不断创新而纷纷亮相遍地开花，一幅乱花渐欲迷人眼的画卷，给人以动态的艺术享受与曼妙美感！

本书取材名家经典战局及绿林英雄比赛杰作，按时间先后，布局分类编写，使读者朋友对"中炮过河车对盘河马"布局起源与发展及各种布局战术一目了然。本书适合专业与业余棋手及儿童、少年、广大象棋爱好者阅读，细细研析必对提高棋艺水平获益匪浅！

梁文斌
2014年11月1日

目 录

第1章　中炮过河车对盘河马早期四种经典战术
①炮轰中卒　②边马　③过河车进而复退　④补仕

第1局　中炮过河车炮轰中卒对盘河马　　　　　　冯敬如 和 周德裕 …………… 1
第2局　中炮过河车边马对盘河马冲卒逐车　　　　赵文宣 胜 王嘉良 …………… 3
第3局　中炮过河车边马对盘河马左象　　　　　　谢业枧 胜 胡荣华 …………… 6
第4局　中炮边马过河车进而复退对盘河马右象　　王嘉良 胜 全海龙 …………… 9
第5局　中炮过河车补仕对盘河马右象　　　　　　张德魁 负 王嘉良 …………… 11
第6局　中炮过河车进而复退对盘河马退2路炮　　（甲）屠景明 胜 陈松顺 …… 14
　　　　　　　　　　　　　　　　　　　　　　　（乙）阮得丁 负 胡荣华 …… 16
第7局　中炮过河车退车巡河对盘河马退2路炮　　徐青山 负 刘殿中 …………… 19
第8局　中炮过河车进而复退对盘河马飞右象　　　（甲）管必仲 负 庞凤元 …… 22
　　　　　　　　　　　　　　　　　　　　　　　（乙）李佰余 负 党斐 ……… 23
第9局　中炮过河车进而复退对盘河马高横车　　　黎德志 胜 曹岩磊 …………… 25
第10局　中炮过河车进而复退对盘河马弃7卒　　（甲）刘征 负 尤颖钦 ……… 27
　　　　　　　　　　　　　　　　　　　　　　　（乙）周军 胜 宿少峰 ……… 28

第2章　中炮过河车巡河炮对盘河马

第11局　中炮巡河炮飞边相对盘河马冲卒逐车　　王嘉良 和 何顺安 …………… 31
第12局　中炮巡河炮分车链炮对盘河马冲卒逐车　（甲）刘剑青 和 李义庭 …… 34
　　　　　　　　　　　　　　　　　　　　　　　（乙）姜林坤 负 陈新全 …… 35
第13局　中炮巡河炮对盘河马冲卒逐车　　　　　薛占金 负 杨官璘 …………… 36
第14局　中炮巡河炮对盘河马冲卒逐车　　　　　　　　　　　　　　　　……… 38

· 1 ·

第15局	中炮巡河炮卸中炮对盘河马冲卒逐车	林进强 负 颜仲旺	42
第16局	中炮巡河炮对盘河马冲卒逐车高右炮	薛占金 和 李义庭	44
第17局	中炮巡河炮对盘河马冲卒逐车	郑乃东 胜 王贵福	46

第3章　中炮肋车捉马对盘河马

第18局	中炮肋车捉马对盘河马进炮打马	王嘉良 胜 刘忆慈	49
第19局	中炮肋车捉马对盘河马7路炮	王嘉良 胜 杨官璘	51
第20局	中炮过河车肋车捉马对盘河马7路炮	胡荣华 胜 洪智	55
第21局	中炮肋车捉马踩中卒对盘河马7路炮	王嘉良 和 杨官璘	57
第22局	中炮肋车捉马卸中炮对盘河马高右炮	王嘉良 负 于幼华	59
第23局	中炮肋车捉马卸中炮对盘河马士角炮	（甲）张惠民 负 刘殿中	62
		（乙）柯善林 负 陈富杰	63
第24局	中炮过河车肋车捉马分车捉炮对盘河马士角炮	（甲）董旭彬 负 傅光明	66
		（乙）董旭彬 胜 李来群	67
		（丙）柳大华 胜 刘殿中	69
第25局	中炮肋车捉马卸中炮对盘河马进炮点穴	陶汉明 胜 刘殿中	71
第26局	中炮肋车捉马卸中炮对盘河马高车保马	李智平 负 杨剑	74
第27局	中炮过河车肋车捉马五六炮对盘河马7路炮	许银川 负 王晓华	76
第28局	中炮过河车肋车捉炮五九炮对盘河马7路炮	王瑞祥 胜 李忠雨	81
第29局	中炮肋车捉炮五九炮对盘河马退2路炮	（甲）潘振波 胜 郑一泓	83
		（乙）范向军 胜 焦明理	86
第30局	中炮肋车捉马五九炮对盘河马退2路炮	唐丹 负 陈丽淳	87
第31局	中炮肋车捉马五九炮对盘河马退2路炮	江中豪 负 许银川	89
第32局	中炮肋车捉马五九炮对盘河马左直车	（甲）许银川 胜 刘永德	91
		（乙）潘振波 胜 杨东	93
第33局	中炮肋车捉马五九炮对盘河马左直车	许文学 负 申鹏	94
第34局	中炮肋车捉马五九炮对盘河马左直车	王天一 胜 孙勇征	96
第35局	中炮肋车捉马五九炮对盘河马士角炮	赵传周 胜 于红木	98
第36局	中炮肋车捉马五九炮对盘河马7路炮	宇兵 胜 张学潮	100

目 录

第 4 章　中炮倒骑河炮对盘河马冲 7 卒逐车

第 37 局	中炮倒骑河炮对盘河马冲 7 卒逐车右中炮	王嘉良 胜 蔡福如 ……	102
第 38 局	中炮倒骑河炮对盘河马冲卒逐车右中炮	郭福人 负 刘殿中 ……	104
第 39 局	中炮倒骑河炮对盘河马冲卒逐车左中炮	陈建昌 胜 张锴 ……	105
第 40 局	中炮倒骑河炮对盘河马飞右象	（甲）李定威 负 胡荣华 ……	107
		（乙）赵敬寿 负 胡荣华 ……	108
		（丙）许明龙 负 刘安生 ……	110
第 41 局	中炮倒骑河炮对盘河马高右炮	蒋志梁 负 蔡忠诚 ……	111
第 42 局	中炮倒骑河炮对盘河马高右炮	刘启东 负 蔡佑广 ……	114
第 43 局	中炮倒骑河炮对盘河马高右炮	蒋志梁 胜 万跃民 ……	115
第 44 局	中炮倒骑河炮对盘河马高右炮飞右象	（甲）郑奕廷 胜 吴裕成 ……	118
		（乙）黄向晖 胜 许国义 ……	119

第 5 章　中炮过河车对盘河马右象

第 45 局	中炮过河车冲中兵对冲卒逐车巡河炮	（甲）孟立国 负 方孝臻 ……	123
		（乙） ……	125
第 46 局	中炮过河车冲中兵对冲卒逐车巡河炮	王嘉良 和 杨官璘 ……	126
第 47 局	中炮过河车冲中兵对冲卒逐车巡河炮	王羽屏 负 赵振寰 ……	130
第 48 局	中炮分车链炮对盘河马分卒捉炮	（甲）李义庭 胜 宋景岱 ……	132
		（乙）刘冬平 胜 张翼 ……	134
第 49 局	中炮分车链炮对盘河马补右士	李义庭 胜 王嘉良 ……	135
第 50 局	中炮分车链炮对盘河马分卒捉炮	言穆江 和 杨官璘 ……	138
第 51 局	中炮分车链炮对盘河马分卒捉炮	黎少波 负 杨官璘 ……	140
第 52 局	中炮冲中兵退车捉马对退马捉车	陈孝堃 负 陈新全 ……	142
第 53 局	中炮分车链炮对盘河马高右车	季本涵 负 杨官璘 ……	144
第 54 局	中炮冲中兵对盘河马踩三兵	沈志弈 胜 刘忆慈 ……	146
第 55 局	中炮冲中兵对盘河马中卒吃兵	（甲）朱剑秋 和 陈松顺 ……	150
		（乙） ……	151
第 56 局	中炮冲中兵对盘河马中卒吃兵	杨官璘 胜 朱剑秋 ……	153
第 57 局	中炮冲中兵对盘河马中卒吃兵	许银川 胜 卜凤波 ……	155

第 58 局	中炮冲中兵对盘河马右士过河炮	何顺安 负 陈松顺 …………… 157
第 59 局	中炮冲中兵对盘河马右士过河炮	陈德源 和 朱剑秋 …………… 160
第 60 局	中炮冲中兵对盘河马右士过河炮	卜凤波 和 洪智 ……………… 162
第 61 局	中炮冲中兵对盘河马右士过河炮	柳大华 和 黄少龙 …………… 163
第 62 局	中炮冲中兵对盘河马巡河炮	陈金盛 负 季本涵 …………… 166
第 63 局	中炮冲中兵对盘河马右士	牛清源 胜 王伟 ……………… 168
第 64 局	中炮盘头马对盘河马左炮过河	金世光 胜 陈汉华 …………… 170
第 65 局	中炮盘头马对盘河马左炮过河	钟俊 胜 周飞 ………………… 172

第6章　中炮过河车对盘河马左象

第 66 局	中炮冲中兵对盘河马左象右士	蔡福如 负 胡荣华 …………… 174
第 67 局	中炮冲中兵对盘河马左象右士	杨官璘 胜 赵明 ……………… 177
第 68 局	中炮冲中兵对盘河马左象右士	胡荣华 胜 吕钦 ……………… 179
第 69 局	中炮冲中兵对盘河马左象右士	钟小羊 负 何顺安 …………… 181
第 70 局	中炮冲中兵对盘河马左象右士	杨官璘 胜 陈新全 …………… 184
第 71 局	中炮冲中兵对盘河马左象中卒吃兵	(甲) 陈柏祥 和 朱永康…… 187
		(乙) 陈振杰 负 吴贵临…… 188
第 72 局	中炮冲中兵对盘河马左象中卒吃兵	(甲) 孙勇征 胜 赵鑫鑫…… 190
		(乙) 马仲威 和 吴贵临…… 191
第 73 局	中炮冲中兵对盘河马左象中卒吃兵	李鹏 胜 肖革联 ……………… 193
第 74 局	中炮冲中兵对盘河马左象冲卒换马	戴荣光 负 徐和良 …………… 196
第 75 局	中炮冲中兵对盘河马左象冲卒换马	蔡忠诚 胜 应跃林 …………… 198
第 76 局	中炮盘头马对盘河马沉底炮	(甲) 金启昌 负 杨官璘…… 200
		(乙) 王建鸣 胜 袁福来…… 201
第 77 局	中炮盘头马对盘河马沉底炮	张惠民 负 李来群 …………… 202
第 78 局	中炮盘头马对盘河马沉底炮	唐丹 胜 陈青婷 ……………… 204
第 79 局	中炮盘头马对盘河马沉底炮	孟辰 负 蒋川 ………………… 207
第 80 局	中炮盘头马高左炮对盘河马沉底炮	陈丽淳 胜 陈青婷 …………… 208
第 81 局	中炮盘头马高左炮对盘河马沉底炮	张国凤 负 陈青婷 …………… 210
第 82 局	中炮盘头马对盘河马进炮牵马	(甲) 卜凤波 和 黄勇 …… 213
		(乙) 王瑞祥 负 艾保宏…… 214

第83局	中炮盘头马对盘河马进炮打马	（甲）臧如意 和 言穆江 ……	216
		（乙）黄勇 胜 言穆江 ……	216
第84局	中炮盘头马对盘河马进炮牵马	黄世宏 负 张海涛 …………	217
第85局	中炮盘头马对盘河马进炮牵马	王斌 负 于幼华 ……………	220
第86局	中炮过河车进而复退对盘河马左象	李义庭 胜 赵松宽 …………	221
第87局	中炮过河车进而复退对盘河马左象	王嘉良 负 胡荣华 …………	223
第88局	中炮过河车进而复退对盘河马左象	胡荣华 胜 张仲保 …………	225
第89局	中炮过河车进而复退对盘河马左象	（甲）赵汝权 负 余仲明 ……	229
		（乙）赵国荣 和 于幼华 ……	230
第90局	中炮过河车进而复退对盘河马右象	（甲）王嘉良 和 杨官璘 ……	233
		（乙）黎德志 胜 周龙 ……	234
第91局	中炮过河车进而复退对盘河马左象	刘强 胜 李小龙 ……………	236
第92局	中炮肋车捉马对盘河马左象	马四宝 负 刘俊达 …………	238
第93局	中炮肋车捉马对盘河马左象肋车捉马	（甲）吴裕成 负 吕钦 ……	241
		（乙）郝继超 和 黄海林 ……	242
第94局	中炮肋车捉马对盘河马左象肋车捉马	丁庆亮 胜 谢洪照 …………	243
第95局	中炮横车对盘河马左象冲卒逐车	孟立国 胜 言穆江 …………	245
第96局	中炮横车对盘河马左象冲卒逐车	陈茂顺 胜 谢灶华 …………	248
第97局	中炮横车对盘河马左象冲卒逐车	（甲）洪家川 负 赖才 ……	250
		（乙）杨正双 胜 赖才 ……	251

第7章　中炮过河车对盘河马冷门孤局

第98局	中炮过河车炮轰中卒对左马盘河左象	王嘉良 胜 胡荣华 …………	253
第99局	中炮过河炮对盘河马左象	（甲）陈红标 胜 刘立山 ……	256
		（乙）李进 和 吴贵临 ……	257
第100局	中炮过河车对盘河马右炮过河	（甲）牛志峰 胜 张永亮 ……	259
		（乙）鲁天 胜 周群 ………	260

第1章　中炮过河车对盘河马早期四种经典战术

①炮轰中卒　②边马　③过河车进而复退　④补仕

第1局　中炮过河车炮轰中卒对盘河马

冯敬如　和　周德裕
（1930年秋弈于香港）

20世纪30年代，香港举办华东与华南区际象棋赛。广东四大天王之一冯敬如与七省棋王周德裕之战出现一盘"中炮过河车对盘河马"战局，也许这是最早的中炮对盘河马的对局。

冯敬如出生于1887年，太平洋战争爆发后逝世，时年60多岁。棋艺高超，善用单提马，出神入化。尤其残局功夫高深莫测，独创"单提马弃炮陷车局"。1931年参加广东全省象棋比赛，获季军，与黄松轩、卢辉、李庆全被誉称"广东四大天王"。

周德裕（1900~1949），江苏扬州人。得其父扬州名手周焕文亲传，棋艺精湛，是20世纪30年代中国顶级棋手。因在各种比赛中战绩优异，被棋界誉为"七省棋王"。

1. 炮二平五　……
"当头炮"亦称中炮，瞄准威胁黑棋中卒。是古今最主流布局武器！
1. ……　　马8进7
"跳左马"是清朝兴起的保护中卒的防御战术。
2. 马二进三　车9平8　　3. 车一平二　……
直车是"车马炮三步曲"最常见阵型结构。
3. ……　　马2进3　　4. 兵七进一　卒7进1
针封相对！开辟黑马通道。
5. 马八进七　……

"跳左马"出动左翼子力是早期战术。现代主流是过河车。

5. ……　　象3进5　　　　6. 车二进六　……

名曰:"过河车",具有明显攻击意图,快速展开攻势。

6. ……　　马7进6(图1)

黑马跳河口在象棋的术语中名曰:"盘河马"。黑棋盘河马主要的战术目的是准备借巧渡7卒逐车来实现解脱车炮被牵。图1所形成的局面称为"中炮过河车对左马盘河"。

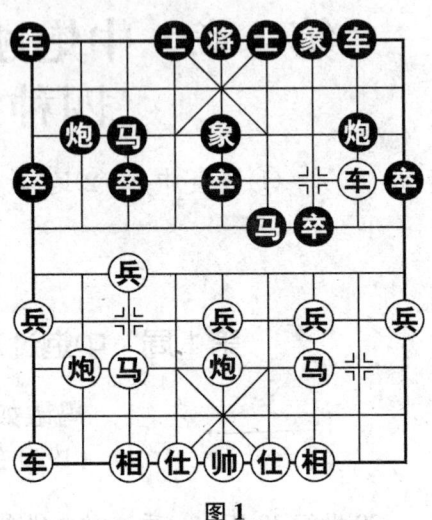

图1

7. 炮五进四　……

炮轰中卒即可打通红车横向通道,又可获得多兵的物质优势。这是早期冷门战术,已有半个多世纪没有出现在赛场上了。

7. ……　　马3进5

倘若士4进5,炮五退一,红棋优势。

8. 车二平五　车1平3

似可炮8平7,车九进一,士4进5,车五平七,车1平4,兵五进一,卒7进1,兵三进一,车8进6,兵五进一,车8平3,黑棋有攻势。

9. 车五平四　马6进7　　　10. 马七进六　卒3进1

11. 炮八平七　……

倘若兵七进一,车3进4,相七进五,炮8平7,车九平七,车3进5,相五退七,车8进8,相七进五,车8平4,马六进七,车4平2,炮八平六,车2平1,马七退五,车1退2,相互对攻各有千秋。

11. ……　　炮2平3　　　　12. 兵七进一　……

稳健!倘若炮七平四,卒3进1,马六进四,马7退6,车四进三,将5进1,车四退四,炮8平7,马三进四,炮7进7,仕四进五,炮3退1,车四进四,炮7平9,马四进六,双方对攻,胜负难料。

12. ……　　炮3进5　　　　13. 马六退七　车3进4

14. 马七进六　车3平4　　　15. 马六退五(图2)　卒7进1

似可车4平6,以下红棋有两种选择:①车四退一,马7退6,黑棋优势。②车四平二,车6进3,马三退一,马7进6,车九进一,车8进1,兵五进一,车6平8,车二平四,马6退4,车九平六,马4退5,车四退二,炮8平

第1章 中炮过河车对盘河马早期四种经典战术

7，车四平五，前车进1，车六平二，车8进7，黑棋优势。

16. 车四平二　车8进1
17. 仕六进五　马7进5

似可车4退3，马五进七，炮8平9，车二平三，车8平7，车三平一，车4进5，车一平七，卒7平8，相七进五，卒8进1，黑棋优势。

18. 相七进五　卒7进1
19. 马三退二　车4退3
20. 马二进一　车4平7

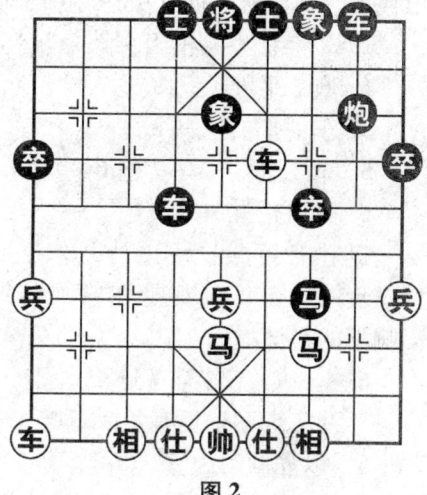

图 2

似可卒7平6，车九平六，车4平6，兵五进一，炮8平9，车二平一，车8进5，兵五进一，卒6平5，黑棋有攻势。

21. 车九平六　卒7进1　　22. 车六进四　炮8平9
23. 车二进二　卒7平8　　24. 兵一进一　车8进5
25. 车六平三　……

既然没有赢棋，鸣金收兵。

25. ……　　　　卒7平8　　26. 车三平二　车8平9
27. 车二退二　炮9进3　　28. 车二进四　卒9进1
29. 车二平九　车9平5　　30. 车九退一（和棋）

点评：红棋"炮轰中卒"虽然取得物质优势，但造成黑棋强烈反击的后果，是这一布局战术少见的原因。

第2局　中炮过河车边马对盘河马冲卒逐车

赵文宣　胜　王嘉良

（1950年3月1日弈于民间交流友谊赛）

赵文宣（1907~1951），辽宁省锦州市人，名明声。近代象棋国手，被象棋总司令谢侠逊称誉为"象坛赵子龙"。骁勇善战，攻杀犀利，纵横北国，与当时北国名手胡震洲、田玉书并称"华北三杰"。

王嘉良1933年出生于山东黄县，新中国成立前即已成名，以"东北虎"之美誉驰骋弈林数十载。曾获1956年、1957年、1959年全国象棋赛亚军。以后至1981年，7次进入前6名。棋风凶悍，大刀阔斧，是我国北派棋手的杰出代表。他潜心钻研，矢志创新，为我国象棋现代布局的发展做出巨大贡献。

1982年获"象棋国家大师"称号，1984年获"象棋特级大师"称号。

1. 炮二平五　马8进7　　　　2. 马二进三　车9平8
3. 车一平二　马2进3　　　　4. 兵七进一　卒7进1
5. 车二进六　马7进6
6. 马八进九（图3）……

挺进七兵再"跳边马"似乎有点违背棋理的味道，实则是在古典传统战术影响下的稳健战略。

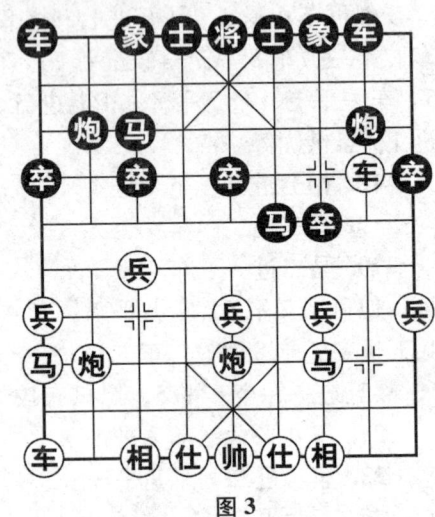

图3

6. ……　　　　卒7进1

急冲7卒逐车稍有急躁意味，似应象7进5，以静制动为宜。

7. 车二平四　马6进7
8. 炮五平七　……

卸中炮防止黑马换炮。倘若车四平三，象3进5，车三退二，马7进5，相三进五，炮8平9，炮八平七，车1平2，车九平八，炮2进4，局势平稳。

8. ……　　　　象3进5

飞右象虽然为以后贴将车开辟通道，却增加前方马卒的风险，应象7进5为佳。

9. 炮八进二　……

巡河炮打卒局面立显生动，从而达到左炮右移的目的。

9. ……　　　　炮8进5

兑炮有搏杀的冲动，似可车1进1增援较为稳健。

10. 相七进五　……

似应炮七进一，车1进1，车四平三，车1平4，车三退二，车4进5，炮七退二，车4平2，兵七进一，象5进3，炮八平四，车2退1，炮七平三，红棋优势。

10. ……　　　　马7进5

飞马踏象搏杀，显示当年17岁的王嘉良决战风格。倘若卒7平8较平稳。

11. 相三进五　卒7进1　　　　12. 马三退五　炮8进2
13. 相五退三　炮8退3

第1章 中炮过河车对盘河马早期四种经典战术

似应炮2进2加强对攻为佳。

14. 炮七进一（图4） ……

简明新颖，不拘一格！

14. …… 炮8平5

15. 马五进六 ……

飞马穿肋兑炮是既定之策。

15. …… 炮5平9

16. 马六退四　炮9退2

倘若炮9进3，车九进一，车1进1，车九平二，车8进8，马四退二，车1平8，马二进三，车8进8，帅五进一，车8平7，马三退五，车7平8，炮七退二，车8退3，车四平一，炮9平8，马九进七，红棋优势。

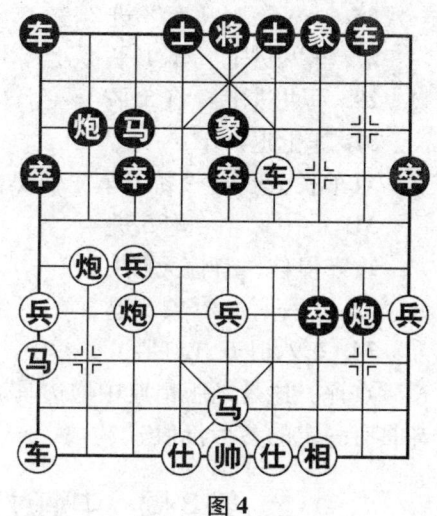

图4

17. 马四进三　炮9平7　**18.** 兵七进一　象5进3

19. 炮八平五　士4进5　**20.** 车九平八 ……

先弃兵，后平炮叫将，再出车捉炮，显示锦州前辈赵文宣高超的棋艺水平。

20. …… 炮2进2

倘若卒5进1，后炮进二，炮2平5，马三进五，炮7进5，仕四进五，车8进9，车八进七，红棋优势。

22. 后炮进三　象7进5

23. 前炮退一（图5） ……

退炮弃相颇有胆魄！倘若前炮平一，车1平4，马九进七，红棋亦优势。

23. …… 炮7进5

孤掷一注！倘若车1平4，相三进五，炮2平5，马三进五，车4进4，马五进四，将5平4，车四平七，士5进6，车七进一，炮7退3，车七进一，象3退1，车七平三，红棋胜势。

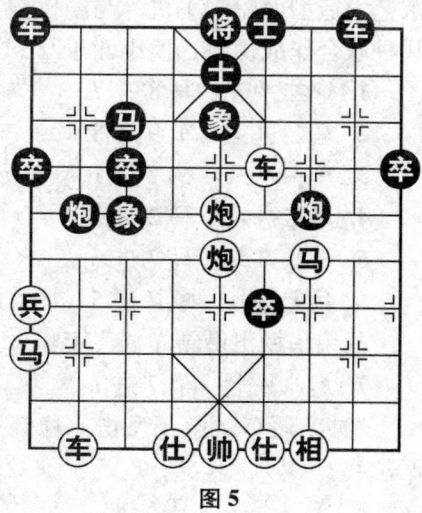

图5

24. 仕四进五　炮7平9　**25.** 马三进二 ……

亦可后炮进三，象3退5，马三进二，车8进3，车四平二，红胜。

25. ……	车8进3	26. 车四平二	炮2平5
27. 车八进七	车1平4	28. 车八平七	车4进5
29. 马九进七	将5平4	30. 帅五平四	炮9平4
31. 车七退一	……		

双车联手形成"霸王车"使黑棋的攻势黯然失色。

31. ……	炮5进4	32. 车七平八	……

攻守俱佳,有惊无险!

32. ……	象5退3	33. 车二平七	象3退5

34. 车八退五（红胜）

点评：这是老版精典中炮边马对盘河马的战局。虽然早已退出当代棋坛，却具有一定的参考价值。

第3局 中炮过河车边马对盘河马左象

谢业枧 胜 胡荣华

（2009年11月14日弈于第1届全国智力运动会）

近半个世纪之后，无影无踪的"中炮边马对盘河马"争斗终于重现大型比赛的战场上，尤其一代宗师胡荣华首创飞左象及飞马踏炮的新战术，一场新的战斗开始了……在搏杀中谢大师弃子抢攻，几乎就在攻城擒王关键之际，追求艺术造型而贻误军机，与赢棋擦肩而过；胡司令在多子形势下，倘若发挥多兵种联合作战优势，擒小谢于马下不是难事，可惜误判形势……

1. 炮二平五　马8进7
2. 马二进三　车9平8
3. 车一平二　卒7进1
4. 车二进六　马2进3
5. 马八进九　马7进6
6. 兵七进一　象7进5（图6）

胡荣华抛出最新布局飞刀！

7. 炮八平七　卒7进1

"冲卒逐车"急于反击。稳健点可炮2进4。

8. 车二退一　马6进4
9. 马三退五　……

退马好棋，倘若逃炮被黑卒吃兵欺

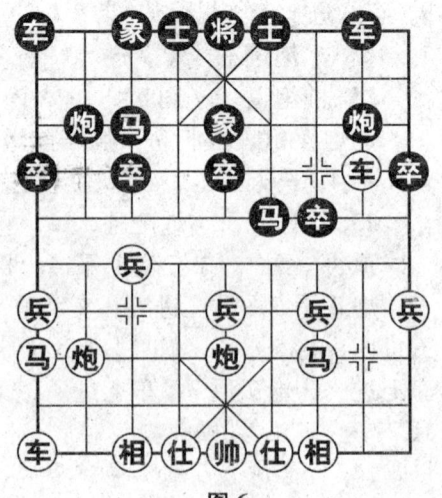

图6

第 1 章 中炮过河车对盘河马早期四种经典战术

马反落下风。

9. ……　　　　马3退5

倘若卒7进1，车九平八，炮2平1，炮五平二，马4进3，马五进七，马3退5，车二进一，车1进1，马七进六，卒7进1，炮二进二，马5退7，马六进五，车1平6，车八进五，士6进5，相七进五，红棋优势。

10. 兵三进一　马5进7　　11. 车二退二　……

似可车二平六捉马，马4进5，相七进五，炮2退1，车六进三，炮2平1，马五进三，士6进5，车九平八，红棋优势。

11. ……　　　炮8平9　　12. 车二进六　马7退8
13. 车九平八　车1进1　　14. 炮七进一　车1平7
15. 炮五平六　车7进4　　16. 相七进五　车7退1

经过上段攻守，黑棋取得足可抗御的效果，红棋已无先行之利。

17. 炮七平六　马4退6　　18. 马五进三　炮2平1

似可马8进6，车八进五，炮2平4，后炮平八，后马进8，兵九进一，马6进4，车八平三，马8进7，炮六进四，炮9平4，平稳之势。

19. 马九进七　炮1平4　　20. 前炮进六　……

炮轰底士势在必行！倘若分炮避兑则索然无趣。

20. ……　　　炮4退1　　21. 车八进五　卒3进1

似可马6进7，车八进四，炮4平7，前炮退五，士6进5，黑可抗衡。

22. 兵七进一　炮4平7　　23. 马七进五　车7退1
24. 兵七进一　炮7进6　　25. 后炮平三　马6进5

倘若马6进4，车八平六，卒5进1，相五进三，车7平3，炮六退五，卒5进1，兵五进一，炮9进4，兵五进一，红棋稍优。

26. 炮六退一　马5进7　　27. 马五进六　……

调集四子攻击黑棋右翼空城，气势强大。

27. ……　　　车7平6　　28. 仕六进五　士6进5
29. 炮六平九　马8进7

倘若士5退4，车八平二，马8进6，马六进七，将5平6，炮九进一，红棋攻势强大。

30. 马六进五（图7）　……

追求艺术造型。似应炮九进一，士5退4，马六进七，将5平6，车八平六，炮9退2，马七退五，将6进1，马五进六，炮9平5，车六平三，红棋胜势。

30. ……　　　后马退5

倘若将5进1，车八进三，将5退1，炮九进一，红胜。

31. 炮九进一　　象3进1
32. 车八进四　　马5退3
33. 车八平七　　……

倘若兵七进一，炮9平3，车八平七，将5进1，车七退一，将5退1，车七退一，象1进3，车七进二，将5进1，车七退三，马7退9，车七平九，红棋稍优。

33. ……　　　　将5进1
34. 车七退一　　将5退1
35. 车七平三　　马7退6
36. 车三退一（图8）　卒5进1

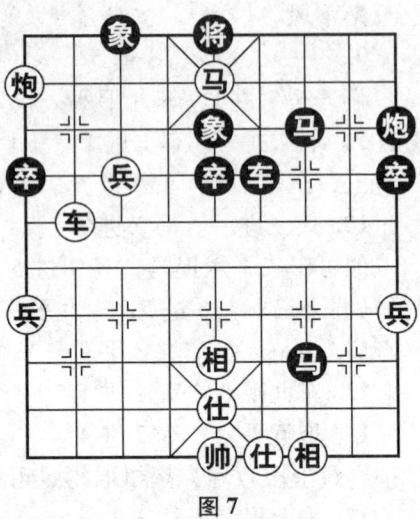

图7

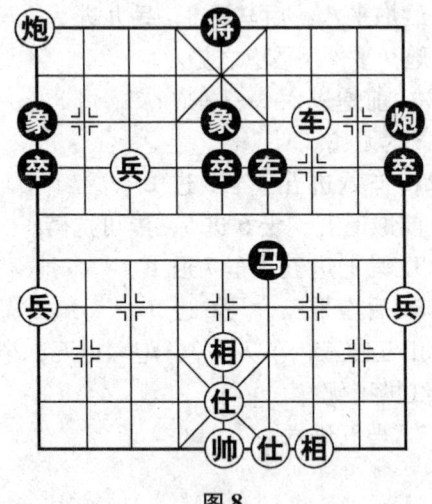

图8

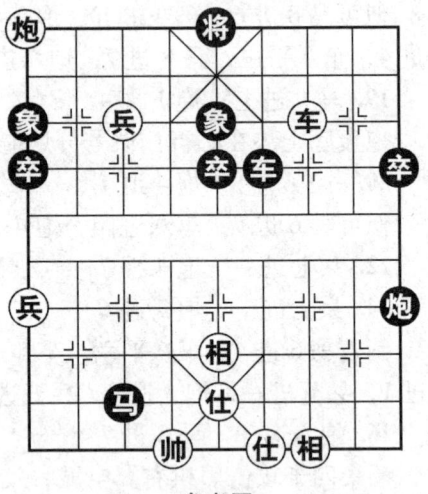

参考图

坐失良机而痛失锦绣江山！似应炮9进4，兵七进一，马6进4，帅五平六，马4进3（参考图），以下红棋有两种选择：①兵七进一，车6进3，仕五进六，将5平4，车三进一，车6进3，帅六进一，车6退1，帅六退一，马3退5，帅六平五，炮9平5，仕六退五，马5进3，双将杀黑胜。②帅六进一，车6进2，车三平五，将5平6，车五平六，车6进1，仕五进六，炮9平1，车六进二，将6进1，车六平八，炮1进2，车八退八，马3退2，车八进一，炮1退4，炮九平六，炮1平2，车八平七，炮2平4，帅六平五，车6进2，帅五退一，马2进3，车七退一，车6平3，黑胜。

·8·

37. 车三平一	车6平3	38. 车一平五	将5平4
39. 车五退二	车3平4	40. 车五退一	马6进8
41. 车五平三	车4进3	42. 炮九退三	车4平1
43. 炮九平七	车1平4	44. 炮七退四	象1进3
45. 炮七平六	将4平5	46. 兵一进一	象3退5
47. 车三进二	马8退7	48. 相五进三	……

飞相顶马攻守兼备！黑棋陷于困境。

48. ……	马7进9	49. 炮六平五	将5平4
50. 车三平五	车4退4	51. 车五平一	马9退7
52. 车一退三	车4进3	53. 车一平五	象5退7
54. 相三进一	将4进1	55. 车五平六	车4平5
56. 车五平六	将4平5	57. 炮六平五（红胜）	

点评："胡氏飞刀"虽然出师未捷，其反击性能不可小觑。尽管"中炮边马"战术已成为被抛弃与淘汰的冷门战术，但还有一定战斗力。

第4局　中炮边马过河车进而复退对盘河马右象

王嘉良　胜　全海龙

（1954年8月24日弈于北京民间交流友谊赛）

1954年，东北虎王嘉良与北京著名前辈棋手全海龙交战。王嘉良借用上局赵文宣中炮边马开战，全海龙抛出飞右象新战术，为中炮对盘河马的争斗又增添新的内容。

1. 炮二平五　马8进7
2. 马二进三　马2进3
3. 车一平二　车9平8
4. 兵七进一　卒7进1
5. 车二进六　马7进6
6. 马八进九　……

在失败中学习与前进是弈战发展的必然趋势。

6. ……　　　象3进5

全海龙抛出飞右象新着！

7. 车二退二（图9）　……

稳健！过河车进而复退，似乎无形

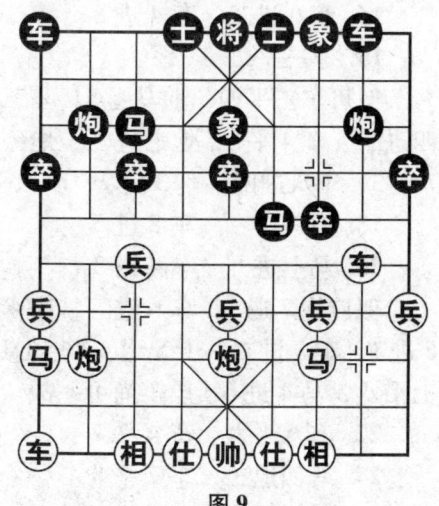

图9

中丢了一步棋,可是在象棋的变化中,有时看似无用,实则是针对棋局进展而做出适当的决策。

7. ……　　　　炮2进4

颇有反击力的好棋。

8. 炮八平七　　士4进5

似应炮2平7,相三进一,卒7进1,车二平三,炮8平6,黑可抗衡。

9. 兵三进一　　……

难道不怕黑炮拴链吗?王老前辈胸中自有锦囊妙计!

倘若车二平四,炮2平7,相三进一,马6退7,车九平八,车1平4,兵七进一,象5进3,车八进七,红棋优势。

9. ……　　　　炮2退1　　　　**10.** 车九平八　　炮2平7

为什么不卒7进1?车二进一,马6退7,车二进一,车1平2,兵九进一,炮2进1,兵七进一,马7进6,车二退一,马6进4,炮七进二,卒7进1,兵七进一,卒7进1,兵七进一,车8进1,相互对攻各有顾忌。

11. 相三进一　　马6进4　　　　**12.** 炮七进一　　……

高炮不仅封锁黑马前进之路,且使黑炮成为"瓮中之鳖",无路可逃。

12. ……　　　　车1平4　　　　**13.** 相一进三　　卒7进1

14. 车二平三　　马4进3　　　　**15.** 马九退七　　炮8进6

顽强反击!倘若车4进6,炮七进三,车4退1,车三平五,卒5进1,车五平六,前马退4,兵七进一,马4进6,炮七平二,车8进1,炮五平七,车8平7,马七进五,车7进2,炮二退五,红棋优势。

16. 车八进二　　车4进8　　　　**17.** 仕四进五　　炮8平7

18. 车三平二　　……

似可车三平四,前马退5,马三进五,车8进9,车四退四,炮7进1,车四进二,车4平3,炮七进三,炮7退6,车四退二,车8平6,帅五平四,炮7平3,车八进四,车3退2,车八平七,车3平5,车七进一,红棋胜势。

18. ……　　　　车8进5　　　　**19.** 马三进二　　前马退5

20. 马七进九　　车4退3　　　　**21.** 马二退四　　炮7进6

似应炮7退1,车八进五,车4平6,车八平七,马5退4,车七平九,车6进1,车九进二,士5退4,炮七进三,炮7退6,炮七进三,将5进1,炮七平八,马4进6,黑棋尚可一战。

22. 车八平六　　车4平7　　　　**23.** 车六进一　　马5退6

24. 马四退二　　车7平8　　　　**25.** 车六平四　　马6进4

倘若车8进2,车四进二,车8进2,仕五退四,炮7进7,帅五进一,黑

第1章 中炮过河车对盘河马早期四种经典战术

棋孤车单炮难以成势。

26. 车四平三　马4进5
27. 相七进五（图10）　炮7进2

倘若车8进2，车三进四，车8平5，马九退八，车5退2，马八进六，车5平3，炮七平三，马3退1，马六进五，红棋亦优。

28. 马二进四　炮7平1
29. 马九退七　炮1平2
30. 马四退六　炮2平5
31. 车三平五　卒9进1

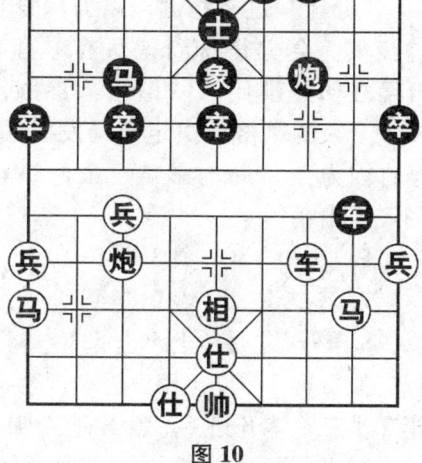

图10

似可马3退2，马七进六，炮5平4，车五平四，马2进4，坚守为宜。

32. 仕五退四　马3退2
33. 仕六进五　马2进4
34. 马七进八　卒9进1
35. 炮七退二　卒9进1
36. 炮七平六　马4进2
37. 马八进六　……

亦可车五平一消除后患。

37. ……　　车8进1
38. 车五平二　卒9平8
39. 前马进七　炮5平7
40. 炮六平九　炮7退1
41. 马七退六　卒5进1
42. 炮九进五（红胜）

点评：新着虽然遭到挫折，应付得当黑棋尚可抗衡。

第5局　中炮过河车补仕对盘河马右象

张德魁 负 王嘉良

（1954年8月25日弈于北京民间交流友谊赛）

张德魁（1897~1968），北京著名棋手，16岁时已闻名棋坛。以攻杀见长，善于中炮盘头马、顺炮、列炮等，1935年、1951年两获北京冠军。

也许在这盘棋名人效应影响之下，补左仕战术从此退出大型比赛的主战场，可谓"空前绝后"。

1. 炮二平五　马8进7
2. 马二进三　马2进3
3. 车一平二　车9平8
4. 兵七进一　卒7进1
5. 车二进六　马7进6

前辈王嘉良对盘河马的战术颇为喜爱，当时有点"先手炮后手马"的味道。

6. 仕六进五（图 11）　……

"补仕"过于稳健，以当代眼光审视这步棋，会觉得惊奇，可在"盘河马"开篇之初并没什么"谱招"参照，仅凭棋手个人的风格来决定布局发展的走向。也许因为上一局的影响，张德魁有意冷门飞刀出鞘。

6. ……　　　　象 3 进 5
7. 车二退二　炮 2 进 4
8. 马八进七　士 4 进 5

似可炮 2 平 7，相三进一，卒 7 进 1，车二平三，炮 8 进 6，黑棋有强烈反击。

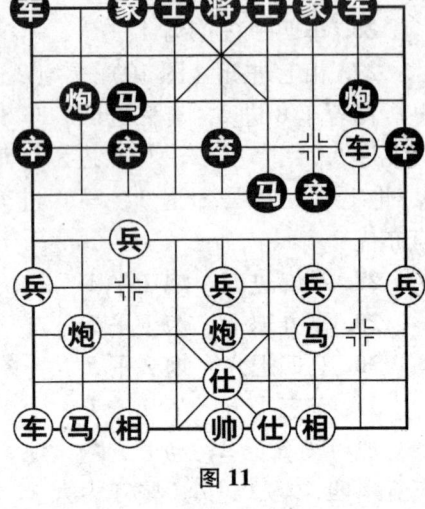

图 11

9. 炮五平六　……

卸炮机警！

9. ……　　　　炮 2 平 7	10. 相七进五　车 1 平 4
11. 炮八进三　马 6 退 7	12. 兵九进一　炮 8 平 9
13. 车二平六　车 4 平 2	

似应车 4 进 5，马七进六，车 8 进 5，炮八退一，卒 3 进 1，车九平七，卒 3 进 1，车七进四，马 7 进 6，相三进一，马 6 进 4，炮八平六，卒 9 进 1，黑棋稍优。

14. 兵九进一　车 8 进 7

夺取优势的佳着！

15. 相三进一　……

倘若炮八退三，炮 7 进 3，相五退三，车 8 平 7，马七进八，车 7 平 4，车六退二，车 2 进 5，兵九进一，马 7 进 6，黑棋优势。

15. ……　　　　卒 3 进 1	16. 兵七进一　马 3 进 2
17. 兵九平八　马 7 进 8	18. 车九进四　卒 1 进 1
19. 车九平八　炮 9 平 8	20. 车六平一　……

似可车六平五，车 2 平 3，车八平七，车 8 平 9，车五进二，炮 7 平 8，帅五平六，前炮进 3，帅六进一，前炮退 2，马七进六，车 9 退 1，马六进四，相互搏杀，各有顾忌。

| 20. ……　　　　车 8 平 9 | 21. 车一进二　炮 7 平 8 |
| 22. 帅五平六　卒 1 进 1 | |

二度弃卒，精妙！

23. 车八平九　象5进3　　　24. 车一平五　……

似可马七进六，后炮平4，炮六进五，车9平7，车一平五，象3退5，炮六平九，炮8进3，帅六进一，车2平1，车五平九，红棋尚可一战。

24. ……　　　后炮平4
25. 帅六平五　马8进7（图12）
26. 车五平四　……

另有两种选择：①车五平二，马7进5，仕五进四，车9平7，车二退三，炮4平5，车二平四，象3退1，车四进二，车7退1，黑棋优势。②马七退六，炮4进7，车五平二，马7进5，马三进四，炮8平7，车二退六，车2平4，马四退五，车9平5，帅五平六，象3退5，车九平五，炮7进1，黑棋胜势。

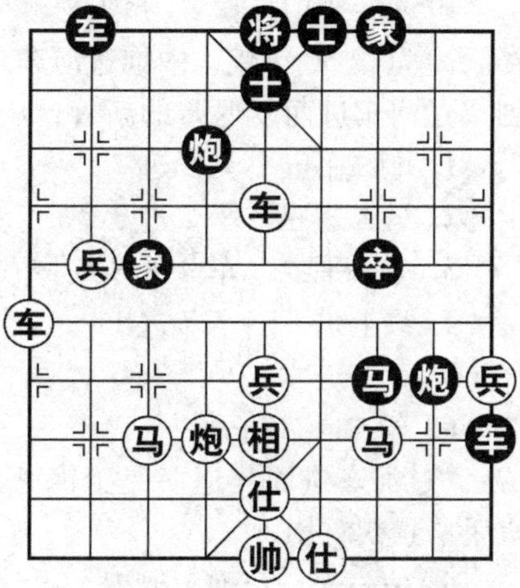

26. ……　　　马7进5
27. 车四退四　……

为什么不马三退二？马5进7，车四退五，车9进1，车九平二，车9平8，车二退一，车8退2，车四平三，车8进3，黑棋胜势。

27. ……　　　车9平7　　　28. 车九平二　车7平8
29. 车二平六　炮8平7（图13）

神思泉涌，妙着迭出！

30. 仕五退六　炮4平5

似应炮4进5，车四退一，炮4退1，黑棋胜势。

31. 帅五进一　车8进1
32. 帅五退一　车2进4
33. 车六平五　车2进3

虎口拔牙！红棋难以招架。

34. 车四平五　车2平3
35. 后车平三　车8退2
36. 兵一进一　炮7退1
37. 仕六进五　炮5进4
38. 帅五平六　炮5平7（黑胜）

点评：开局阶段"补仕"影响其他子力出动的速度，重演红阵没便宜。

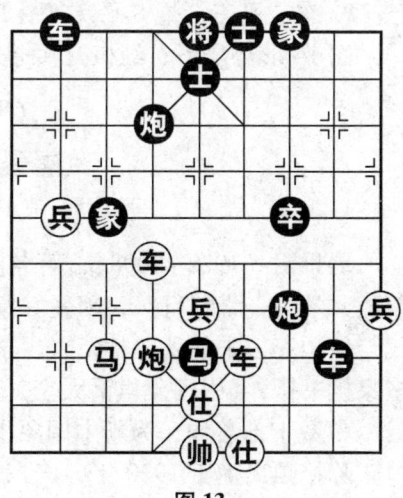

图12

图13

第6局　中炮过河车进而复退对盘河马退2路炮

1954年10月末，广州陈松顺应邀赴上海与屠景明于上海青年会夜战交流赛。20世纪50年代，中炮过河车与盘河马的争斗处于初期。这盘棋屠景明首创"过河车进而复退"的新着，从而开创一种稳健型布局战术。

1. 炮二平五　马8进7
2. 马二进三　马2进3
3. 车一平二　车9平8
4. 兵七进一　卒7进1
5. 车二进六　马7进6
6. 车二退二　……

"过河车进而复退"是上海著名前辈棋手屠景明首创。

6. ……　　　炮2退1

退炮是机动灵活的战术，不能因最后的败局否定这步棋的价值。

7. 炮八平七　象3进5
8. 马八进九　卒7进1
9. 车二平三　炮8平7（图14）

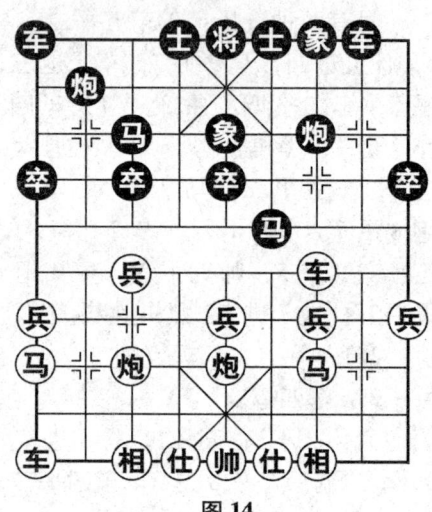

图14

图14形势之下，红棋有兵七进一与炮五平六两种选择。

（甲）兵七进一

屠景明　胜　陈松顺

（1954年10月弈于上海交流赛）

屠景明（1922~2008），著名前辈棋手，祖籍湖州，1922年生于上海，少年随父学医，青年行医，因爱好象棋而弃医从弈，20世纪40年代成名，50年代与何顺安、朱剑秋、林荣兴、李武尚并称"华东五虎将"。屠景明编写了许多象棋书籍，《中国象棋谱大全》、《棋海拾贝》、《象棋词典》、《象棋实用残局》等数十部著作，为新中国象棋事业的发展做出了积极贡献。

陈松顺出生于1920年，广东台山人，著名前辈棋手。棋风能攻善守，擅长"五八炮"与"斗顺炮"，中残局变化多端，令人莫测高深，因而被誉称为"华南神龙"。

早年曾师事同乡名手雷法耀。16岁时在香港拜有"棋仙"之称的钟珍为

第1章 中炮过河车对盘河马早期四种经典战术

师，得其真传。1942年后，挟技弈游湘、桂、云、贵各地，名声大噪。1949年代表香港参加"穗港澳三角埠际象棋比赛"，获个人冠军（与卢辉并列）。

1951年与杨官璘赴上海与何顺安、朱剑秋进行"华东、华南名手对抗赛"，获得胜利。

1952~1960年，与各地名手进行多次交流比赛，战绩优良。

著有《中国象棋实用残局》、《江湖棋局搜秘》等。

10. 兵七进一　炮2平7

似应卒3进1，炮七进五，炮7平3，车九平八，炮2平5，仕六进五，车1进1，炮五平六，车1平4，兵九进一，车4进2，黑棋足可抗衡。

11. 车三平四　马6进8　　12. 兵七进一　马3退1

倘若马3退2，车四进四，前炮进5，炮七平三，炮7退6，车九平八，红棋弃子有攻势。

13. 车四进四　……

凶悍锋锐！倘若马三退一，前炮进7，马一退三，炮7进8，仕四进五，士4进5，车九平八，炮7平9，车四退二，马8退6，车四平二，车8进7，炮七平二，马6进5，炮五进四，红棋虽然优势，难与实战媲美。

13. ……　　前炮进5　　14. 炮五进四　士4进5

15. 炮七平四（图15）　……

弃子抢攻，进入高潮！黑棋如何决策，令人颇费神思。

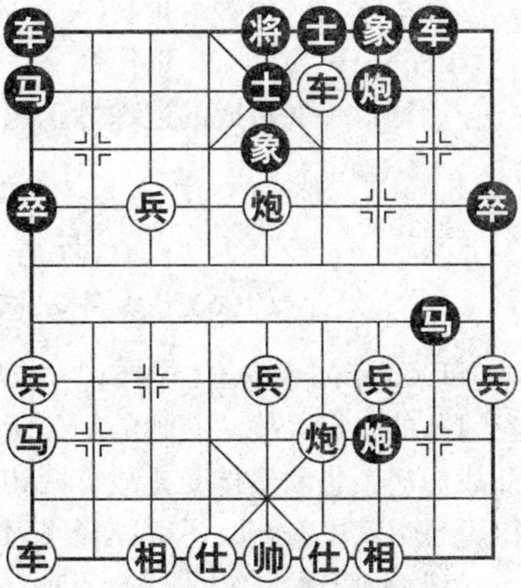

15. ……　　车8进3

倘若车8进1，炮四进七，马1退3，车四退六，后炮平6，炮五进二，炮6进3，兵三进一，车8进3，炮五平六，将5平6，炮六退四，车1平2，炮六平二，红棋虽然少子，但是攻势强大。

16. 炮四进七　……

摧仕打车，黑棋局势陷于危境！

16. ……　　马1退3

17. 兵七平六　前炮平6

献炮最后一搏！倘若前炮平3，相七进五，炮3退6，车四退四，马8进7，车九平七，马7退5，炮四退三，车8进1，炮四平三，车8平6，车四平五，车6退1，炮三进三，将5平6，仕六进五，象5退7，炮五退三，车1平2，兵六进一，红棋胜势。

图15

18. 车四退六　……

高！退车吃炮有惊无险，倘若炮四退七则索然无味。

18. ……　　　炮7进8　　　**19.** 仕四进五　炮7平9

20. 帅五平四　将5平4

倘若马8进7，车四平三，车8平6，车三平四，车6进4，仕五进四，将5平6，车九进一，车1进2，车九平四，象5进7，仕四退五，车1平6，车四进六，士5进6，马九进七，红棋胜势。

21. 车九平八　车1进2
22. 炮四退五　马8退6
23. 炮四平六（图16）　……

弃炮做杀，高瞻远瞩！

23. ……　　　马6进4
24. 炮五进二　马3进2
25. 兵六进一　将4平5
26. 车八进七　……

弃车砍马，精妙绝伦！

26. ……　　　车1平2　　　**27.** 兵六进一（红胜）

点评：一气呵成的连珠妙杀堪称经典。

（乙）炮五平六

阮得丁 负 胡荣华

（1966年1月21日弈于越南中越象棋友谊赛）

1966年胡荣华出访越南，与越南著名棋手阮得丁展开一场中炮过河车对盘河马的布局大战。有趣的是，阮得丁借用屠景明的中炮过河车进而复退战术开战。胡荣华欣然接受挑战，两相情愿布成与上局相同阵型。可能越南名将阮得丁恐怕其中有诈，另辟蹊径飞刀出鞘。

10. 炮五平六（图17）　……

越南名将阮得丁抛出最新改进型布局飞刀！

10. ……　　　炮2平7　　　**11.** 车三平四　车8进4
12. 相七进五　士4进5　　　**13.** 仕四进五　车1平4
14. 兵七进一　……

为了巡河车的安全弃掉七路兵，损失太大。似可兵九进一，车4进5，兵

第1章 中炮过河车对盘河马早期四种经典战术

三进一，前炮平6，车四平六，马6进4，炮七退一，炮6平7，马三进四，后炮平8，马四退三，红棋尚可坚守。

14. ……　　　　象5进3

倘若卒3进1，车九平八，车4进5，兵三进一，卒3进1，炮七进五，前炮平3，兵九进一，士5退4，车八进六，红棋尚可支撑。

15. 车九平八　　象7进5

16. 兵三进一　　前炮平6

阮得丁的防守相当顽强。倘若车4进6，兵三进一，车8平7，马三进二，后炮平8，车八进四，炮8进3，炮七进四，红棋尚无大碍。

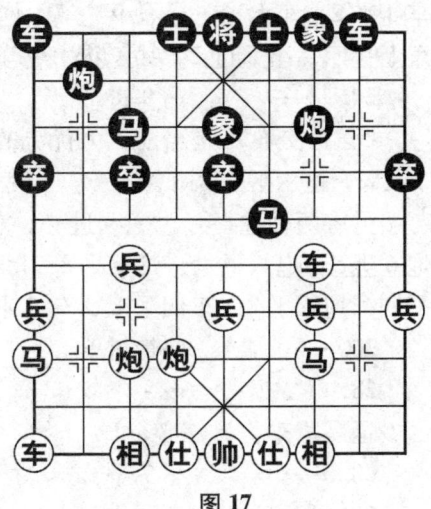

图17

17. 车四平五　　车4进6

倘若车4平1，马九进七，黑棋无趣。

18. 炮七进四　　卒9进1

19. 马九退七　　车4退3

20. 炮七平八　　马6进7

集结号响起，四子攻击红棋右翼，威力十足！

21. 车五平四　　……

倘若车五平七，车8进4，炮八退五，马7进9，马七进八，炮7进6，炮六平三，车4进5，炮三平二，车8退1，马八退七，车4退4，炮八进一，车8进2，炮八平一，车4平6，炮一平四，炮6进5，仕五进四，车6进3，兵三进一，车6进1，车七平三，车6平3，黑胜。

21. ……　　　　炮7平6

22. 车四平七　　车8进4（图18）

敲响攻城的战鼓，黑云压城城欲摧。

23. 炮八退五　　……

别无良策，退炮暂解燃眉之急。

23. ……　　　　马7进9

24. 炮六退一　　……

在黑方咄咄逼人的攻势之下，红方心理压力较大而崩溃。似应马七进八，

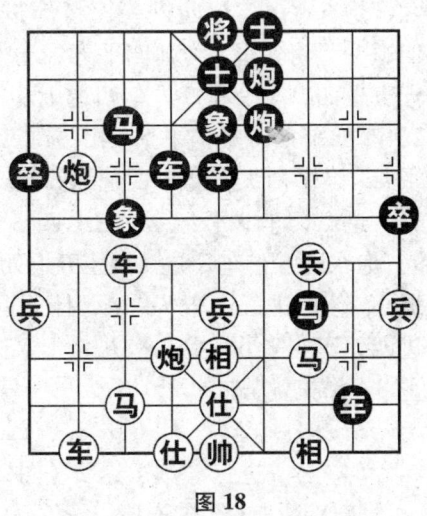

图18

车4平2，车七退一，马9进7，炮八平三，车8平7，兵五进一，后炮平7，车七平四，车2进2，兵三进一，车2平5，炮六平七，红棋尚可坚守。

24.……　　　　马9进7

"强行交换"是当前扩大优势的好棋。

25. 炮六平三　车8平7　　　　26. 马三进二　……

另有两种选择：①炮八进一，车4进5，马七进八，前炮平8，马三进二，炮6进5，炮八平六，炮6平8，黑棋大有攻势。②马三进四，后炮进4，车七平四，炮6平8，车四平七，车4平2，仕五退四，车7退2，黑棋优势。

26.……　　　　前炮进6　　　　27. 车七平四　后炮平9

28. 马二退一　……

退马蹬车，势在必行！

28.……　　　　车7平9　　　　29. 车四进四　炮9进1

30. 马七进八　车4进5　　　　31. 马八退六　……

倘若炮八平七，炮9平6，车四平二，马3进4，兵三进一，车9进1，马一退二，车9退3，炮七进一，车9平7，相三进一，炮6平9，黑棋优势。

31.……　　　　炮9平7（图19）

32. 相五进七　……

另有两种选择：①炮八进八，马3退2，车八进九，士5退4，帅五平四，炮7平8，马一进三，炮8进7，相三进一，炮8平4，车八退八，炮4平1，车八平六，炮6平4，车四进一，将5进1，车四退一，将5退1，帅四平五，士4进5，仕五退四，车9平7，车四退七，车7退2，车四平六，车7平5，相一退三，车5平4，黑棋稍优。②车四退六，炮7平9，马一进三，车9平7，马三退四，炮7平9，炮八进八，车7进1，仕五退四，车7退4，仕四进五，车7进4，仕五退四，车7退2，仕四进五，车7平6，仕五进四，车4平6，炮八平九，士5退4，车八进九，将5进1，车八平四，车6平8，黑棋优势。

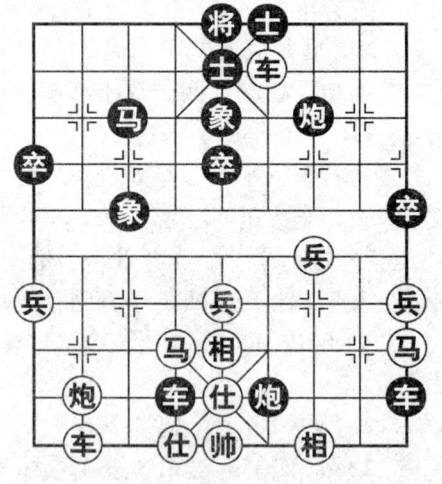

图19

32.……　　　　炮6平8　　　　33. 车四平二　炮7进7

34. 马一进三　炮7退2（图20）

暗伏杀棋，红棋崩溃。

第1章 中炮过河车对盘河马早期四种经典战术

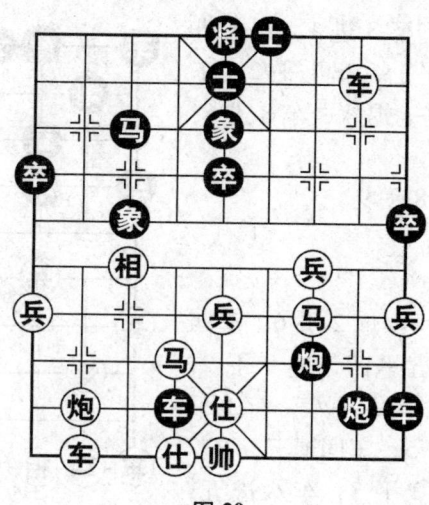

图 20

35. 炮八进八　车 9 进 1　　　　36. 仕五退四　炮 7 进 2
37. 仕四进五　炮 7 退 1（黑胜）

点评："卸中炮"飞刀受挫，从此退出江湖。

第 7 局　中炮过河车退车巡河对盘河马退 2 路炮

徐青山　负　刘殿中

（1975 年 6 月 12 日弈于兰州全国象棋预赛）

徐青山是 20 世纪 70 年代河南棋王，多次参加全国象棋比赛，能攻善守，中残局功力深厚。特级大师刘殿中是 "盘河马" 布局专家。两位名家在这盘棋展开一场布局之战，徐青山飞刀出鞘，首创 "分车捉马" 新变，被刘殿中 "巡河炮保马" 的战术击退。从此之后 "分车捉马" 退出江湖。

1. 炮二平五　马 8 进 7　　　　2. 马二进三　卒 7 进 1
3. 车一平二　车 9 平 8　　　　4. 车二进六　马 2 进 3
5. 兵七进一　马 7 进 6　　　　6. 车二退二　炮 2 退 1
7. 车二平四（图 21）　……

分车捉马是徐青山首创最新布局战术。

7. ……　　　　炮 8 进 2

巡河炮保马是既定战术。

8. 马八进七　象 7 进 5　　　　9. 炮八进三　……

构思奇特！似可炮八进四，炮 2 平 6，车四平二，士 6 进 5，兵三进一，卒7进1，车二平三，卒3进1，兵七进一，炮8平3，炮八平七，车1平2，车九平八，车2进9，马七退八，车8进6，马八进七，局势平稳。

9. ……　　　炮8平9

精巧！暗伏妙着。

10. 兵七进一　……

为什么不兵一进一？炮2平6，车四平五，马6进7，车五平四，炮9平2，车四进四，车8进5，车九平八，车1平2，车八进四，士4进5，车四退五，卒7进1，炮五平六，炮2平7，车八进五，马3退2，马七进六，车8退2，黑棋优势。

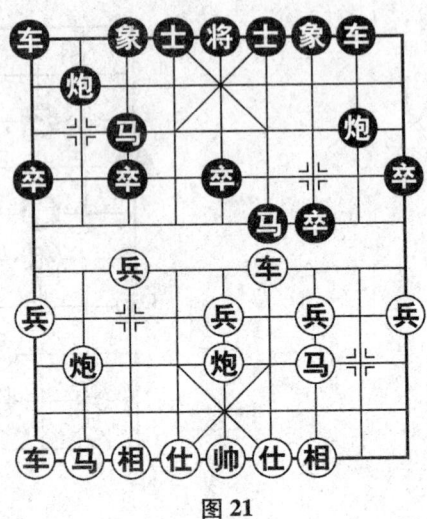

图21

| 10. ……　　　炮2平6 | 11. 车四平八　卒3进1 |
| 12. 炮八平四　炮9平6 | 13. 马七进六　前炮平4 |

14. 炮五平七　……

河南棋王是全攻型风格，几乎每步棋都追求先手，平炮打马过于强硬，似应车九平八为宜。

| 14. ……　　　车1平2 | 15. 车九平八　卒3进1 |

精巧妙着！

16. 前车进五　马3退2	17. 车八进九　卒3平4
18. 车八退五　卒4进1	19. 车八平六　炮4平5
20. 仕六进五　卒4进3	21. 炮七平九　车8进6

车进兵林，黑棋优势扩大。

| 22. 兵五进一　炮5平3 | 23. 炮九平五　车8平7 |
| 24. 炮五进四　士6进5 | 25. 马三进五　炮6平9 |

26. 相七进五　……

似应兵五进一，炮9进5，帅五平六，卒3平4，马五进四，炮3平6，兵五平四，将5平6，车六平一，红棋尚有和棋之望。

| 26. ……　　　炮9进5 | 27. 马五进七　卒3进1 |
| 28. 兵五进一　炮9平1 | |

随手打兵差一点酿成大祸。似应车7平2为宜。

| 29. 车六平二　将5平6 | 30. 车二平四　将6平5（图22）|

黑棋庞大"卒团"十分恐怖！红棋只有最后拼命一战，苦苦坚守没有前途。

31. 马七退五 ……

错失良机！似应兵五平六，炮1进3，兵六平七，车7平2，车四进二，车2进3，仕五退六，车2退4，仕六进五，卒3进1，车四平一，将5平6，马七进五，车2进4，仕五退六，车2退7，帅五进一，象5退7，车一平四，士5进6，车四平三，象7进9，车三平二，象9退7，车二进三，将6平5，车二平三，将5进1，车三退一，将5退1，马五进七，红棋胜势。

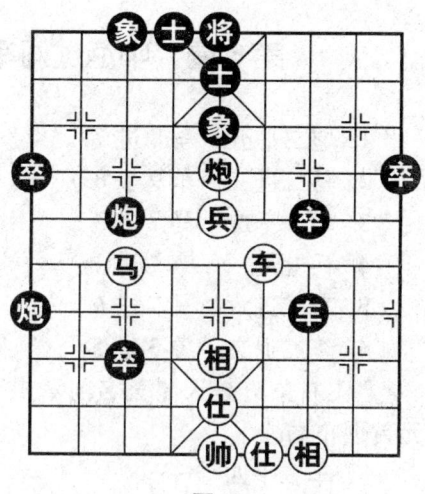

图22

31. ……	炮1退2	32. 车四平五	卒3进1
33. 帅五平六	车7平6	34. 相三进一	卒9进1
35. 车五平七	将5平6	36. 车七平五	……

倘若车七退三，炮1平5，车七平九，炮5进3，炮五退四，车6平5，黑棋胜势。

36. …… 卒9进1　　37. 炮五平六　炮1进5

38. 炮六平五 ……

无奈！倘若炮六退三，炮3平2，炮六平八，卒9进1，相五退三，卒9平8，兵五进一，卒7进1，黑棋亦胜势。

38. …… 炮1平6

缺口从这里打开，红棋已难抵抗。

39. 车五平七	炮6退1	40. 仕五进四	卒3平2
41. 相五退七	车6进1	42. 车七退二	车6退1
43. 马五退六	炮3平1	44. 马六进四	炮1进5
45. 帅六进一	炮6平7	46. 车七平九	炮1退1
47. 帅六退一	车6平3		

一剑封喉！

48. 相七进五　炮7平4（黑胜）

点评："分车捉马"的布局飞刀，攻击性能较弱，从此绝迹。

第8局　中炮过河车进而复退对盘河马飞右象

1. 炮二平五　　马8进7
2. 马二进三　　车9平8
3. 车一平二　　马2进3
4. 兵七进一　　卒7进1
5. 车二进六　　马7进6
6. 车二退二　　象3进5

"飞右象"是天津著名前辈棋手庞凤元首创布局战术。

7. 车二平四　　……

分车捉马，势在必行。

7. ……　　　马6退7（图23）

图23形势之下红棋有马八进七与炮八平六两种选择。

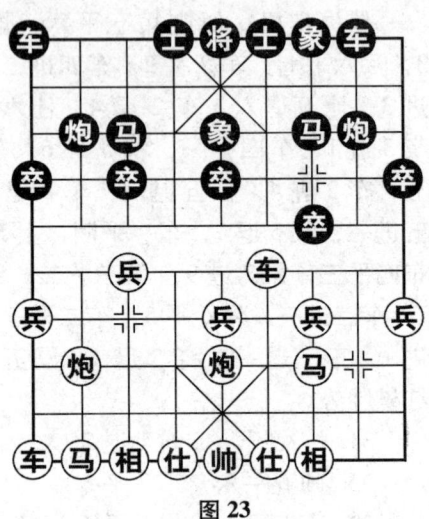

图23

（甲）马八进七

管必仲　负　庞凤元

（1957年11月10日弈于上海全国象棋个人赛）

管必仲是兰州著名棋手，在1957年全国象棋决赛中，竟然连弃车马妙杀武汉"小神童"李义庭。其奥妙杀法胜似排局，一时震惊赛场。

庞凤元，天津人，生于1917年。庞凤元之父乃著名"北方八猛"之一庞霭庭。庞凤元小时便得到父亲真传，加之他天资聪慧，20岁就获得天津冠军。新中国成立后庞凤元调到郑州，进入河南省专业棋队，而后晋升为象棋大师。

8. 马八进七　　士4进5　　　9. 炮八平九　　车1平2
10. 车九进一　　炮2进6

拦车的战线过长，似应炮2进4为佳。

11. 车四退三　　……

错失良机。似应炮九平八，炮2进1，车九退一，炮2退1，车四退三，捉死炮红棋优势。

11. ……　　　炮2退2　　　12. 兵五进一　　炮8进2
13. 车九平八　　……

不明显软着！似应车四进二，炮2退2，车九平三，炮8进2，车四进一，红棋不差。

13. ……	车8进3		14. 相三进一	卒3进1
15. 兵七进一	炮8平3		16. 马七进六	炮2退3

似应炮2进1为佳。

17. 车四进七	炮2退2		18. 车四退五	炮2进4
19. 马六退七	炮2退1		20. 兵三进一	卒7进1
21. 相一进三	炮3进5		22. 仕六进五	炮3平1

炮轰底相再开边炮潜伏，是牵制威胁红棋的佳着。

23. 车四平七	炮2平3		24. 车八进八	马3退2
25. 马七进五	马2进3		26. 兵五进一	卒5进1
27. 炮五进三（图24）	车8平5			

似可炮3平2，帅五平六，车8平4，炮九平六，炮2进5，帅六进一，车4平2，车七退二，马7进5，黑棋亦优。

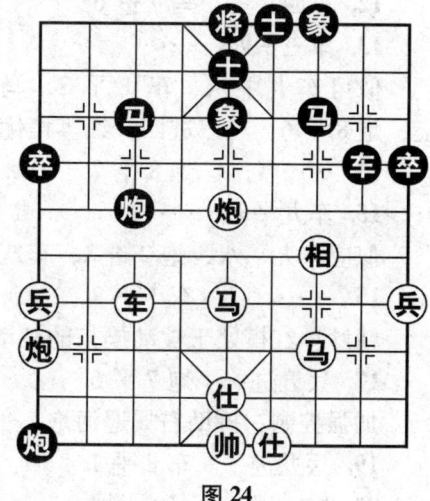

图24

28. 炮九平五	炮3平2	
29. 车七平八	车5平3	
30. 后炮平七	车3进3	

趁机捉车，精妙！

31. 车八进一	炮2平3			
32. 车八退二	马7进5			
33. 马五退六	车3平4			
34. 马六进五	马3进4			
35. 炮五平七	马4进5			
36. 马三进五	车4平5		37. 前炮退一	车5平1
38. 前炮平五	车1平5		39. 车八进二	卒1进1
40. 炮七平三	将5平4		41. 炮三平六	车5平3

（余略，终局黑胜）

点评："盘河马飞右象"是以退为进、后发制人的战术决策。20世纪50年代战局着法略显粗糙，不应以今天眼光求全责备。

（乙）炮八平六

李佰余 负 党斐

（2007年4月18日弈于全国象棋团体赛）

8. 炮八平六（图25） ……

李佰余抛出最新布局飞刀！

8. ……　　　炮2进6
9. 仕六进五　……

似可车九进二，车1平2，车九平八，车2进7，炮五平八，炮2平7，相七进五，炮7退2，马八进七，车8进1，车四平二，局势平稳。

9. ……　　　士4进5
10. 车九进二　炮2退2
11. 兵三进一　卒7进1
12. 车四平三　马7进6
13. 车三平四　……

似可车九平八，车1平2，马八进七，炮8平6，马三进四，红棋稍优。

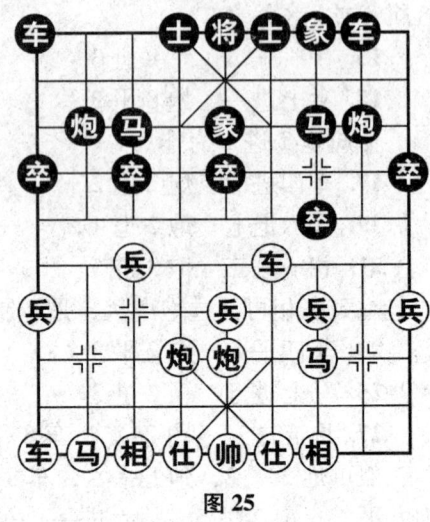

图25

13. ……　　　炮8平7
14. 相三进一　车8进4
15. 车九平七　……

似应车九平八，炮2进3，车八退二，局势平稳。

15. ……　　　车1平2

精妙！红棋处于被动挨打的被动局面。

16. 马八进九　炮2退1
17. 兵五进一　炮7平6
18. 车四平三　车8进2

加强控制，援助右翼巡河炮。

19. 兵九进一　车8平1
20. 炮六退一　马6进4
21. 车七平六　马4进5
22. 车六平五　卒5进1（图26）
23. 车三平二　……

为什么不炮六平九打车呢？炮2进4，仕五退六，车1平4，仕四进五，车2进8，炮九退一，车2平1，车五平八，炮2退1，兵五进一，车1进1，黑棋得子优势。

23. ……　　　炮2平5
24. 帅五平六　炮5平1

左右开弓，加强攻势。

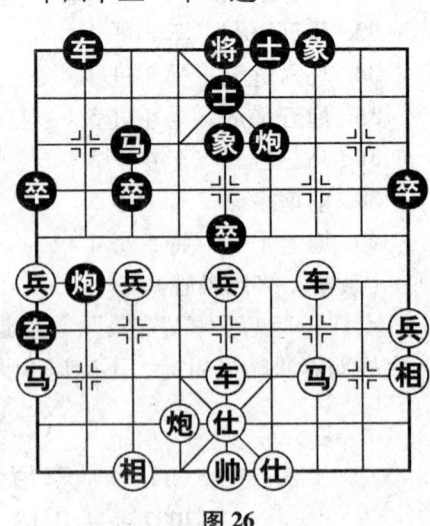

图26

第 1 章 中炮过河车对盘河马早期四种经典战术

25. 车二进二 ……

倘若炮六进三，车1平4，车五平六，车4进1，仕五进六，车2平4，炮六平九，车4进7，帅六平五，车4平7，黑棋亦胜势。

25. …… 炮1进2	26. 帅六平五 车2进9
27. 车五平七 炮1平7	28. 炮六退一 车2退4
29. 车七平三 车2平3	30. 相七进五 车3进2（黑胜）

点评：红棋败绩并非最新飞刀之错。

第 9 局　中炮过河车进而复退对盘河马高横车

黎德志 胜 曹岩磊

（2013年2月19日弈于晋江市第四届张瑞图杯象棋个人公开赛）

著名棋手黎德志与曹岩磊在张瑞图杯象棋个人公开赛展开一场布局之战。小曹飞刀出鞘，却遭到强烈攻击。

1. 炮二平五　马8进7	2. 马二进三　车9平8
3. 车一平二　卒7进1	4. 车二进六　马2进3
5. 兵七进一　马7进6	
6. 车二退二　车1进1（图27）	

曹岩磊抛出最新布局飞刀！

7. 车二平四　马6退7

8. 炮八平七　……

佳着！黑棋立即感到很不舒服。

8. ……　　　车1平4

象3进5为佳。

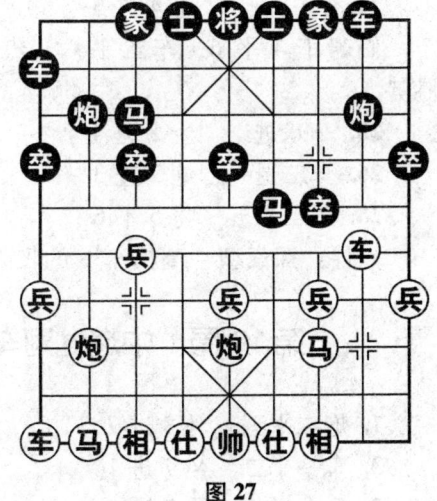

图27

9. 炮七进四　象3进1

10. 马八进七　车4进2

11. 车九平八　车4平3

12. 车八进七　车3平4

13. 车四进四　……

倘若兵三进一，马7退5，车八进一，炮8平7，兵五进一，卒7进1，车四平三，炮7平5，车八退五，车8进3，车八平四，红棋优势。

13. ……　　　炮8平9	14. 兵五进一　车4进4
15. 马七进八　车8进6	16. 马八进九　车8平7
17. 马九进七　车7进1	18. 兵五进一　车4退5

19. 兵五平六　……

倘若兵五进一，车7平5，相七进五，马7进5，车四退三，马5退3，车八平九，象7进5，车四进二，炮9进4，兵七进一，红棋亦胜势。

19. ……　　　士6进5　　　　　20. 车四平三　炮9进4

21. 兵六进一　车4进1

倘若炮9平5，炮五进四，车4平5，马七进五，车7平5，仕四进五，前车平2，帅五平四，马7进5，车三进一，将5进1，车八退五，红棋胜势。

22. 车三退一　……

简明。亦可马七进五，士4进5，车八进二，车4退3，车三进一，马7退6，车八退一，车7平5，相三进五，红棋胜势。

22. ……　　　炮9平7
23. 车三平二　车4进5
24. 炮五进六（图28）　……

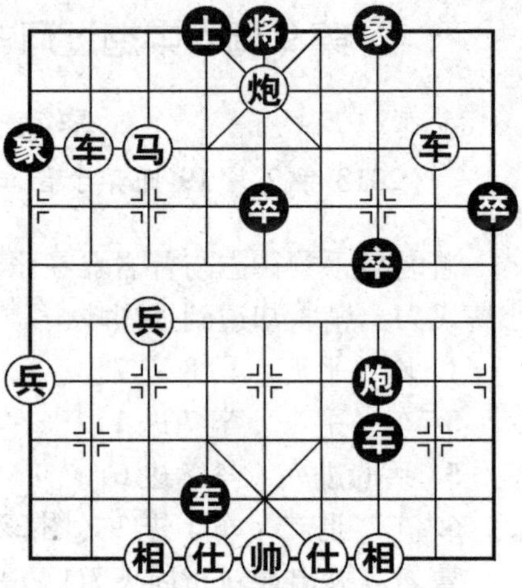

炮轰中士是取胜的精妙佳着！

24. ……　　　士4进5

倘若车4平6，车二平六，红棋亦胜势。

25. 车八进二　士5退4
26. 车二退一　炮7进3　　　　27. 仕四进五　炮7平4
28. 车二平五　将5平6　　　　29. 仕五退四（红胜）

点评：探索型"高横车"的飞刀战术遭受挫折，重演此阵请小心为宜。

第10局　中炮过河车进而复退对盘河马弃7卒

1. 炮二平五　马8进7　　　　2. 马二进三　车9平8
3. 车一平二　卒7进1　　　　4. 车二进六　马2进3
5. 兵七进一　马7进6　　　　6. 车二退二　卒7进1

"弃7卒"是1957年全国象棋个人赛首次出现的战术。

7. 车二平三（图29）　……

图29形势之下黑棋有炮8平6与炮8平7两种选择。

第1章 中炮过河车对盘河马早期四种经典战术

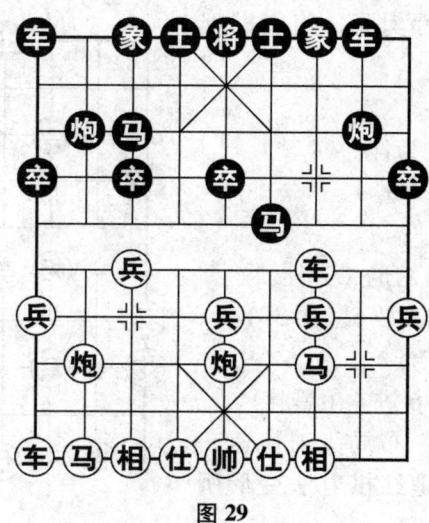

图29

（甲）炮8平6

刘征 负 尤颖钦

（2006年2月26日弈于河北象棋名人战）

| 7. …… | 炮8平6 | 8. 车三进一 | …… |

刘征抛出最新布局飞刀，但略显急躁。

似可马八进七，象3进5，炮五平四，马3退5，炮八平九，马5进7，车九平八，炮6进5，炮九平四，炮2平4，车三平四，马6进8，马七退五，红棋不差。

| 8. …… | 马6进4 | 9. 车三平六 | …… |

似应炮八平六，象3进5，车三平六，马4进5，相七进五，红棋稍优。

| 9. …… | 马4进5 | 10. 相七进五 | 象3进5 |
| 11. 车六平四 | 车8进2 | | |

进车保炮看似呆板，实则是冠军思维的独特之处。

| 12. 马八进七 | 炮2退1 | 13. 兵三进一 | …… |

红棋不应立于危墙之下！应车四进一为佳。

| 13. …… | 卒3进1 | 14. 车四退一 | 卒3进1 |
| 15. 相五进七 | …… | | |

红棋防线失调。倘若车四平七，则炮2平3，红棋丢子。

| 15. …… | 炮2平6 | 16. 车四平六 | 车1平2 |
| 17. 车九平八 | 后炮平7 | | |

· 27 ·

尤颖钦的攻势凶悍勇猛，使红棋难有喘息之机！

18. 马三退五 ……

似应相三进一坚守为佳。

18. …… 车2进4

19. 炮八平九 ……

过于大意，似应车六退二为佳。

19. …… 车2平6（图30）

四子攻城，红棋难抵抗。

20. 兵三进一 车6进4（黑胜）

点评："弃7卒"布局飞刀快速获胜，颇为神奇！实则是红棋着法变形所导致。

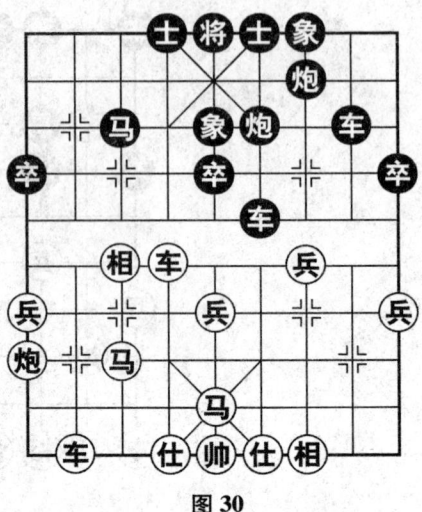

图30

（乙）炮8平7

周军 胜 宿少峰

（2013年10月1日弈于陕西省榆林市象棋公开赛）

7. …… 炮8平7

似可象3进5为佳。

9. 车九进一 炮2退1

10. 马七进六 炮2平7（图31）

宿少峰抛出最新布局飞刀！

另有两种选择：①炮7进4，马三退五，炮2进4，马五进七，炮2平4，马七进六，马6进4，车三平六，车1平2，炮八平七，士4进5，兵七进一，象5进3，车六进二，象3进5，车六平七，炮7退4，车九平三，炮7平6，黑棋尚无大碍。②1957年全国象棋个人赛：马6进4，车三进三，红棋稍优。

11. 马六进四 ……

一车换双是夺取优势的佳着！

11. …… 后炮进4

12. 马四进三 车8进2

13. 前马退五 炮7进2

14. 炮八平三 马3进5

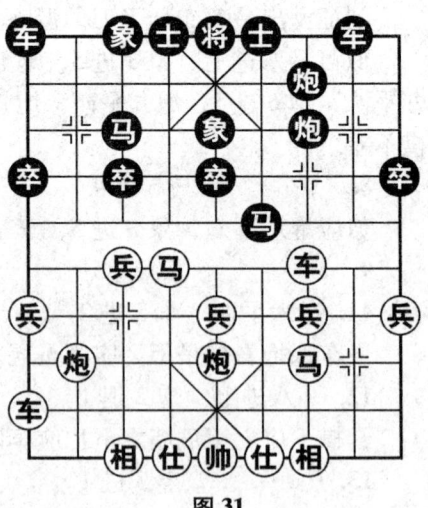

图31

15. 炮五进四　士6进5　　　16. 车九平四　车1平2

倘若车8进1,炮五退二,车1平2,车四进二,车8退3,炮三平四,红棋稍优。

17. 车四进五　车2进6　　　18. 车四平一　车2平5

19. 仕六进五　车8退2　　　20. 兵三进一　车5平1

似可车5平7,炮三平八,车7退1,相三进五,车7平8,车一平三,红棋稍优。

21. 炮三平六　车1退2　　　22. 炮六平七　车1平5

23. 炮五平九　……

炮轰边卒,红棋立于不败之地。

23. ……　　　卒3进1　　　24. 炮九平五　象3进1

25. 相三进五　卒3进1　　　26. 相五进七　车8平6

27. 兵一进一　车5平6　　　28. 炮七平五　象1退3

29. 后炮平七　象3进1　　　30. 炮五平二　后车平8

31. 炮二平七　车6平5　　　32. 兵一进一　……

小兵渡河参战,优势在扩大。

32. ……　　　象1退3

33. 前炮平五　象3进1

34. 兵三进一　……

弃兵取势,精妙!

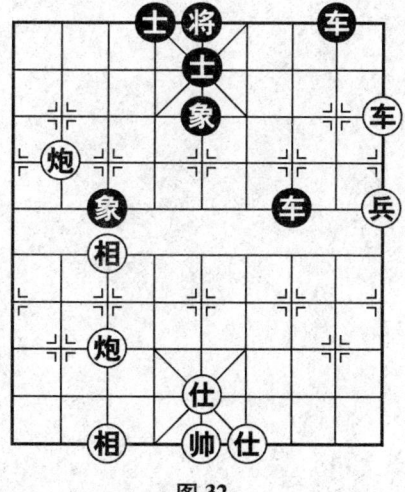

图32

34. ……　　　车5平7

35. 车一进一　象1进3

36. 炮五平八(图32)　　象5退3

倘若车8进5,车一平五,将5平6,炮八进三,将6进1,车五退四,车8平3,炮七平四,象3退5,车五平四,士5进6,车四平二,士6退5,车二进五,将6进1,炮八退六,车3进4,仕五退六,车3退2,仕四进五,象5退7,车二退一,将6退1,炮八平四,车3平6,仕五进四,红棋胜势。

37. 炮八退一　……

精巧妙着层出不穷。

37. ……　　　车7退1

密集的炮火轰击颇令人晕头转向。倘若车7进2,炮七进三,士5进6,

车一平四,车8进3,车四平七,象3进1,炮七平二,红棋亦胜势。

38. 车一平七　　车8进3
39. 车七退二　　车7平2
40. 车七平二　　士5进6
41. 车二平五　　士4进5
42. 炮七平五　　将5平6
43. 炮八平九　　车8平7
44. 车五平二（图33）……

黑棋防线四面漏风,很难抵抗红棋攻势。

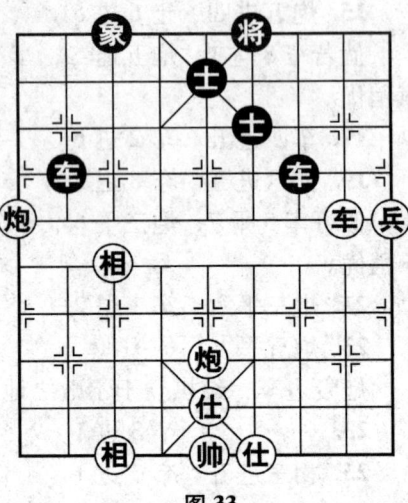

图33

44. ……　　　　士5进4
45. 炮九平四　　将6平5
46. 炮四退二　　象3进1　　**47.** 车二平四（红胜）

点评:红棋妙用双炮犹如蛟龙出海,相当精彩,值得学习与借鉴。

第2章 中炮过河车巡河炮对盘河马

20世纪初叶，中炮过河车对盘河马的争斗处于暗流汹涌的潜伏期，只是在个人交流比赛中萌发与成长。东北虎王嘉良对这一战术的发展功不可没，总是不断推出探索型新战术。1955年王嘉良与何顺安之战首创"中炮巡河炮"最新战术，后来由于盘河马反击强烈而逐渐退出江湖。

第11局 中炮巡河炮飞边相对盘河马冲卒逐车

王嘉良 和 何顺安

（1955年4月弈于天津友谊交流赛）

何顺安（1923~1971），浙江鄞县人，生于上海，象棋名家，棋风以细腻见长，对开局研究颇深，善于谋子。1945年攻周德裕的擂台获胜而一举成名。1947年以后，蝉联上海市象棋赛全部冠军。新中国成立后，代表上海市参加全国比赛，战绩卓著。

著有《当头炮进三卒》、《弈经》，与李尚武合编《象棋大观》。1958年、1960年两次获全国亚军，1964年获季军。

1. 炮二平五　　马8进7
2. 马二进三　　车9平8
3. 车一平二　　马2进3
4. 兵七进一　　卒7进1
5. 车二进六　　马7进6
6. 马八进七　　象3进5
7. 炮八进二（图34）……

"巡河炮"是王嘉良首创冷门布局战术。

7. ……　　　　卒7进1

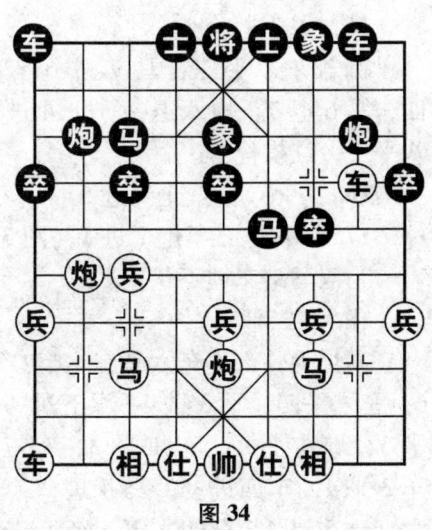

图34

"冲卒逐车"是绝对主流战术。

8. 车二平四　卒7进1　　　9. 马三退五　……

倘若车四退一，卒7进1，马七进六，炮8平7，相三进一，士4进5，车九进二，车8进6，黑棋优势。

9. ……　　　马6退4

逃马是仅此一着，别无选择。

10. 相七进九　……

"飞边相"过于稳健，后来退出大型比赛的主战场。

10. ……　　　炮2进1

颇为刁钻的反击佳着！

11. 车四平二　……

倘若车九进一，炮8进6，马五退七，士4进5，车四退二，车8进4，相互对攻，各有顾忌。

11. ……　　　卒3进1

弃卒是佳着！暗伏擒车的小圈套。

12. 车二退二　……

君子不立于危墙之下！倘若兵七进一，马4进3，黑棋胜势。

12. ……　　　卒3进1　　　13. 相九进七　炮8进2

14. 车九进一　……

攻守兼备的佳着。倘若炮五平二，炮8平1，红棋没便宜。

14. ……　　　马4退5　　　15. 车九平六　马5进7

16. 兵五进一　……

倘若车二平三，马7进6，车三平四，马6退7，炮八退一，士4进5，炮八平三，红棋优势。

16. ……　　　士4进5

17. 车六进二　炮2进1（图35）

为双马踏车埋下伏笔。

18. 车二平三　……

高！为什么不车六平三吃卒？马7进6，车二平四，马3进4，兵五进一，炮8平5，炮八平九，车1平3，车三平六，车3平4，车四进一，马4进2，车六进六，士5退4，车四平五，卒5进1，马

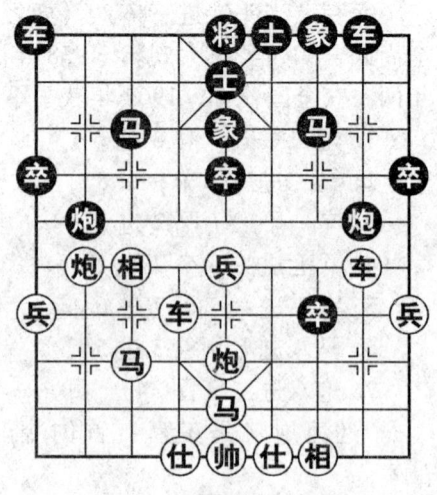

图35

第2章 中炮过河车巡河炮对盘河马

七进八，卒1进1，黑棋大优。

| 18. ……　　　马7进6 | 19. 车三平四　马3进4 |

飞马踏车是反攻佳着！

| 20. 兵五进一　马4进2 | 21. 兵五平四　马2进3 |
| 22. 马五进七　炮8进3 | 23. 车六平八　炮2平4 |

倘若车1平2，马七进五，炮8退1，仕六进五，车8进4，炮五平八，卒5进1，相七退五，炮8平5，炮八进三，炮5平9，车八平三，车2进4，车三平一，卒5进1，车四平五，车8平6，和棋之势。

24. 炮五退一　卒7进1	25. 马七进五　车8进6
26. 炮五进五　车8平7	27. 车四平三　车7平6
28. 车三退二　炮8退1	29. 兵四平五　……

倘若炮五平四，炮4平5，兵四平五，炮8平5，兵五进一，红棋稍优。

| 29. ……　　　炮4退4 | 30. 车三平六　卒1进1 |
| 31. 车六进四　卒9进1（和棋） |

点评：这盘棋虽然红棋优势不大，却开创"巡河炮对盘河马"决战起点。

第12局　中炮巡河炮分车链炮对盘河马冲卒逐车

1. 炮二平五　马8进7	2. 马二进三　马2进3
3. 车一平二　车9平8	4. 兵七进一　卒7进1
5. 马八进七　象3进5	
6. 车二进六　马7进6	
7. 炮八进二　卒7进1	
8. 车二平四　卒7进1	
9. 马三退五　马6退4	
10. 车四平二　……	

"分车链炮"是四川著名前辈棋手刘剑青首创战术。

10. ……　　　炮2进1（图36）

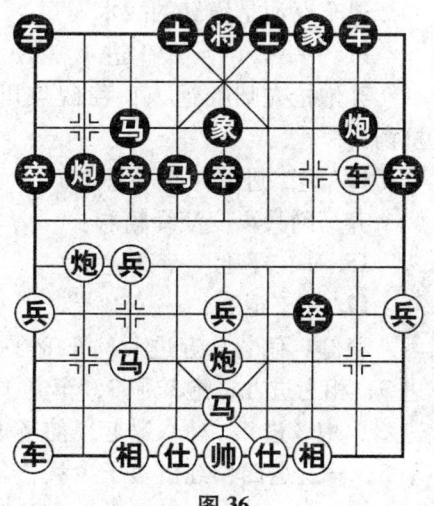

图36

"高右炮保马"颇具潜在反击力。

倘若马4进3踏兵会怎样呢？车九进一，卒3进1，炮八退一，炮2进1，车二退二，炮8进2，车九平六，炮8平4，车二进五，炮2平4，车二退五，后炮进5，车二平六，前炮平2，炮八平三，炮2退5，炮三退一，车1平2，炮五平四，炮2平4，车六平四，车2进6，相三进五，前马退5，炮三退一，士4进5，马五进三，前炮进4，黑棋尚可一战。

图36形势之下红棋有车二退二与车九进一两种选择。

（甲）车二退二
刘剑青 和 李义庭
（1956年12月22日弈于全国象棋个人赛）

刘剑青，1927年生，四川成都人。棋风精细绵密。1959年第一届全运会象棋赛第四名，获象棋大师称号。曾与人合编《象棋论坛》，另著有《橘中秘全局细解》，对车马攻车双象的实用残局深有研究。

李义庭，1937年生，特级大师，12岁即习弈，如疾风突起，进展神速，被誉称"小神童"。棋风亦如长江巨浪气势磅礴。广州棋坛高手曾益谦北上武汉，初见李义庭就曾预言"此子必将成国手无疑"。1958年，20岁的李义庭夺得全国冠军，1956年全国第四名，1959年获全国亚军，1962年获全国第三名。

1956年全国象棋个人赛，四川著名前辈刘剑青首创"分车链炮"新战术，向"小神童"李义庭宣战，最终化干戈为玉帛。1959年辽宁冠军姜林坤再次演绎"分车链炮"，结果以失败告终。

11. 车二退二 ……

退车巡河是稳健的战术。

11. ……　　　　车1进1　　12. 炮五平二　车1平6

弃炮抢先咄咄逼人！稳健点可走炮8退1，车九进一，卒5进1，黑可抗衡。

13. 炮二进五　车6进1　　14. 炮二退一　马4进3

弃马踏兵再度演绎精彩！

15. 车二平七　卒3进1　　16. 车七平三　车8进3

17. 车三退一 ……

稳健！倘若马五进六，车8平6，仕六进五，前车进2，车三平四，车6进3，相七进九，炮2平3，车九平七，卒7平6，炮八退四，卒6平5，马六进八，炮3进4，马八退七，前卒平4，车七平六，卒4平3，马七进五，车6平5，马五退四，红棋多子少兵，各有顾忌。

17. ……　　　卒3进1（图37）　18. 相七进五 ……

倘若炮八退三，卒3进1，马七退八，车8进4，乱战之下各有顾忌。

第 2 章 中炮过河车巡河炮对盘河马

18. ……　　　　卒 3 平 2
19. 马七进八　　马 3 进 2
20. 马五进七　　炮 2 进 2
21. 马七进八　　车 8 进 2
22. 车九平八　　车 6 进 2
23. 仕六进五（余略，终局和棋）

点评："退车巡河"遭到黑棋先弃炮后弃马的"双弃"攻击而被动挨打，重演此阵红棋没便宜。

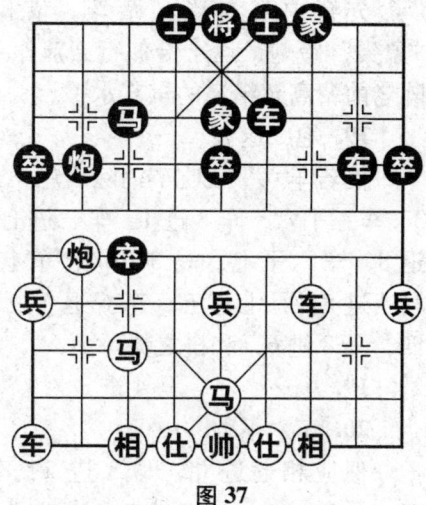

图 37

（乙）车九进一

姜林坤 负 陈新全

（1959 年 6 月弈于合肥九城市象棋赛）

1959 年全肥九城市象棋赛，姜林坤与陈新全狭路相逢。本来，"巡河炮"在 1956 年全国个人赛遭到盘河马强烈反击而基本退出大型比赛主战场，可是三年之后，姜林坤重新抛出巡河炮，并飞刀出鞘。

11. 车九进一（图 38）　……

姜林坤抛出最新改进型布局飞刀！

11. ……　　　　车 1 进 1
12. 车九平六　　车 1 平 6
13. 车六进三　　车 6 进 3
14. 炮五平二　　车 8 进 1
15. 炮二进五　　卒 5 进 1

追求搏杀是 20 世纪 50 年代主流风格。似可车 8 平 6，马五进四，后车进 1，车二退六，卒 7 平 6，仕四进五，马 4 退 5，黑棋抗御。

16. 车二退六　　卒 5 进 1
17. 兵五进一　　马 3 进 5
18. 车六退一　　马 5 进 7（图 39）

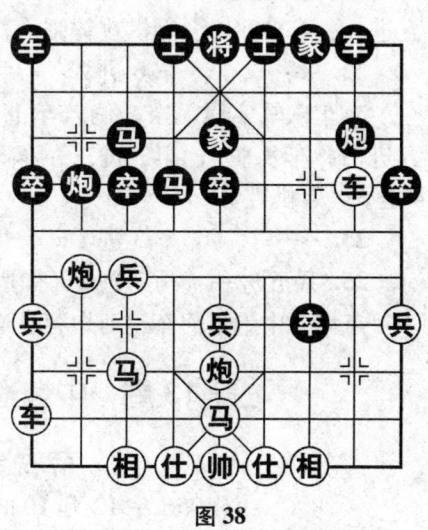

图 38

先弃中卒再飞马踏车,借机占据"象尖"蹬炮,运子恰似行云流水,显示陈老前辈高超精湛的棋艺水平。

19. 炮二退五　……

倘若车六平三吃卒消除后患,马4进3,车三平六,车8进1,车二进七,马7退8,车六平七,马3退4,车七进三,马4进5,马七进五,车6退1,车七平四,马8进6,和棋之势。

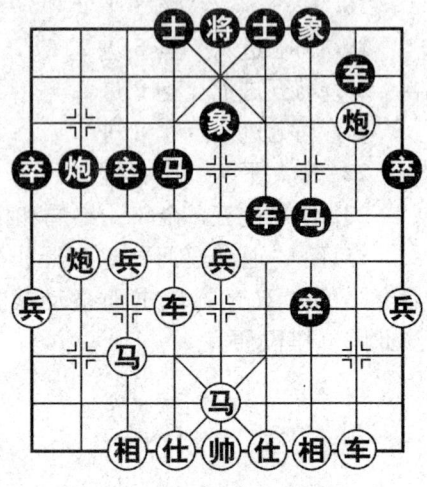

图39

19. ……　　　马4进3
20. 车六平七　……

似应相七进九,马3进2,车六平三,马2进1,马五进六,车8平6,仕四进五,前车进2,车三平四,车6进5,马六退四,马1退3,马四退六,车6平8,兵五进一,马7进6,马七进五,车8进1,车二进二,马6进8,兵五平六,红棋尚无大碍。

20. ……　　　卒3进1　　21. 炮八退二　……

倘若马五进六,马7进6,红棋也难抵抗。

21. ……　　　炮2平5　　22. 相三进五　……

倘若相七进五,车6进2,车七平四,马7进6,马五退七,马6进7,帅五进一,车8平2,黑棋攻势强大。

22. ……　　　车6进2　　23. 车七进一　……

弃车砍马实属无奈。倘若车七平四,马7进6,车二平三,车8进6,相五进七,车8平3,车三进三,车3平6,炮八退一,马6进4,炮八平六,马4退5,黑棋胜势。

23. ……　　　卒3进1　　24. 兵五进一　车6平2
25. 兵五进一　马7进6(黑胜)

点评:中炮过河车巡河炮容易遭到盘河马强烈反击,是被淘汰的布局战术。

第13局　中炮巡河炮对盘河马冲卒逐车

薛占金　负　杨官璘

(1956年12月10日弈于北京全国象棋个人赛)

薛占金,天津市象棋界元老,象棋大师。曾参加过1956年首届全国象棋

第2章 中炮过河车巡河炮对盘河马

锦标赛和1960年、1962年全国象棋锦标赛,显示了很强的实力。

1956年首届全国象棋个人赛在北京举行,薛占金借用王嘉良巡河炮的飞刀向杨官璘杀来。岭南大元帅弃马踏兵,令人叹为观止。

1. 炮二平五　马8进7　　2. 马二进三　马2进3
3. 车一平二　车9平8　　4. 兵七进一　卒7进1
5. 车二进六　马7进6　　6. 马八进七　象3进5
7. 炮八进二　卒7进1
8. 车二平四　卒7进1
9. 马三退五　马6退4
10. 车四退二（图40）……

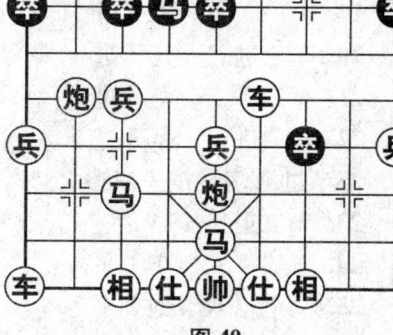

图40

上一局王嘉良与何顺安之战是"飞边相",没占到多大便宜。现在薛占金抛出最新改进型布局飞刀!

10. ……　　　炮2进2

"巡河炮"是正确防御之策。否则被红棋进炮打马,黑难忍受。

11. 车四平二　车1进1

高横车增援左翼无根车,势在必行。

12. 车九进一　……

倘若炮五平二会怎样呢?请看下一局。

12. ……　　　车8进1
13. 车九平六　马4进3（图41）

弃马踏兵实在是高!

倘若炮8进1,车六进四,以下黑棋有两种选择:①炮2退1,马七进六,车1平7,兵七进一,卒3进1,车六平七,马4退5,车七退一,炮8平6,马六进五,车8进4,炮八平二,马3进2,前马退七,象5进3,车七进一,马2进1,炮二平五,炮6平5,车七进一,红棋优势。②卒3进1,车六平七,马4退5,车七平四,马5进7,车四进二,车1平7,马七进六,士4进5,车四退五,炮2退1,炮五平六,炮8平6,车二平五,红棋优势。

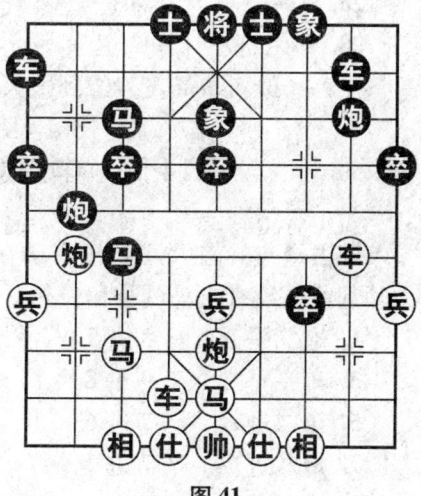

图41

14. 车六进三 ……

不吃白不吃，倘若车二平七吃马会怎样呢？请看下局。

14. ……	卒3进1	15. 相七进九	前马进2
16. 炮五平八	炮2进3	17. 车六平三	炮2退1
18. 炮八平五	……		

刁钻！给黑棋造成小小的麻烦。

18. …… 卒5进1

19. 炮五进三（图42）……

炮轰中象鱼死网破，似可炮五平四忍耐为佳。

19. ……	象7进5
20. 车三进三	马3进4
21. 车三平二	车8进1
22. 车二进三	卒3进1

小卒过河使红棋呈崩溃之势。

23. 车二退三	卒3进1
24. 车二平六	车1平4
25. 马七退八	炮2平5	26. 马五退七	……

倘若相三进五，卒5进1，车六平五，士4进5，马八进六，将5平4，车五平六，炮5退3，马六进五，马4进6，车六进四，将4进1，黑棋胜势。

| 26. …… | 车4进1 | 27. 马七进六 | 马4退2 |
| 28. 车六进三 | 马2退4 | 29. 马六进七 | 炮5平9（黑胜） |

点评：最新布局飞刀遭到毁灭性打击，倘若重演红阵请小心为佳。

第14局 中炮巡河炮对盘河马冲卒逐车

薛占金与岭南大元帅杨官璘在上局曾演绎"弃马抢先"的经典，但是薛大师却留下没有吃马的神秘猜想。

1. 炮二平五	马8进7	2. 马二进三	马2进3
3. 车一平二	车9平8	4. 兵七进一	卒7进1
5. 车二进六	马7进6	6. 马八进七	象3进5
7. 炮八进二	卒7进1	8. 车二平四	卒7进1
9. 马三退五	马6退4	10. 车四退二	炮2进2
11. 车四平二	车1进1	12. 车九进一	车8进1

第 ② 章　中炮过河车巡河炮对盘河马

13. 车九平六　马4进3
14. 车二平七　……

上局是车六进三而没吃马，留下吃马后会有怎样的猜想。

14. ……　　　车1平6
15. 车六进一（图43）……

倘若炮五平二，炮8平7，车六进一，车6进7，相三进一，车8平6，马五进四，后车进5，仕六进五，后车平5，车七进二，车6退2，黑棋优势。

图43形势之下黑棋有炮8进7与炮8进5两种选择。

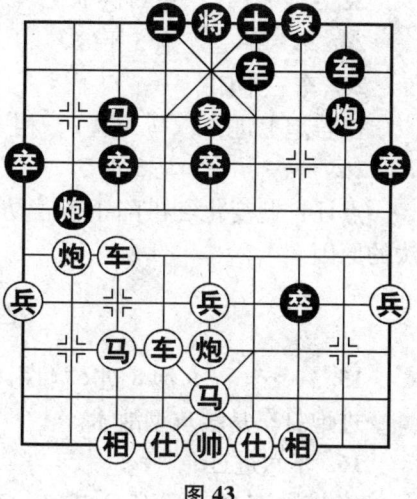

图 43

（甲）炮8进7

15. ……　　　炮8进7

"沉底炮"叫杀是最凶悍的攻击！

16. 炮五平四　炮2平5　17. 车七平三　……

另有两种选择：①车七进二，车8进7，炮八退三，卒7进1，炮八平二，卒7平6，相七进五，车6平7，马五进三，车7进6，仕六进五，卒6平5，车六平五，车7进2，仕五进四，车7退1，仕四进五，炮5进3，帅五平六，车7平8，车七进一，炮8平9，黑棋胜势。②兵五进一，卒7进1，兵五进一，卒7平6，马五进三，卒6平7，仕六进五，卒7进1，帅五平六，卒7平6，帅六进一，车6进5，黑棋胜势。

17. ……　　　炮8退2
18. 炮四进二　炮8平7

夺回失子的佳着！

19. 车三退一　车6进4
20. 马七进六　车6进3
21. 炮八退三　车6退3
22. 车三平四（图44）……

解围退敌之良策！

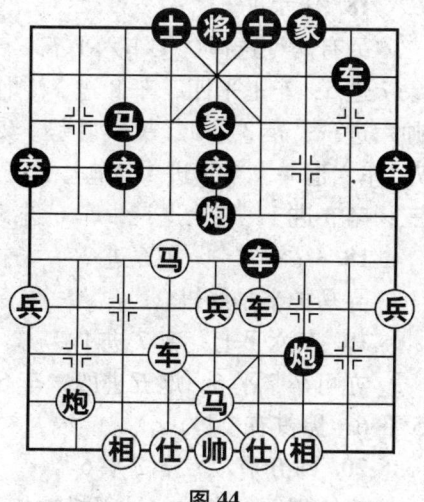

图 44

22. ……	车6进1	23. 马六退四	炮5进4
24. 车六平三	炮5平8	25. 炮八平七	车8进5
26. 车三平四	……		

倘若炮七进二，马3退2，相七进五，车8退2，黑棋稍优。

| 26. …… | 马3退5 | 27. 兵五进一 | 马5进7（黑棋稍优）|

点评：此变化红棋陷于苦苦防御之中，也许这就是"巡河炮"战术被淘汰的原因。

（乙）炮8进5

15. ……　　　炮8进5（图45）

进炮打车是缓攻型战术。

16. 车六进五　……

倘若马五进三，卒3进1，车七平三，卒7进1，车六进五，车6平3，车三退二，炮8平5，相三进五，车8平4，车六进一，车3平4，炮八平四，炮2进2，黑棋优势。

16. ……　　　炮8进2

17. 马五进三　……

弃马解杀，别无良策。

17. ……　　　卒7进1

18. 仕六进五　……

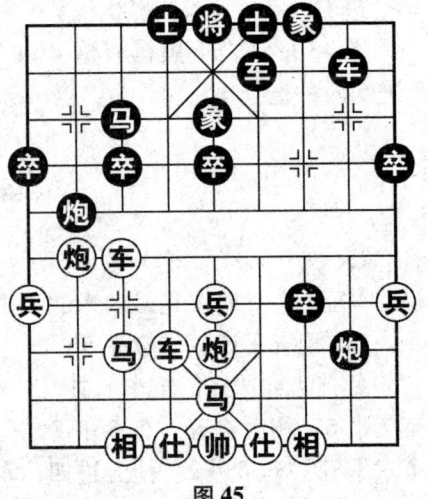

图45

另有两种选择：①车六平五，士6进5，仕六进五，车6进8，仕五退四，象7进5，车七平四，车8进7，炮五退一，炮2平7，帅五平六，炮7进5，帅六进一，卒3进1，黑棋胜势。②炮五进四，士6进5，仕六进五，炮8退7，车六退一，卒7进1，车七平三，车8进7，炮五平三，卒3进1，车三退三，卒3进1，炮八退三，车6进3，黑棋优势。

18. ……　　　车6进2

弃马护卒是好棋！

19. 车六平七　卒7进1

亦可卒7平6，炮五进四，车6平5，仕五进四，炮8平6，帅五平四，车5平6，黑棋有攻势。

| 20. 帅五平六 | 卒7平6 | 21. 帅六进一 | 卒6平5 |

弃卒摧毁九宫防线，黑棋攻势强大。

第2章 中炮过河车巡河炮对盘河马

22. 仕四进五　炮8退1（图46）
23. 仕五进四　……

另有两种选择：①帅六进一，车8平4，后车平六，炮2平4，车六平二，炮4平3，车二平六，车4进4，马七进六，炮3退2，黑胜。②帅六退一，车8平7，黑棋优势。

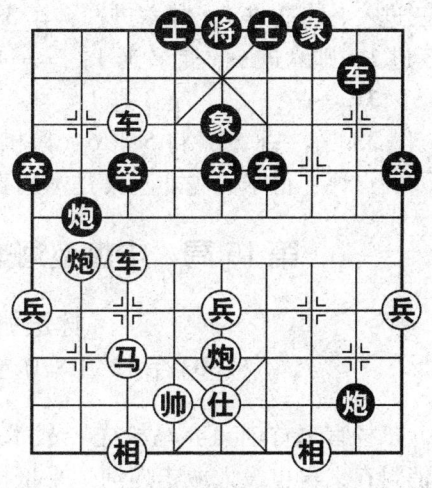

图46

23. ……　　　炮8平9
24. 后车平三　车8进7（图47）

倘若士6进5，炮八平四，车8进7，帅六进一，车8退4，车七退一，车8平4，炮四平六，车6进4，马七进八，车4平6，车七平五，相互对攻各有顾忌。

25. 仕四退五　……

另有两种选择：①帅六退一，车6进4，炮五进四，象5退3，炮八平五，炮2平5，帅六平五，车6平3，相三进五，车8平4，黑棋胜势。②炮五退一，车6进4，车七退一，士6进5，相七进九，车8退1，炮五进一，车6进1，炮五退一，炮9平5，车七退二，车5进1，帅六退一，车6进1，帅六进一，车8进1，马七退五，炮5平7，黑棋胜势。

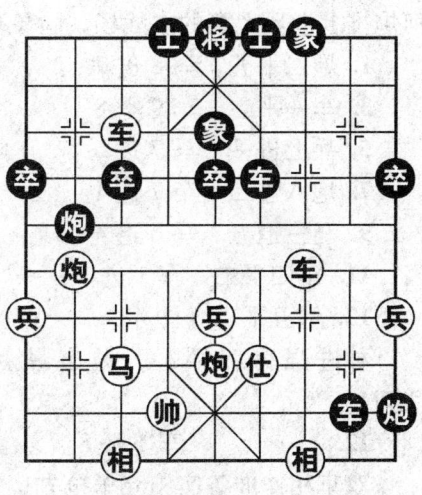

图47

25. ……　　　车8退3
26. 车三退三　车8平3
27. 车三平一　……

倘若车七平六，士4进5，车六退五，炮2退2，相七进九，车3进1，车六进二，车3进1，车三平一，炮2平4，炮五平六，车6进6，炮六平五，车3进1，帅六进一，车6平1，帅六平五，士5进4，帅五平四，车1退2，相三进五，车1退1，黑棋有攻势。

27. ……　　　车3进2　　28. 车七平六　士6进5
29. 车六进一　车3退2　　30. 炮八退二　车3进3
31. 帅六进一　……

倘若帅六退一，车3进1，帅六进一，车3退1，帅六退一，车6平7，相三进一，车3进1，帅六进一，车3退2，车六退六，车3进1，帅六退一，车3进1，帅六进一，炮2退1，车一平四，车7进1，黑棋有攻势。

31. ……　　　卒3进1　　　32. 炮八平九　卒5进1
33. 车一平三　将5平6（黑棋有攻势）

点评：得子失先非上策是本局真实写照，重演红阵请谨慎为宜。

第15局　中炮巡河炮卸中炮对盘河马冲卒逐车

林进强　负　颜仲旺

（2003年12月8日弈于第8届世界象棋锦标赛）

杨官璘首创"弃马抢先"战术令人刻骨铭心。棋手们将它在记忆深处悄悄封存，再也没人敢走巡河炮来抵抗盘河马。

第8届世界象棋锦标赛，印度尼西亚著名棋手林进强在40多年之后把巡河炮推上世界大赛的主战场，险象环生的搏杀惊心动魄。

1. 炮二平五　马8进7　　2. 马二进三　卒7进1
3. 车一平二　车9平8　　4. 车二进六　马2进3
5. 兵七进一　马7进6　　6. 马八进七　象3进5
7. 炮八进二　卒7进1　　8. 车二平四　卒7进1
9. 马三退五　马6退4　　10. 车四退二　炮2进2
11. 车四平二　车1进1
12. 炮五平二（图48）　……

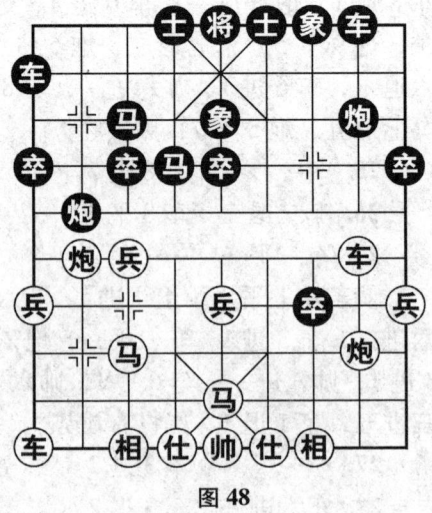

图48

林进强另辟蹊径，抛出最新布局飞刀！

12. ……　　　车1平8

双车相连准备实施弃子抢先！

13. 车二平六　……

闪击打车捉马，从此掀起一场轰轰烈烈的攻杀大战。

13. ……　　　炮2平8
14. 炮二进五　前车进1
15. 车六进二　前车平6

倘若炮8进5，马五进六，卒7平6，另有复杂变化。

16. 马五进六　炮8进5　　17. 仕六进五　炮8平9

第 ② 章　中炮过河车巡河炮对盘河马

似应车 8 进 7，车六进一，马 3 退 2，车六平八，马 2 进 4，车八进一，车 8 平 7，车八平六，车 7 进 2，帅五平六，车 7 退 2，帅六进一，车 7 平 3，相互搏杀，鹿死谁手尚难预料。

18. 车六进一　车 8 进 9　　　19. 帅五平六　炮 9 平 7
20. 帅六进一　炮 7 退 1　　　21. 帅六退一　车 6 进 6
22. 车九进一　……

佳着！倘若帅六进一，象 5 退 3，炮八进三，马 3 退 2，车六退三，车 8 平 6，车六平四，后车退 3，仕五退四，车 6 进 3，帅六进一，卒 7 平 6，炮八退四，车 6 进 1，黑棋攻势强大。

22. ……　　炮 7 进 1　　　23. 帅六进一　炮 7 退 1
24. 帅六退一　车 8 退 2

似应马 3 退 2，车六平八，马 2 进 4，车八进一，马 4 进 6，车八平六，士 4 进 5，炮八进五，士 5 进 4，车六退一，马 6 进 7，车九平八，车 6 进 1，仕五退四，车 8 平 6，帅六进一，炮 7 平 2，马六进八，炮 2 退 8，车六进二，将 5 进 1，车六平八，车 6 退 1，帅六退一，车 6 退 1，相互对攻，红棋后院也不安宁。

25. 车六平七　车 8 平 3　　　26. 车九平七　车 3 平 8

似应车 3 进 1，马六退七，车 6 退 4，炮八进五，象 5 退 3，车七进二，炮 7 进 1，帅六进一，车 6 平 4，仕五进六，车 4 平 2，仕六退五，车 2 平 4，仕五进六，车 4 平 2，黑棋尚可一战。

27. 炮八进五　象 5 退 3　　　28. 前车进二　车 6 退 3
29. 前车退三　士 4 进 5（图 49）
30. 后车进二　……

与赢棋擦肩而过！

似应前车平六，以下黑棋有三种选择：①士 5 进 4，马六进七，车 8 平 2，马七进六，将 5 进 1，炮八平三，炮 7 平 3，车六平五，将 5 平 4，车五平六，将 4 平 5，马六退四，将 5 平 6，马四进二，将 6 平 5，车六平五，绝杀红胜。②士 5 进 6，兵五进一，车 6 进 1，马六进七，车 8 平 2，马七进六，将 5 进 1，炮八平三，炮 7 平 3，车六平五，将 5 平 4，车五平六，将 4 平 5，马六退四，车 6 退 3，

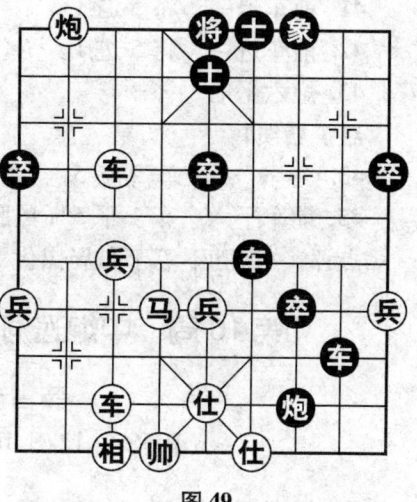

图 49

车六平四，车2退1，车四平五，将5平6，车五平三，车2平4，帅六平五，士6进5，炮三退六，红棋胜势。③炮7平3，马六进七，士5进4，马七进六，将5进1，马六进八，车6平3，马八进六，车3退4，车六平五，象7进5，车五进一，绝杀红胜。

30. ……　　　车8平2　　　31. 前车进三　士5退4

32. 兵五进一　……

加速局势恶化，似应炮八平九为宜。

32. ……　　　车6进1　　　33. 炮八平六　……

倘若仕五进四，象7进5，前车退三，车2退7，前车平五，卒7进1，车五平六，士4进5，车七退一，炮7进1，仕四进五，车6平9，黑棋亦优势。

33. ……　　　炮7进1　　　34. 帅六进一　车2进1

35. 帅六进一　炮7退1（图50）

36. 仕五进四　……

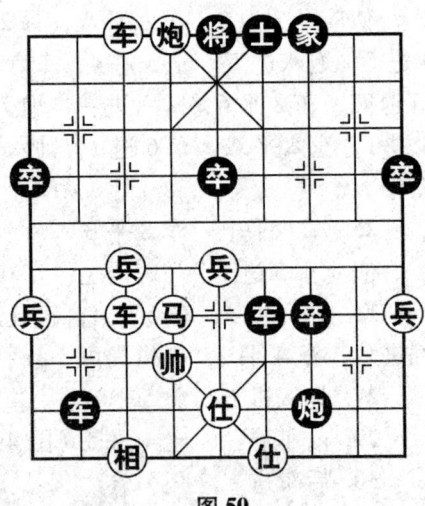

图50

倘若炮六退三，将5进1，前车退一，将5退1，仕五退六，车2退1，帅六退一，车2平5，绝杀黑胜。

36. ……　　　炮7退1

37. 仕四退五　车6进1

38. 相七进五　车6进2

39. 马六退四　车6平1

40. 炮六退三　将5进1

41. 前车退一　将5退1

42. 前车进一　将5进1

43. 炮六平七　……

红棋崩溃！

43. ……　　　车2平5　　　44. 后车退三　车1退3

45. 前车平六　车1平5（黑胜）

点评："黑胜不等于布局黑优"！重演黑阵请小心为佳。

第16局　中炮巡河炮对盘河马冲卒逐车高右炮

薛占金 和 李义庭

（1956年12月16日弈于全国象棋个人赛）

"中炮巡河炮"于20世纪50年代出现后，与其对抗的战术纷纷亮相。杨

第2章 中炮过河车巡河炮对盘河马

官璘抛出"高两步炮的巡河炮"后,紧接湖北李义庭又首创"高一步炮的高右炮保马"新战术。

1. 炮二平五　马8进7　　　2. 马二进三　马2进3
3. 车一平二　车9平8　　　4. 兵七进一　卒7进1
5. 车二进六　马7进6　　　6. 马八进七　象3进5
7. 炮八进二　卒7进1　　　8. 车二平四　卒7进1
9. 马三退五　马6退4
10. 车四退二　炮2进1（图51）

李义庭首创最新布局飞刀!

11. 车四平二　车1进1
12. 车九进一　车1平6
13. 炮五平二　……

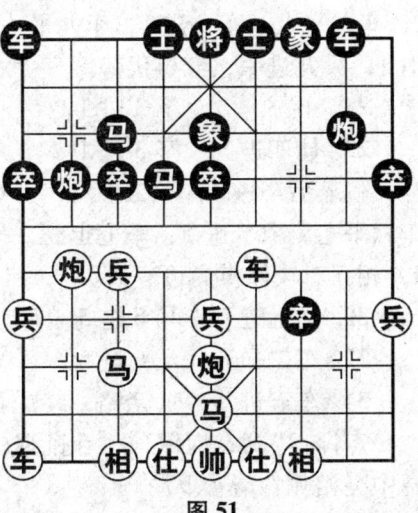

图51

"卸中炮"是当前牵制黑棋的佳着。倘若车九平六,车8进1,兵七进一,车6进7,相三进一,士6进5,车二退四,车8平6,炮八退二,马4进3,车六进二,卒3进1,红棋一无所获,黑棋优势。

13. ……　　　　车6进1
14. 车九平六　卒5进1　　　15. 炮二进五　……

似应马五进六,马4进6,马六进五,车6退1,车二平三,炮8平9,炮二平五,士4进5,车六平四,车8进4,马七进六,红棋优势。

15. ……　　　马4进6　　　16. 车二退三　车8进2
17. 车二进六　车6平8　　　18. 车六进六　马3退1
19. 车六平八　卒3进1

弃卒是为逃炮而打开的通道。倘若车8退1,炮八平九,黑棋要丢子。

20. 炮八平九　炮2平7

倘若炮2平5,炮九进四,车8进1,兵七进一,马6进5,炮九进一,象5退3,马五进六,卒5进1,相七进五,卒7进1,仕六进五,红棋优势。

21. 炮九进四　车8进6　　　22. 炮九进一　象5退3
23. 相七进五　车8平6　　　24. 相五进三　卒7平6
25. 相三进一　……

为什么不相三退一? 卒6平5,马五退七,前卒进1,黑棋有攻势。

25. ……　　　卒6平5　　　26. 马五退七　炮7平8

27. 车八平二　车6平3（图52）

28. 后马进九　……

似应前马进六，后卒进1，马六进五，卒3进1，马五进六，卒3平4，马六退四，将5进1，车二进一，将5进1，马四退二，马6退8，车二退二，将5退1，车二平九，车3进1，车九平一，将5退1，兵九进一，红棋优势。

28. ……　　　卒3进1

29. 仕四进五　卒3平4

倘若后卒进1，车二平六，士6进5，车六平七，象7进5，车七退三，马6进4，相互对攻黑棋尚可一战。

30. 马七进五　马6进5　　31. 车二退一　车3平1

32. 车二平五　士6进5　　33. 车五退一　卒3平4

34. 车五进一　（余略，终局和棋）

点评："高右炮保马"在乱战中似乎反击性能不弱，为什么很少在大型比赛中亮相呢？请看下局。

第17局　中炮巡河炮对盘河马冲卒逐车

郑乃东　胜　王贵福

（1992年5月22日弈于全国象棋团体赛）

著名象棋大师王贵福突然重演40年前全国冠军李义庭于1956年所创"高左炮保马"战术，但是遭到农民棋王郑乃东所创"退炮打卒"的布局飞刀打击……

1. 炮二平五　马8进7　　2. 马二进三　车9平8
3. 车一平二　卒7进1　　4. 车二进六　马2进3
5. 兵七进一　马7进6　　6. 马八进七　象3进5
7. 炮八进二　卒7进1　　8. 车二平四　卒7进1
9. 马三退五　马6退4　　10. 车四退二　炮2进1
11. 炮八退一　（图53）　……

郑乃东抛出最新布局飞刀！

11. ……　　　车1进1

第 2 章 中炮过河车巡河炮对盘河马

红棋左炮右移，出横车有点不太适宜。似应炮8平7，炮八平三，车1平2，车九平八，炮7进1，相七进九，士6进5，坚守为宜。

12. 炮八平三　车8进1
13. 炮五平四　……

似可炮三平四，车1平7，车九平八，马3退1，车八进五，士6进5，车八平六，炮8进2，炮五进四，马1进3，炮五平七，红棋优势。

13. ……　　车1平7
14. 车九平八　炮2退3
15. 马五进四　……

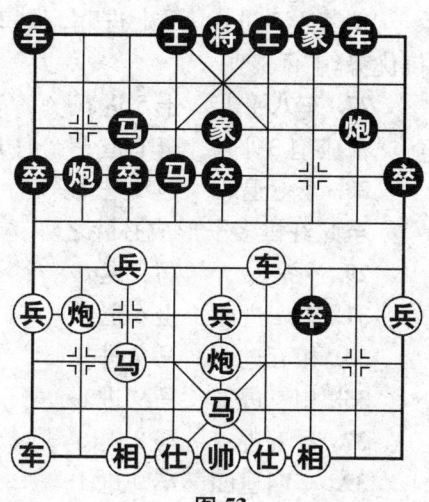

图 53

倘若炮三平二，车8平9，炮二平四，士6进5，车四平六，红棋优势。

15. ……　　士6进5

针封相对的强硬反击！

17. 炮三平二　炮8平9
19. 相七进五　前马退5
20. 炮四平二（图54）　马5进6

似应士5退6，车八退七，车7平2，车八进七，车8平2，车四平五，马5退7，前炮进二，士4进5，车五平三，马7进5，马四进五，卒5进1，车三进二，红棋虽然稍优，黑棋尚可坚守。

21. 后炮进六　车7平8
22. 炮二平一　……

兑炮佳着！倘若车四退一，车8进4，红棋没便宜。

22. ……　　炮9进3
23. 兵一进一　车8进5
24. 马七进六　马6进7
26. 马六进七　……

不急于车八退一捉子，老练细腻。

26. ……　　炮2平3

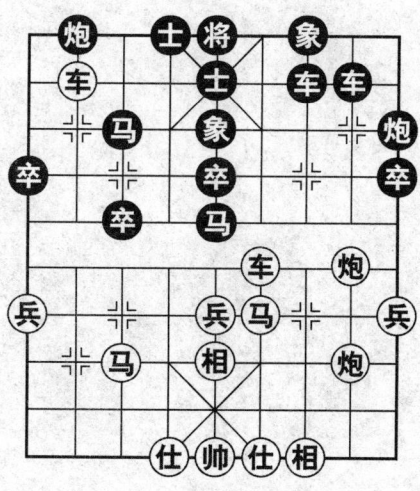

图 54

25. 车四退三　车8平7

倘若士5进6，马七进九，炮2平3，车八退七，马7退6，车八进六，红棋优势。

27. 车八平七　士5进6

似应炮3平1，车七退一，炮1进6，坚守为宜。

28. 车七退一　炮3进3　　　29. 车七退一　……

至此红棋多子形成必胜之势。

29. ……	马7退6	30. 车七平五	马6退7
31. 车四进四	士6退5	32. 兵九进一	卒3进1
33. 相五进七	马7进9	34. 车四进三	象5退3
35. 相三进五	马9进8	36. 车五平九	卒9进1
37. 兵五进一	马8退6	38. 仕四进五	卒9进1
39. 车四退四	卒9进1	40. 车九平四（红胜）	

点评："退炮打卒"是刚柔相济的稳健型战术，小优势在握虽然不一定赢棋，却没风险。也许这就是"高右炮保马"战术被淘汰的原因。

作者在20世纪70年代比赛中下过几盘，厮杀起来即惊险又过瘾，尤其是在表演赛中非常好看。作者的实战感觉是，执先手而让对方一通乱杀似乎有点委屈，所以这种战术越来越少甚至绝迹。

第3章 中炮肋车捉马对盘河马

第18局 中炮肋车捉马对盘河马进炮打马

王嘉良 胜 刘忆慈

（1956年12月24日弈于全国象棋个人赛）

刘忆慈（1916~1982），出生于杭州，自幼酷爱象棋。20世纪40年代在上海，与当时的名手角逐，声名鹊起，成为杭州棋王。

刘忆慈对象棋的攻守要诀有独到见解，擅长仙人指路，棋坛称其为"刘仙人"。这一称号不仅指其喜用"仙人指路"布局，还指他爱好喝酒。有几次正式比赛时在"微醉"状态下，以出神入化的招法，杀败数员棋坛大将，颇有点李太白酒后出佳诗的味道。刘忆慈也被棋坛称为"双斧将"，即先手"仙人指路"、后手"斗顺炮"均颇具杀伤力。刘忆慈布局新颖，中局机警灵活，敢于弃子抢攻，残局斗无车棋功夫颇深。

曾获1956年、1957年全国象棋个人赛第三名，1958年全国象棋个人赛第五名。

1956年首届全国象棋个人赛在北京举行，哈尔滨青年棋手王嘉良在第二轮与著名棋手刘忆慈狭路相逢。令人震惊的是王嘉良飞刀出鞘，仅用10多分钟20多着就战胜大名鼎鼎的"刘仙人"，刹那间引起棋界惊疑，是哪般新式武器？

1. 炮二平五　马8进7　　2. 马二进三　马2进3
3. 车一平二　车9平8　　4. 兵七进一　……

挺进七兵在20世纪50年代绝对是主流战术。

4. ……　　卒7进1

挺进7卒，针封相对！

5. 车二进六　……

急进过河车是绝对主流战术。倘若马八进七，容易遭黑棋右炮过河的反击。

5. ……　　马7进6　　6. 马八进七　象3进5

飞右象是经典稳健型布局战术。

7. 车二平四　……

"车捉肋马"虽然在民间暗流涌动，但在大型比赛中亮相是第一次。

7. ……　　　马6进7

9. 炮五平六（图55）　……

王嘉良抛出最新布局飞刀！

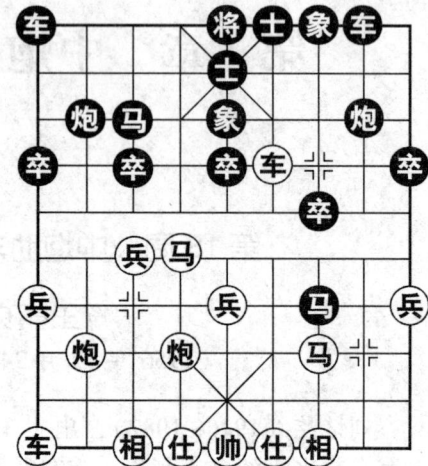

图55

9. ……　　　炮2进3

进炮打马为开出肋车是常见手段。

10. 马六进七　车1平4

11. 仕六进五　炮2进1

12. 相七进五　炮8平7

13. 车九平七　车4进6

似应车4进4巡河加强防御为佳。

14. 炮八退一　炮2平5

一步错棋满盘皆输！造成右翼阵地防守相当薄弱。似应炮2退3，兵七进一，车8进5，坚守为宜。

15. 马三进五　车4平5

铁骑踏阵，黑棋难以抵挡！

16. 马七进九　……

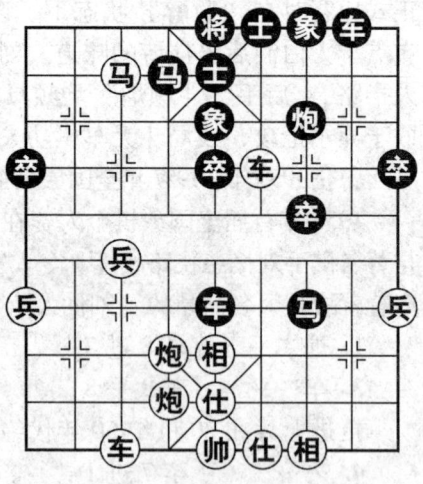

图56

16. ……　　　马3退2

献马，别无良策。

17. 马九进七　马2进4

18. 炮八平六（图56）　马7进6

19. 车四平三　车5进1

20. 车三进一　车8进6

21. 车七平八　士5退4

22. 后炮进七　车5平4

23. 炮六退三（红胜）

点评：王氏飞刀一鸣惊人！从棋局的质量上看，刘仙人是在半醉状态下，演绎醉步，仙着妙步踪踪影皆无。

比赛由于是两盘制，这是第一盘。第二盘王嘉良出现昏招，刘忆慈获胜，两人平分秋色各得一分。赛后王嘉良十分后悔，倘若第二盘下个和棋，全国冠军就纳入怀中。也许机不可失，时不再来，王老前辈绝对具有冠军实力与水平，却三次全国亚军，与近在咫尺的冠军一次次无缘！

第3章　中炮肋车捉马对盘河马

第19局　中炮肋车捉马对盘河马7路炮

王嘉良　胜　杨官璘

（1956年12月26日弈于全国象棋个人赛）

1956年全国象棋个人赛，决赛第四轮，王嘉良与杨官璘相遇。杨官璘声名远扬，横扫广州、香港、上海，所向无敌，尤其水滴石穿魔法般的残局功夫已出神入化，达炉火纯青之境界，被广东棋界称为"魔叔"，当时是公认天下第一霸主。

王嘉良是北派代表，棋风凶悍，能征善战，大刀阔斧，人称"东北虎"。当年22岁的王嘉良血气方刚，正在大展宏图之时。

为了使读者朋友了解当时比赛情况，转录特级大师王嘉良回忆录中的一段。

"下一场将是我与杨官璘的关键战役。这时杨官璘夺冠的呼声一浪高过一浪，就差报纸报道说他已经得冠军了。"

"那天吃早饭的时候，《北京晚报》的记者说：'老杨啊，小王的棋长了，赢刘忆慈才用十几分钟，二十来步，你可要加小心，这一关不太好过'。杨官璘此时已连胜三场，再和一场就稳坐冠军了。他说：'小王的棋是长了，比过去好多了，和我下盘和棋很容易，不过要赢我的话怎么也得三年以后。'"

"第一盘我是后手，杨官璘也不想有什么意外，无争无斗地和了一盘。下午第二盘棋我先。我又用了胜刘忆慈的炮五平六这着新变，杨官璘有了准备，也走了变着。这盘棋下了一百几十着，异常艰苦，最后我是车炮兵胜了他车马卒……"

开战伊始，王嘉良以中炮七路马冲中兵发起攻势。杨官璘以镇山宝"盘河马"奋起应战。经激烈争斗后双方握手言和，从而引领一场半个多世纪轰轰烈烈的炮马争雄的布局大战。

1. 炮二平五　　马8进7　　2. 马二进三　　马2进3
3. 车一平二　　车9平8　　4. 兵七进一　　卒7进1
5. 车二进六　　马7进6　　6. 马八进七　　象3进5
7. 车二平四　　马6进7　　8. 马七进六　　炮8平7（图57）

事隔一天之后，杨官璘最新改进型布局飞刀亮相！

9. 炮五平六　　……

王嘉良以不变应万变，仍卸中炮。

9. ……　　　　士4进5　　10. 相七进五　　炮2进1

佳着！逼迫红棋自动放弃封锁线。

11. 马六进七　　车1平4　　12. 仕六进五　　马7退8

1957年11月11日全国象棋个人赛，陈洪钧与刘忆慈两位前辈棋手之战：车4进4，炮八平七，车4平2，车九平六，马7退6，炮六进六，炮2退2，马三进四，车8进8，马四进六，车8平6，相三进一，马6进7，车四退五，马7进6，炮六平七，马6退7，相一退三，炮7平6，马六进七，炮6平3，马七进五，象7进5，后炮进五，车2退2，后炮退一，车2平3，后炮平一，车3退1，炮一进三，象5退7，车六进五，车3进1，车六平三，车3平9，车三退二，车9退2，车三进三，卒5进1，车三退一，炮2平1，车三平五，炮1进5，兵七进一，车9进3，车五退一，车9平2，车五平九，炮1平9，兵七平八，车2平5，兵八平九，车5进3，兵九进一，车5平2，车九平五，和棋。

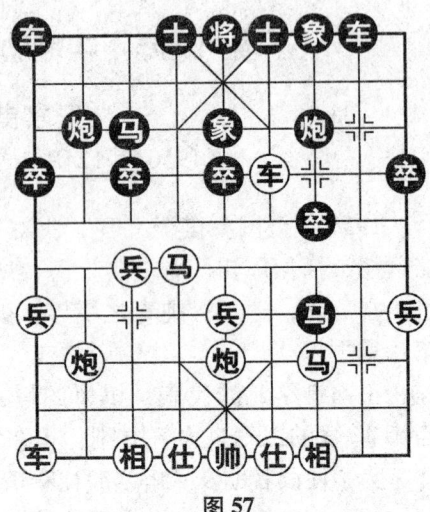

图 57

13. 车四平三　　卒7进1

弃卒也是一步好棋！因杨官璘和棋就冠军，不怕兑子。

14. 相五进三　　……

倘若车三退二，炮7进5，车三退二，车4进6，黑可抗衡。

14. ……　　　　车4进4　　　15. 炮八进二　　车8进2

16. 相三退五　　炮7进5

17. 车三退四　　车8平7

18. 车三进五　　马8退7

19. 马七退六　　车4平8

20. 车九平七　　马7进6

21. 马六进四　　车8平6

22. 炮六进四（图58）　　炮2退3

似可炮2平3，车七平六，车6平2，炮八退四，卒5进1，兵九进一，卒1进1，兵九进一，车2平1，车六进三，马3进5，黑可抗衡。

23. 兵七进一　　炮2平3

24. 炮八平七　　马3退1

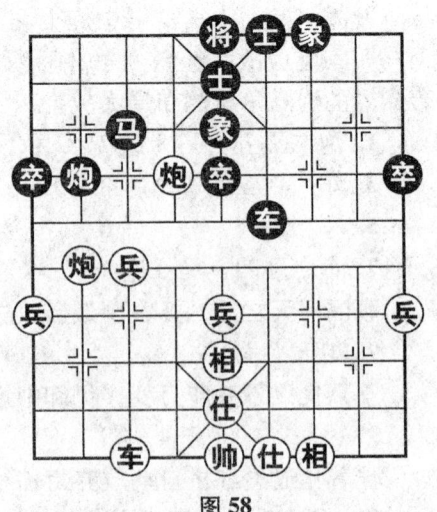

图 58

25. 炮七进五　马1退3　　　26. 兵七进一　马3进2
27. 炮六平九　马2进3　　　28. 炮九进三　马3进2
29. 车七进三　车6平2

倘若车6平1，红有炮九平四，红方有很大胜机。

30. 兵七平六　马2退3　　　31. 兵九进一　卒5进1
32. 车七进一　将5平4
33. 兵六平七　车2退2
34. 炮九退四　车2进2（图59）
35. 相五退七　……

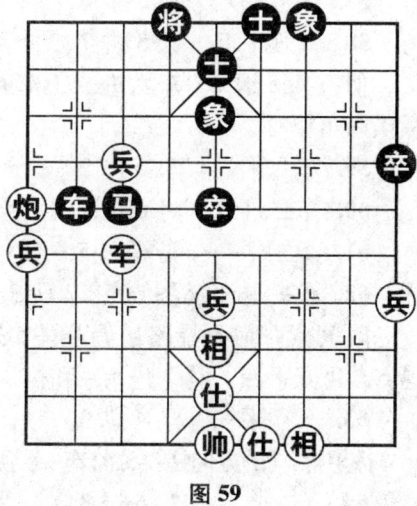

图59

更简单的走法是炮九平七打马交换，象5进3，车七平六，将4平5，车六进一，车2进5，仕五退六，车2平1，车六平七，车1退4，车七平五，车1平6，兵五进一，红棋胜势。

35. ……　　　　将4平5
36. 相三进五　卒9进1
37. 帅五平六　士5进4
38. 炮九进四　士6进5
39. 仕五进六　车2退3　　　40. 炮九平三　……

吃象丢兵，打开僵局。

40. ……　　　　车2平3　　41. 炮三退八　车3进2
42. 兵九进一　车3平6　　　43. 炮三平五　车6进6
44. 炮五退一　车6平9　　　45. 兵九平八　马3退5
46. 兵五进一　马5进7

为什么不卒5进1？车七平五，马5进7，车五进三，马7进6，车五进一，士4退5，相五退三，将5平6，炮五平一，马6进4，炮一进五，红棋胜势。

47. 兵五进一　马7进6　　　48. 炮五平三　马6进8

"魔叔"的黑马跃过楚河之后，八面玲珑，给东北虎扩大优势增加难度。

49. 炮三平五　马8退6　　　50. 仕六退五　马6退5

似应马6进7，炮五平四，车9退3，车七平六，车9平5，兵五平六，车5平2，兵八平九，车2进2，黑棋的反击也有很强的威力。

51. 车七退一　车9平8　　　52. 车七平三　将5平4
53. 仕五进四　马5退6　　　54. 车三平六　车8平6
55. 兵八进一　……

弃仕冲兵，体现东北虎的搏杀风格！

55. ……　　　　将4平5

倘若车6退2，兵八进一，将4平5，车六进二，将5平6，车六平一，红棋优势。

56. 兵八平七　　车6退2
57. 兵七平六　　将5平6
58. 兵六平五　　象5进7

似应象5退7，车六进二，车6退1，黑棋尚可坚守。

59. 车六平二　　车6进2
60. 车二进六　　将6进1
61. 车二平一　　马6进5
62. 车一退四（图60）　马5进4

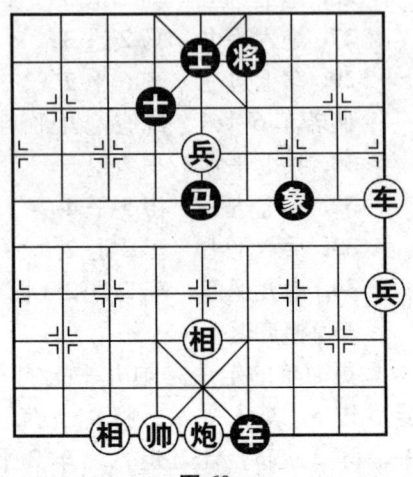

图60

时间紧张慌不择路！倘若马5进6，车一进一，马6进7，车一平四，车6退6，兵五平四，马7进5，和棋。

63. 车一平三　　马4进3　　64. 车三退五　　……

利用黑马的方向错误，红车一路疯狂，先吃卒后吃象，再退而兑车，一气呵成。

64. ……　　　　车6退3　　65. 炮五进一　　车6平4
66. 炮五平六　　马3进1　　67. 兵五进一　　……

精妙！是扩大优势的关键。

67. ……　　　　将6退1　　68. 车三进九　　将6进1
69. 车三退五　　将6退1　　70. 车三退五　　将6进1
71. 车三退七　　……

精妙的顿挫！

71. ……　　　　车4平6

倘若将6退1，相五退三，车4平6，帅六平五，车6进2，车三平六，马1退3，相七进九，马3退2，车六进一，马2退3，相九进七，车6进1，帅五进一，车6退6，相三进五，红棋仍优。

72. 炮六平九　　……

一炮定乾坤！

72. ……　　　　马1退3　　73. 炮九进七　　士5进6
74. 炮九平六（红胜）

点评："王氏飞刀"再下一城，战胜魔叔杨官璘，令棋界刮目相看，从而引领棋坛开辟炮马争雄的新天地。

第3章 中炮肋车捉马对盘河马

第20局 中炮过河车肋车捉马对盘河马7路炮

胡荣华 胜 洪智

（2000年12月16日弈于翔龙杯象棋电视快棋赛）

事隔40多年之后，棋坛总司令胡荣华把东北虎王嘉良的旧刀进行改进与升华，闪亮飞刀从天而降……

1. 炮二平五　马8进7
2. 马二进三　车9平8
3. 车一平二　马2进3
4. 兵七进一　卒7进1
5. 车二进六　马7进6
6. 马八进七　象3进5
7. 车二平四　马6进7
8. 马七进六　士4进5
9. 炮五平六　炮8平7
10. 相七进五　炮2进1
11. 车九平七（图61）……

"十连霸"胡荣华抛出最新"相位车"的布局飞刀！

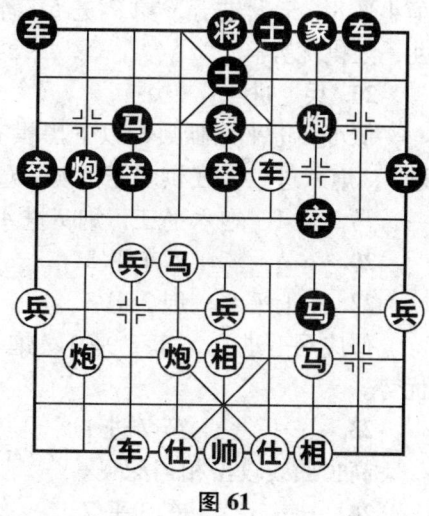

图61

11. ……　　　卒9进1

似可卒3进1，马六进七，卒3进1，车七进四，车1平4，仕六进五，车4进4，车四平三，炮7平6，黑可抗衡。

12. 仕六进五　卒1进1
13. 马六进七　车1平4
14. 车四退二　车8进3
15. 兵七进一　卒5进1

冲中卒是煞费苦心的防御。倘若车4进6，兵九进一，卒1进1，车四平九，红棋优势。

16. 马七退五　车8平5

倘若马3进5，兵七进一，车4进4，兵七平八，车4平5，车四平八，马5进3，车七进四，象5退3，炮八平九，马3退4，兵八平七，红棋优势。

17. 兵五进一　……

亦可马五进七，车4进6，兵七平六，车5平8，兵六平五，车4平1，车四平八，炮2进4，车八退二，红棋优势。

17. ……　　　炮2进2

似可车4进6，车七进四，象5进3，车七进一，象7进5，车七退一，车4平1，黑棋尚可一战。

18. 车四退一　车4进5

亦可马五进七，车5进2，兵七平八，车4退2，炮八进一，卒7进1，炮八平六，炮2进1，马七进九，炮7退1，车四进五，车4进3，车四进七，炮7进3，马九进七，车4退5，车四退五，炮7退3，马七退九，炮2进3，车四进五，红棋优势。

19. 马五退七　……

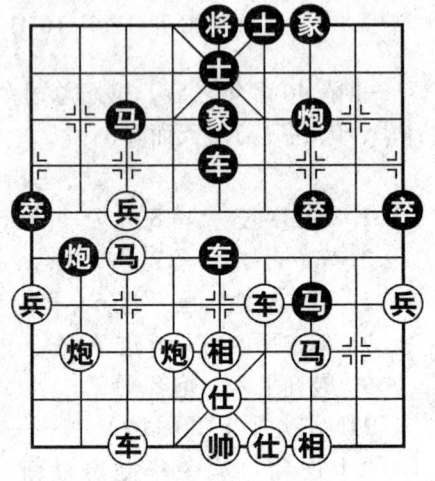

图62

19. ……　　　车4平5（图62）

为什么不象5进3？兵五进一，车5进1，炮六退二，车5退1，马七退六，车4平8，车七进五，象7进5，车七平九，红棋优势。

20. 兵七进一　……

似可兵七平六献兵，以下黑棋有两种选择：①马3进4，车四平六，象5进3，炮六进三，红棋多子胜势。②前车平4，马七进八，马3退2，炮六进一，马2进1，炮六平三，炮7进4，车四平三，红棋胜势。

20. ……　　　后车平3　　21. 炮八平七　象5进3
22. 车七平八　炮2退3　　23. 炮六进一

似应马七进九，车3平1，炮七进五，卒7进1，马九退七，红棋多子优势。

23. ……　　　卒7进1　　24. 马七退六　……

高！曲线攻击相当深奥。

24. ……　　　车3平7　　25. 炮六平五　车5退2

倘若卒7平6，车四进一，车5进1，马三进五，马7进6，相三进一，马6退5，炮七进五，马5退4，车四进一，马4退3，车四平七，马3退4，车七平五，炮2平5，马六进七，红棋亦优。

26. 炮七进五　将5平4　　27. 车八进四　车5平2
28. 车八平六　炮7平4　　29. 车四进二　卒7平6
30. 车四退一　……

攻守兼备之策！倘若车四平七，卒6进1，炮五平六，将4平5，车七平五，炮4进4，车六退一，红棋亦优。

30. ……	马7退8	31. 车四进一	马8退7
32. 炮七平三	炮2平7	33. 马三进四	车7平3
34. 车四进四	……		

弃车砍士，精彩入局。

34. ……	士5退6	35. 车六进三	将4平5
36. 车六平三（红胜）			

点评："胡氏飞刀"虽然相当锋利，并非完美神器，倘若正确应对尚可抵挡。

第21局　中炮肋车捉马踩中卒对盘河马7路炮

王嘉良　和　杨官璘

（1957年5月11日弈于广州、北京、哈尔滨南北象棋名手友谊赛）

1957年，中炮七路马肋车捉马与盘河马的争斗进入高潮，但是也出现分化。1957年，南北象棋名手友谊赛，王嘉良与杨官璘冤家路窄，再度交锋。由于杨官璘敢于重演败谱，明显是赛前有所准备。王嘉良见来者不善，立即飞刀出鞘，虽然小优势赢棋难，输棋更难。

20世纪50年代中炮与盘河马的争斗是以南杨北王为主线展开的，杨官璘与王嘉良对这一战术发展功不可没！尤其一代宗师杨官璘，绝对是"盘河马"专家而战绩优良，毕生对盘河马战术不离不弃，令人敬佩。

作者曾问著名象棋大师邓颂宏："杨官璘老先生退休后忙什么？"邓大师脱口而出："在家研究盘河马。"作者："呵呵。"邓大师连忙补充："杨老师在家一不看书，二不看报，三不看电视，一心研究盘河马，然后去女队培训。"

这种水滴石穿的治学精神值得学习。

1. 炮二平五	马8进7	2. 马二进三	马2进3
3. 兵七进一	卒7进1	4. 车一平二	车9平8
5. 车二进六	马7进6	6. 马八进七	象3进5
7. 车二平四	马6进7	8. 马七进六	炮8平7
9. 马六进五（图63）	……		

东北虎王嘉良弃用两战两胜"卸中炮"的旧飞刀，却创发"马踏中卒"的最新布局飞刀！

9. ……	马7进5	10. 相七进五	马3进5

为什么不炮2进1拴链？车四进三，将5平6，马五进三，将6平5，前马进二，红棋胜势。

11. 车四平五	卒7进1	12. 车五平三	车8进6

13. 相五进三 ……

倘若车三退二,炮7进5,炮八平三,车8平5,和棋之势。

13. …… 炮2平1

1957年11月14日全国象棋个人赛,惠松祥与李义庭之战:车8平7,相三进五,炮2平1,炮八平六,车1平2,车三平一,卒1进1,车一平七,卒1进1,仕六进五,车2进6,车七平九,卒1平2,后车平七,炮1平3,车九平七,卒2平3,兵九进一,士6进5,兵九进一,卒3平4,前车进一,炮7平3,车七平七,卒4进1,车七退五,和棋。

14. 相三进五 车1平2
16. 兵五进一 车8退2

15. 炮八平六 车2进6
17. 仕六进五 ……

稳健!似可炮六进四,士6进5,炮六平五,红棋稍优。

17. …… 士6进5
18. 车三平七 卒1进1
19. 车七平一 ……

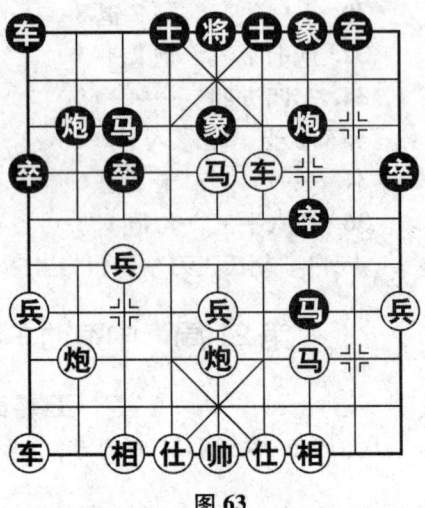

图63

王嘉良净多三兵,似乎物质优势较大,却因小兵是没有过河的浮兵,保全小兵还是很有难度。

19. …… 炮7进5
20. 炮六平三 炮1进4
21. 兵一进一 车8平2
22. 车一退一(图64) ……

兑车好棋!

22. …… 炮1退1

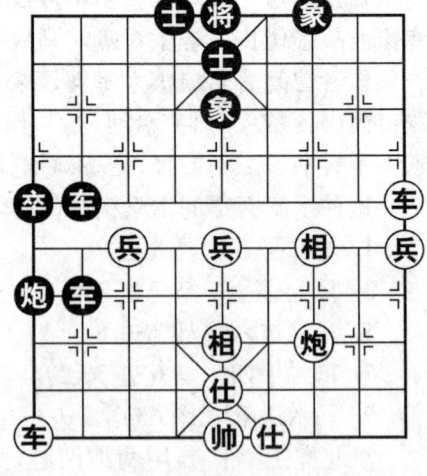

图64

似可前车进3,车九平八,车2进5,仕五退六,卒1进1,车一平六,炮1进3,兵五进一,卒1平2,车六退一,卒2平3,车六平七,车2退5,车七退四,炮1退4,兵五进一,炮1平9,平淡之势。

23. 兵七进一 后车平3
25. 炮三进七 象3退5
27. 车九平八 车5退1

24. 车一平七 象5进3
26. 炮三平一 车2平5
28. 车八进五 车5退2

第3章 中炮肋车捉马对盘河马

29. 兵一进一 炮1平5	30. 车八平二 将5平6
31. 车二平四 将6平5	32. 车四平九 车5平3
33. 车九退五 ……	

似应帅五平六为宜,还有一点小希望。

| 33. …… 将5平6 | 34. 相三退一 炮5退1（和棋）|

点评:"王氏飞刀"保持多兵的小优势,虽然赢棋难,但安全系数高。

第22局　中炮肋车捉马卸中炮对盘河马高右炮

王嘉良　负　于幼华

（1987年5月5日弈于北京南北对抗赛）

20年之后,东北虎王嘉良再次用战胜杨官璘的老式武器打击拼命三郎于幼华。于幼华临阵突发改进型新飞刀,使东北虎在陌生领域的搏斗中失手。

1. 炮二平五 马8进7	2. 马二进三 车9平8
3. 车一平二 马2进3	4. 兵七进一 卒7进1
5. 车二进六 马7进6	6. 马八进七 象3进5
7. 车二平四 马6进7	8. 炮五平六 士4进5
9. 马七进六 炮2进1（图65）	

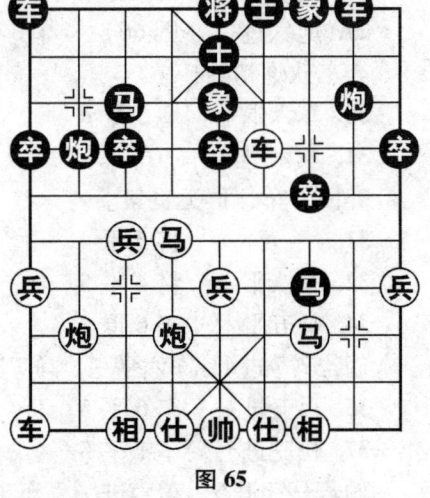

图65

于幼华突发"高右炮"新着,看来赛前必有准备。

10. 马六进七　……

于幼华高炮之后,造成红棋主动让开肋道封车,比炮2进3直接打马要好。

| 10. …… 车1平4 |
| 11. 仕六进五 车4进6 |
| 12. 相七进五 车4平2 |

分车兑炮是争取反先的好棋。

| 13. 炮八平七 炮8平6 |
| 14. 兵九进一 炮2退3 |
| 15. 马七退六 车2平3 |
| 16. 车九平八 炮2平3 | 17. 炮七退二 …… |

似可车四退二,车8进7,炮六退二,红棋尚无大碍。

| 17. …… 车3进2 | 18. 马六进五 马3进4 |

倘若马3进5,车四平五,炮6进6,车五平四,炮6平8,炮六平八,炮

3平2，炮八平九，炮2平4，炮九进四，红棋优势。

19. 车四退三　卒7进1　　　**20.** 车四进二　车8进3
21. 车四平六　车8平5　　　**22.** 车八进九　……

急于搏杀反露破绽。似应兵七进一，炮6进6，车六平四，炮6平8，兵七平六，炮3进9，车八平七，车3进1，相五退七，车5平2，相七退五，红棋不差。

22. ……　　　炮6进6　　　**23.** 车六进三　……

似佳实劣，双车低位造成后来不能及时防卫后院的严重后果！似应车六平四，马7进5，炮七平六，卒7进1，马三退二，马5进7，车四退四，马7退8，车八退六，坚守为宜。

23. ……　　　车5平3　　　**24.** 兵七进一　象5进3
25. 车八退九　……

先手棋都走完了，只好退车防御。

25. ……　　　马7进5
26. 炮六退一　后车平6

一招制胜！

27. 炮六平四　车6进5
28. 炮七平六　马5进7
29. 炮六进一（图66）　车3平4

弃车砍炮精妙！

30. 车六退七　炮3平4
31. 车六进八　……

弃回一车，再无良策。

31. ……　　　将5平4
32. 车八平六　将4平5　　　**33.** 车六进二　卒7进1
34. 帅五平六　车6退3

倘若卒7进1，车六平三，马7进9，车三平一，马9退7，车一平三，和棋。

35. 兵五进一　车6平7　　　**36.** 马三退一　车5平1
37. 相三进五　车1平5

倘若马7退6，车六进一，车1平4，车六进一，马6退4，相五退七，卒9进1，马一退三，卒7平8，黑亦胜势，但不如实战精彩。

38. 相五退七　车5平8　　　**39.** 马一退三　车8进4
40. 相七进五　卒7平6

卒临城下，红棋难以抵抗。

第3章 中炮肋车捉马对盘河马

41. 车六平八	士5退4	42. 车八进四	象7进5
43. 车八平九	马7退5	44. 车九平三	卒6平7
45. 车三平五	马5退4	46. 车五平六	马4进3
47. 帅六进一	车8平7	48. 车六进三	将5进1
49. 车六退七	车7退2	50. 仕五进四	马3进2（黑胜）

点评：红棋失败是双车贪功冒进造成的，"高右炮飞刀"并不神奇。

第23局　中炮肋车捉马卸中炮对盘河马士角炮

近半个世纪，王嘉良所创古老的"卸中炮"飞刀战术被陕西著名大师张惠民重新运用在大型比赛的战场。但是刘殿中大师把杨官璘所创平7路炮传统战术改为士角炮，从而又引发一轮新的争斗。

1. 炮二平五　马8进7
2. 马二进三　马2进3
3. 车一平二　车9平8
4. 兵七进一　卒7进1
5. 车二进六　马7进6
6. 马八进七　象3进5
7. 车二平四　马6进7
8. 马七进六　士4进5
9. 炮五平六　炮8平6（图67）

特级大师刘殿中抛出最新布局飞刀！彻底颠覆岭南派杨官璘平7路炮传统战术。

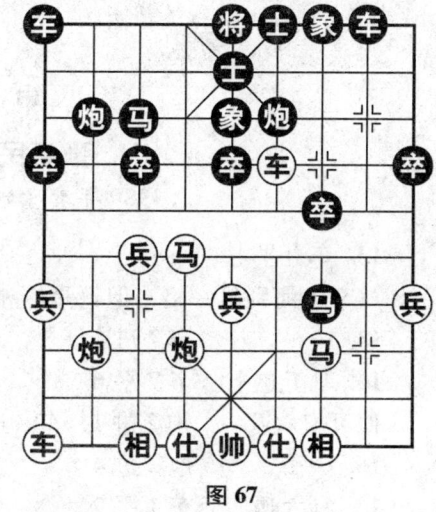

图67

10. 相七进五　马7退8　　11. 车四平三　……

2005年4月20日全国象棋甲级联赛，谢靖与许银川之战又抛出新战术：炮八平九，卒7进1，车四退一，卒7进1，马三退五，炮2退2，车九平八，车8进3，马五进七，马8退6，车四平三，马6进5，车三退一，马5退7，车三退一，炮6平7，相五进三，炮2平4，相三进五，卒5进1，车八进六，炮7进1，车八进一，炮7退1，车八退一，炮7进1，不变作和。

11. ……　　马8退9

退马捉车虽然丢失局部利益，为了全局的战略还是退有所值。

12. 车三平一　卒7进1（图68）

图68形势之下红棋有车九平七与相五进三两种选择。

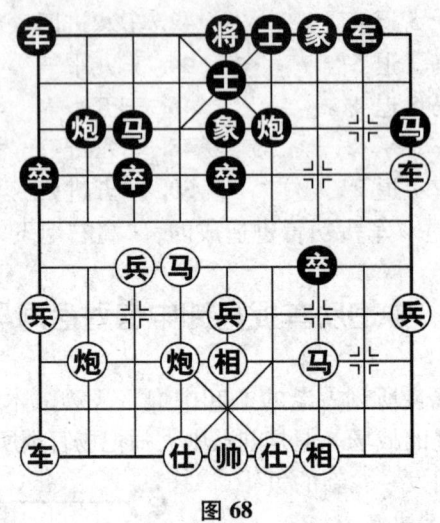

图 68

（甲）车九平七

张惠民 负 刘殿中

（1989年弈于重庆全国象棋个人赛）

13. 车九平七 ……

放卒过河别具一格，但还是应相五进三消除后患。

| 13. …… | 卒7进1 | 14. 马三退五 | 车8进4 |
| 15. 马五进七 | 卒7平6 | 16. 炮六进一 | …… |

似可炮六退一，炮2进1，车一退二，卒6进1，车一平三，红棋足可一战。

| 16. …… | 炮2进4 | 17. 炮六平四 | 炮2平6 |
| 18. 马六退四 | 车1平2 | 19. 炮八进二 | …… |

巡河炮有呆板之嫌，是不得已而为之。

| 19. …… | 车8进2 | 20. 马四退五 | 车2进4 |
| 21. 车七平八 | 车8平6 | 22. 马七进六 | 车6平5 |

高！倘若车6进2，炮八退三，车6退3，马五进七，炮6进7，兵七进一，车2平3，炮八进八，马3退2，车八进九，士5退4，马六进五，车3平5，马七进八，车6退3，马五进七，象5退3，车八平七，车6平4，马七进六，车4退2，车七平六，将5平4，帅五平四，红棋胜势。

23. 马五进七	车5平4	24. 仕六进五	卒3进1
25. 兵七进一	车2平3	26. 车八平六	车4平7
27. 炮八退三	马9进7	28. 车一退二	……

第3章 中炮肋车捉马对盘河马

似可炮八平七,车3平8,马六进七,车8平2,车一退二,红棋尚无大碍。

28. ……　　　马3进2
29. 炮八平七　马2进3（图69）
30. 车一平三　……

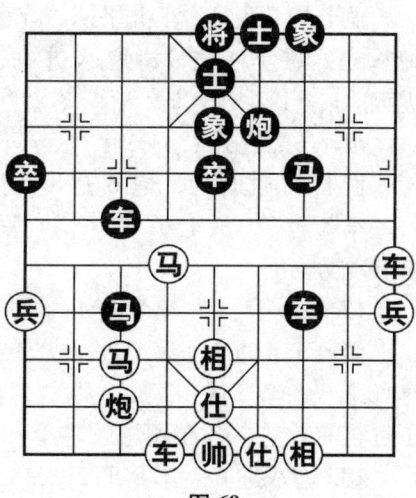

图69

似应马六进五,车3平5,车一平八,士5退4,马五进三,士6进5,车六进四,红棋足可一战。

30. ……　　　车7退1
31. 相五进三　马7进6
32. 马六进五　……

先弃后取。虽然赚一小卒,但也要丢一相。

32. ……　　　马6退5
33. 车六进三　车3平7
34. 炮七进二　车7进1
35. 车六进三　炮6平7
36. 相三进一　车7平5
37. 炮七平五　……

似应炮七平三坚守为宜。

37. ……　　　炮7进1
38. 车六退一　车5平3
39. 车六平四　……

造成丢子败局。

39. ……　　　车3进2

计算深远的好棋!

40. 车四进一　炮7进4

逃炮又暗保中马,使红方先弃后取之策落空。

41. 帅五平六　炮7进1（黑胜）

点评:飞刀小试高奏凯歌,黑棋的反击不可小觑。

（乙）相五进三

柯善林 负 陈富杰

(2002年11月2日弈于宜春全国象棋个人赛)

13. 相五进三（图70）　……

江西著名棋手柯善林抛出最新布局飞刀!

13. ……　　　炮2进3　　14. 马六进七　炮2平7
15. 相三进五　车1平4　　16. 仕六进五　炮7退2

倘若炮7退4，车九平八，车8进4，炮八进六，车4进1，炮八进一，红棋优势。

17. 马七进五　……

倘若马七退八，炮6进6，兵七进一，车8进7，兵七平六，车4平3，黑棋有攻势。

17. ……　　　车8进4

倘若车4进2，兵七进一，车4平5，车九平八，卒5进1，车一退二，黑棋多子红棋有攻势，各在顾忌。

18. 炮八进五　车8平2

倘若车8平7，马三进四，车7平6，马五进七，车4进1，炮八平四，车6进1，炮四平二，炮7进1，炮二进一，士5退4，车一进一，车4平3，炮二进一，炮7平5，相五退三，马3进4，炮六平五，炮5进3，相三进五，车3平8，炮二平一，车8退1，车一退一，车6退2，车一退二，马4进5，各有顾忌。

19. 马五进七　车4进1

20. 炮八平四　士5进6（图71）

21. 马七退九　……

错失良机！似应马三进四，以下黑棋有两种选择：①炮7退2，兵七进一，车2进2，兵七进一，车4平3，兵七进一，车3进1，车一平五，士6进5，车九平六，红棋优势。②车2平6，车九平八，车6进1，车八进九，将5进1，车八平四，车6退2，相五退三，车4平3，车四平三，将5进1，车一进一，马3退5，车三退一，车3进4，炮六进四，卒5进1，炮六平三，车3平7，炮三退一，车7平3，相三进五，车3平2，车一进二，红棋胜势。

21. ……　　　车2平7

倘若车2退2，兵七进一，车4进4，兵一进一，车2平1，兵一进一，士6退5，车一平二，车4平9，马三进二，炮7进1，车九平八，各有顾忌。

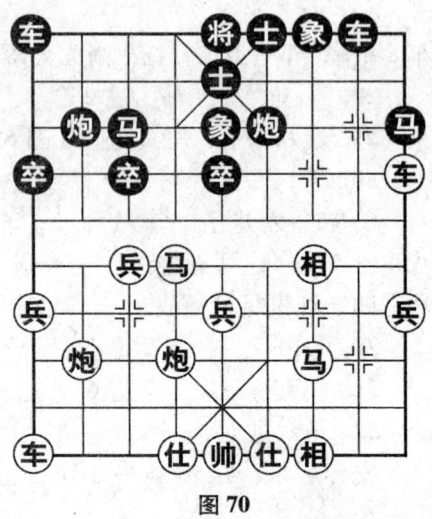

图70

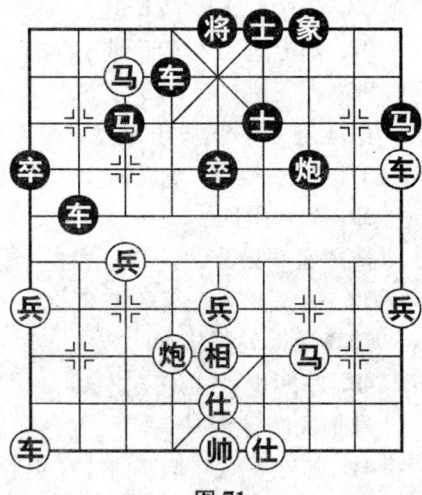

图71

第3章 中炮肋车捉马对盘河马

22. 马三进四　车7平6　　　　23. 马四退三　士6退5
24. 车九平八　……

不很明显的软着！似应炮六平七，马3进2，马九进七，马2进3，车九平六，车4平3，车六进三，先弃后取，红棋不差。

24. ……　　　马3进2　　　　25. 马三进二　车6平8
26. 车八进五　车8平2　　　　27. 马二进三　车2进5

老练！倘若马9进7，车一平三，车2退2，车三平五，车2平1，炮六平九，车1平2，仕五退六，车2进5，相五退七，和棋之势。

28. 炮六退二　马9进7　　　　29. 车一平三　车2退7
30. 车三平五　车2平1

形成车炮四兵对双车单卒单缺象的残局，边卒是争夺的焦点。

31. 炮六平九　车1平2　　　　32. 炮九平六　车4平1
33. 炮六进四　……

似应兵七进一，车2进7，兵九进一，车2退4，炮六进五，车2平1，炮六平五，黑棋有攻势，红想赢棋有难度。

33. ……　　　车2进7　　　　34. 炮六退四　……

倘若仕五退六，车1平4，车五退二，车2退3，兵七进一，车2平1，炮六进一，车1平3，黑棋优势。

34. ……　　　车2平1

捉死边兵，黑棋的优势在扩大。

35. 兵七进一　前车退3　　　　36. 兵七平八　……

又是一步闲着。似应炮六进五，尚有一线和棋之望。

36. ……　　　后车平3　　　　37. 兵一进一　车3进6
38. 相五进三　车3退2　　　　39. 相三退五　车3平9
40. 相五退三　车9退1　　　　41. 兵八进一　卒1进1
42. 仕五进六　卒1进1

余略，终局黑胜。

至此黑棋小卒可安全渡河，胜利在望。

点评：飞刀战术虽然受挫，其攻击力仍不可小觑。

第24局　中炮过河车肋车捉马分车捉炮对盘河马士角炮

1. 炮二平五　马8进7　　　　2. 马二进三　车9平8
3. 车一平二　马2进3　　　　4. 兵七进一　卒7进1

5. 车二进六　马7进6
6. 马八进七　象3进5
7. 车二平四　马6进7
8. 马七进六　炮8平7
9. 车四平三　……

上海著名象棋大师董旭彬抛出最新布局飞刀！

9. ……　　　炮7平6
10. 炮五平六　士4进5
11. 相七进五（图72）……

图72形势之下黑棋有炮2进1、炮2进3和卒3进1三种选择。

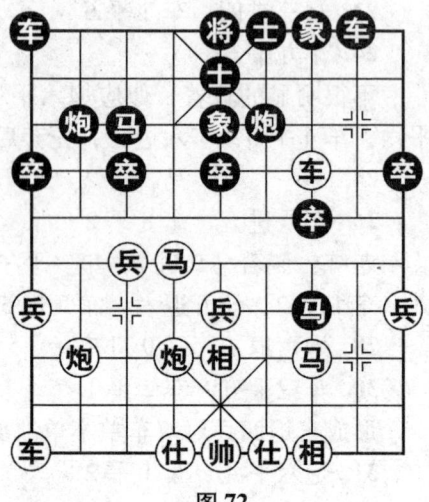

图72

（甲）炮2进1

董旭彬 负 傅光明

（1988年4月1日弈于孝感全国象棋团体赛）

11. ……　　　炮2进1　　12. 马六进七　车1平4
13. 仕六进五　车4进6　　14. 炮八平七　……

似可兵七进一，车8进5，车九平七，红棋稍优。

14. ……　　　车8进5　　15. 炮七退一　车4平2

倘若车8平3，炮七平六，车4进1，仕五进六，车3退2，车九平八，车3进5，车八进六，车3平4，仕四进五，车4平1，黑棋稍优。

16. 车九平七　车8平4

车投虎口，别具一格！

17. 炮七平六　……

为什么不马七退六吃车？炮2平7，兵七进一，车2退1，马六退七，车2退2，红棋也没便宜。

17. ……　　　车4平6　　18. 兵七进一　车2进2
19. 后炮平七　车6退1　　20. 炮六退一　车2退2
21. 马七进五　……

飞马踏象，先弃后取，过于强势。倘若炮六进四，车2平3，炮七平八，车3进3，相五退七，象5进3，炮六退二，象3退5，炮六平三，车6平3，相三进五，车3退1，车三退一，炮2进3，车三退一，炮2平7，车三退一，

第3章 中炮肋车捉马对盘河马

局势平稳。

21. ……	象7进5
22. 兵七进一	车6平3
23. 兵七平八	车2平3（图73）

双车抢炮，必得一子。

24. 车七平六	……

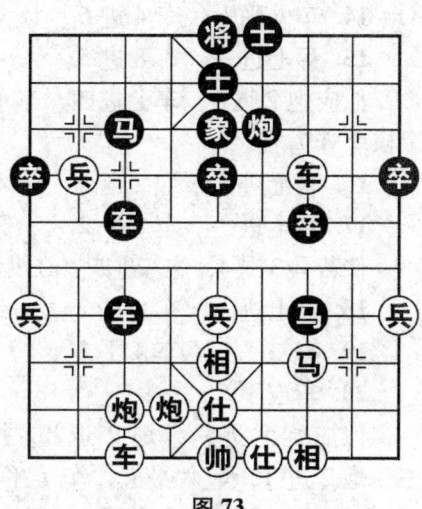

图73

倘若炮六进三，前车进2，车七进一，车3进4，炮六平二，炮6平8，车三进一，炮8进1，车三平五，马7退6，车五平二，卒7进1，炮二退三，车3退2，相五进三，马3进4，黑棋优势。

24. ……	前车进2		
25. 炮六进三	后车平6		
26. 兵八进一	马3进4	27. 炮六平二	炮6平8
28. 车三平五	马4进6	29. 炮二退三	车3退2
30. 车六进二	……		

另有两选择：①炮二平三，马7进5，相三进五，马6进5，黑胜。②炮二进一，炮8进2，车五进一，马6进7，兵八进一，车6进4，车五平九，士5退4，车六进六，前马进5，车九平五，士6进5，车六平二，马5退3，黑棋亦胜势。

30. ……	马6进7	31. 车五进一	车6退2
32. 车五退一	车3平5	33. 车五平七	士5退4
34. 炮二进五	士6进5	35. 炮二平九	车5平1
36. 相五退七	前马进5		

弃马踏士打开缺口。

37. 仕四进五	炮8进7	38. 相三进一	马7进8（黑胜）

点评：红棋贪攻而欲速则不达，造成失败。

（乙）炮2进3

董旭彬 胜 李来群

（1988年4月3日弈于孝感全国象棋团体赛）

11. ……	炮2进3（图74）

全国象棋冠军李来群抛出最新布局飞刀！

12. 马六进七	车1平4	13. 仕六进五	炮2进1

14. 车九平七　车4进6
15. 兵七进一　车8进5

似应炮2退3，车七进四，卒1进1，黑棋坚守为宜。

16. 马七进九　炮2退4
17. 兵七进一　车8平2

倘若马3退4，炮八进四，红棋优势。

18. 兵七进一　车2进2
19. 车三平五　车4平1
20. 车五平六　……

似应炮六进六，炮2退1，炮六退三，炮2进1，炮六平五，车1平4，车五平四，车2退3，车四进一，车2平5，车四退四，炮2进4，车四平三，红棋多子胜势。

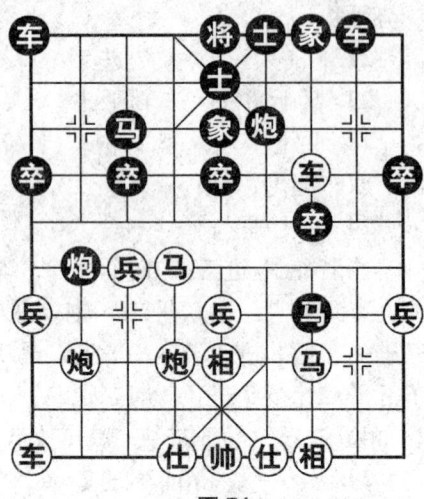

图 74

20. ……　　　象5退3	21. 兵七平八　象3进1
22. 兵八平九　车2退7	23. 兵九平八　车1平2
24. 兵八平七　后车进3	25. 车六退二　……

似应车七进六，后车平3，车六平七，车2平4，车七平九，红棋亦优。

| 25. ……　　　前车进3 | 26. 车七平八　车2进6 |
| 27. 仕五退六　车2进3 | 28. 车六进一　象7进5 |

29. 兵七进一　炮6退1
30. 兵七平六　炮6平7
31. 仕四进五　车2退3
32. 炮六平七　车2平3
33. 炮七平八　车3平2
34. 炮八平七（图75）　士5进6

倘若车2退1，车六进一，车2平4，兵六平五，士6进5，车六平三，炮7平6，炮七进四，卒9进1，车三进二，炮6进3，炮七平三，红棋优势。

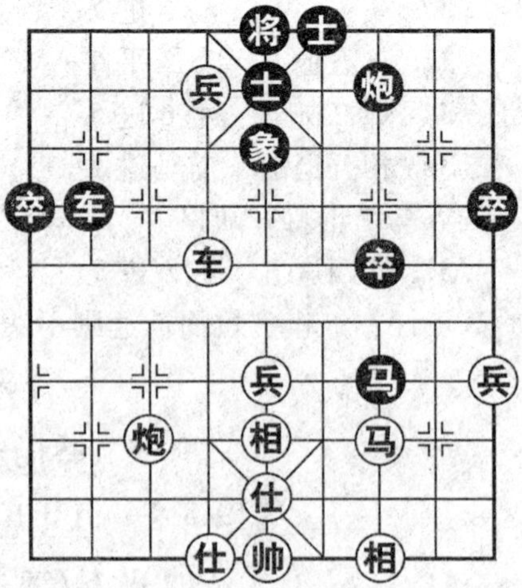

35. 炮七进七　车2退2
36. 车六进二　炮7进1
37. 车六退一　……

似可炮七退一，车2进2，车六平九，车2退3，炮七退二，红棋优势。

图 75

第 3 章 中炮肋车捉马对盘河马

37. ……　　　马7退6

招致速败，似应炮7退2为宜。

38. 兵六进一　将5进1
39. 车六平一　将5平4
40. 炮七平四（图76）……

佳着！黑难招架。

40. ……　　　将4退1
41. 炮四退四　炮7进5
42. 车一平六　将4平5
43. 车六平五　车2平9
44. 车五进一　士6退5
45. 炮四平五　将5平6
46. 车五退一　士5进4
47. 炮五平四　士4退5
48. 炮四退三　将6平5
49. 车五退一　炮7平8
50. 车五平三　炮8进2
51. 相三进一　车9进5
52. 相五退七　车9平6

为什么不车9平5吃兵？炮四平五，将5平4，车三平六，将4平5，车六平二，红速胜。

53. 兵五进一　炮8退7
54. 炮四平五　车6平5
55. 车三进二　炮8退1
56. 兵五进一　炮8平6
57. 兵五平六　将5平4
58. 兵六进一　炮6进1
59. 兵六进一　车5平4
60. 兵六平五（红胜）

点评：进炮打马的飞刀战术反击效果较弱，重演此阵请小心为佳。

（丙）卒3进1

柳大华 胜 刘殿中

（1988年9月13日弈于全国象棋团体赛）

11. ……　　　卒3进1（图77）

特级大师刘殿中突然抛出挺卒兑兵的最新布局飞刀！

12. 兵七进一　车8进5

"挺卒兑兵"的真实目的是拆桥，是为了这步黑车骑河捉马，否则红棋有巡河保马。

13. 马六进七　……

红马在黑车追击之下，前进之路充满荆棘！倘若马六进四，车1平4，仕六进五，车8平2，马四退三，炮2进5，兵七进一，卒7进1，前马进五，卒5进1，马五退七，卒7进1，兵七平六，车4平3，车三退三，马3退4，兵五进一，车2进1，车九平七，卒5进1，黑棋优势。

13. ……　　　　车1平4
14. 仕六进五　　车4进6
15. 车九平七　　车8平6
16. 炮八退一　　……

似可马七进九，车4平2，兵七进一，马3退4，炮八平七，车2平3，车三平五，车6平2，兵七平八，炮2退1，兵八平九，炮6平1，前兵进一，红棋优势。

16. ……　　　　车4平1
18. 车三平四　　炮2进1
20. 炮八退一　　……

似笨实佳！为什么不车七平九兑车？车1进4，炮六退二，车1退1，炮八进二，车1平3，炮八平三，车3退5，车四退二，炮2进6，炮六进二，车3进6，炮六退二，车3退4，炮六进四，车3平1，黑棋优势。

20. ……　　　　卒7进1

看似无可非议实则是缓着！似应后车进3，前兵进一，后车平4，车四退三，马3进5，兵五进一，象5退3，车四平三，炮6平2，车七平六，车4进1，仕五退六，后炮进7，相五退七，马5进3，仕四进五，车1退2，车三平七，车3进5，车三退4，车五平二，炮2平1，相三进五，卒1进1，黑棋足可一战。

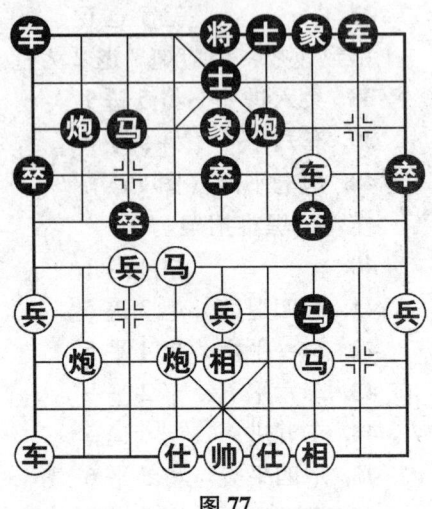

图77

17. 兵七平六　　车6平1
19. 兵六平五　　前车进3（图78）

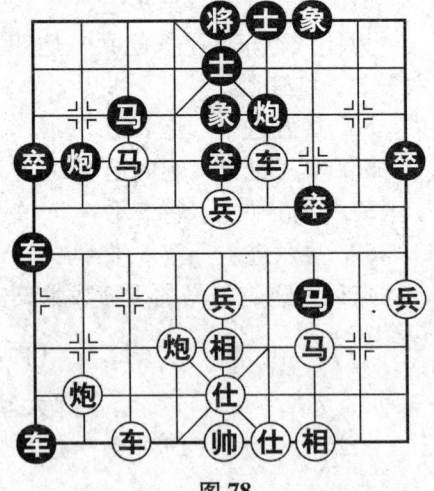

图78

车七平五，车1平3，车五进一，

21. 炮六退二　　前车退2
22. 前兵进一　　炮2平5
23. 炮八进七　　……

双方形成奇特对攻之阵，搏杀一触即发！

23. ……　　　　马7进5

第3章 中炮肋车捉马对盘河马

飞马踏象，引发激烈搏杀！

24. 相三进五　炮5进4
25. 仕五进六　前车平3

兑车求稳似与搏杀战略相悖。倘若象5进3，炮八平四，前车平4，炮四平三，车1进3，车四退四，马3进5，炮三平九，车1平2，炮九进二，士5进6，马三退二，马5进6，车四退一，车2退2，车四平三，鹿死谁手尚难预料。

26. 车七进二　炮5平3
27. 马三退五　炮3平2（图79）
28. 马五进六　……

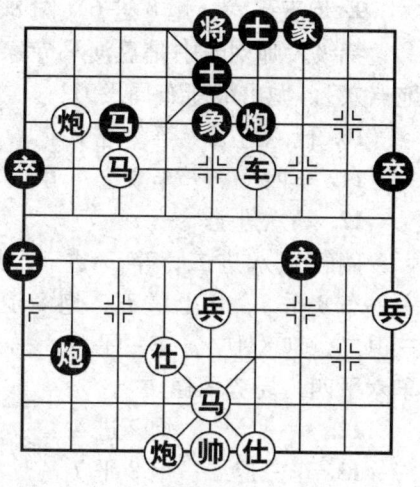

图79

似应炮八平五，象7进5，马七进五，炮2进2，炮六进一，以下黑棋有两种选择：①炮2平3，车四平七，马3退4，炮六进八，士5退4，后马退七，红棋优势。②士5进4，车四进一，车1进4，后马进六，士6进5，车四平一，红棋胜势。

28. ……	炮2进2	**29.** 帅五进一	炮2退6
30. 马七进五	炮2平5	**31.** 马六进五	象7进5
32. 炮八平五	士5退4	**33.** 炮五平六	……

巧吃双象又夺回失子，胜势来临。

33. ……	士6进5	**34.** 车四平五	将5平6
35. 车五平四	车1平6	**36.** 车四退二	卒7平6
37. 前炮退一	炮6平5	**38.** 帅五平四	马3进5

39. 马五进三（红胜）

点评："冲卒兑兵"的飞刀虽然出师未捷，其反击力不可小觑。

第25局　中炮肋车捉马卸中炮对盘河马进炮点穴

陶汉明　胜　刘殿中

（2005年3月6日弈于第4届嘉周杯象棋特级大师冠军赛）

1. 炮二平五	马8进7	**2.** 马二进三	卒7进1
3. 车一平二	车9平8	**4.** 车二进六	马2进3
5. 兵七进一	马7进6	**6.** 马八进七	象3进5
7. 车二平四	马6进7	**8.** 马七进六	士4进5

9. 炮五平六　炮8进6（图80）

特级大师刘殿中是盘河马专家，"进炮点穴"，抛出最新布局飞刀！

10. 仕六进五　卒7进1
11. 车四平三　车8进4
12. 马六进七　……

倘若炮八进二，卒3进1，兵七进一，车8平3，相七进五，炮8退3，车三退二，炮8平4，车三平六，马7退6，车六平四，局势平稳。

12. ……　　　炮2进4
13. 车三退二　炮8平7
14. 兵九进一　炮2平3
15. 马七退八　车1平4

似应卒1进1，兵七进一，车8平3，兵九进一，车1进4，车九进五，车3平1，车三平七，马3进4，局势平稳。

16. 车九进三　车4进6

逼上梁山。倘若炮3进2，兵七进一，红棋优势。

17. 相七进五　炮3平2

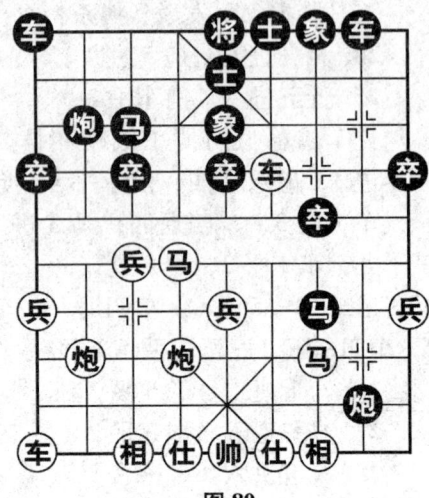

图80

18. 马八进七　……

高！倘若兵七进一，车4平3，车三平七，车8平3，车七进一，象5进3，炮六进一，象3退5，炮六平八，炮7平6，红棋虽多子但呆板，没便宜。

18. ……　　　车4平3
19. 车三平六　……

佳着！否则有马7进5踏相的暗着。

19. ……　　　象5退3

似应炮7平6，车六平四，炮6平8，炮八退二，车8平4，马七退六，马7进9，车四平二，马9进7，帅五平六，车3平4，车二退三，前车退1，车二平三，炮2进2，帅六平五，炮2平7，炮六进三，车4退1，兵五进一，黑棋尚可坚守。

20. 车六进四（图81）　……

一步进车点穴，黑棋进退维谷。

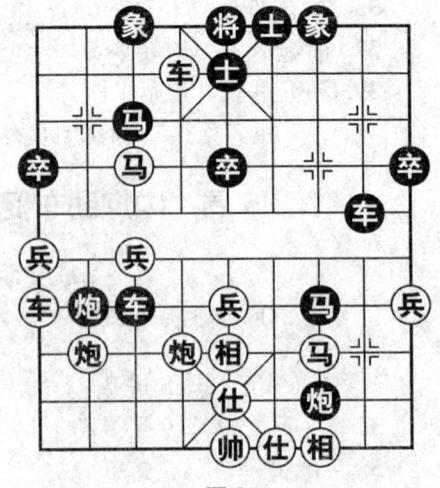

图81

第③章 中炮肋车捉马对盘河马

20. ……　　　　炮7平6　　　21. 车六平七　车8平4
22. 车七退一　象7进5　　　　23. 相五进三　炮6退2

倘若车4进2，车九退三，车3进1，炮六平五，炮6退6，车七进一，炮6退1，车七退一，车3平2，炮五进四，将5平4，炮五平九，炮2平3，兵七进一，一场乱战胜负难料。

24. 相三进五　车3进2　　　25. 车七平八　……

似可车九退三，车4进2，车七平八，红棋优势。

25. ……　　　　炮2平3　　　26. 兵七进一　车4进1

倘若车4平3，马七进六，前车平4，马六退五，车3平5，车八退一，车4平2，车九平八，士5进6，后车进二，红棋优势。

27. 马七进五　……

弃马凶悍，消除靶标！

27. ……　　　　象3进5　　　28. 车九平八　象5退3
29. 前车退三　车4退5　　　30. 炮八平九　炮3进1
31. 后车退三　……

后院安定，优势显现。

31. ……　　　　炮6进2　　　32. 前车平四　炮6平7
33. 相五退三　车3平2　　　34. 车八进一　炮7平2
35. 车四平七　……

逼迫兑子，使刘殿中的拼命攻杀风格没机会发挥。

35. ……　　　　炮3平7
36. 炮九平三　车4进6
37. 炮六平八　象3进5
38. 兵七进一　车4平5
39. 兵七平六　车5平2
40. 相三退五　卒5进1
41. 兵六平五　卒5进1
42. 兵五进一　士5退4
43. 炮三平二　车2退4
44. 车七进一（图82）　……

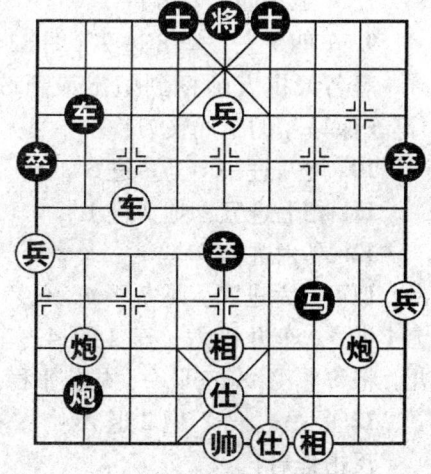

图82

精巧！因有闷宫的威胁，中兵安然无恙。

44. ……　　　　马7进6　　　45. 炮二进七　士6进5
46. 车七平三　将5平6

· 73 ·

倘若车2进5,车三进四,士5退6,炮二平四,士4进5,炮四退三,士5退6,炮四平五,将5平4,车三平四,将4进1,车四退一,将4退1,兵五进一,红胜。

47. 炮二平六 ……

打士精妙！一气呵成！

47. ……　　　士5退4　　　48. 车三进四　将6进1
49. 车三退二　将6退1　　　50. 兵五平四　将6平5
51. 车三进二　将5进1　　　52. 车三退一　将5退1
53. 兵四进一（红胜）

点评：激烈搏杀，一步不慎满盘皆输。重演黑阵请小心为宜。

第26局　中炮肋车捉马卸中炮对盘河马高车保马

李智平　负　杨剑

（1992年11月4日弈于北京全国象棋个人锦标赛）

1. 炮二平五　马8进7　　　2. 马二进三　车9平8
3. 车一平二　卒7进1　　　4. 车二进六　马2进3
5. 兵七进一　马7进6　　　6. 马八进七　象3进5
7. 车二平四　马6进7　　　8. 马七进六　炮8平7
9. 车四平三　车8进2（图83）

著名象棋大师杨剑抛出最新改进型"高车保马"的布局飞刀！

10. 炮八进一　马7进5
11. 相七进五　炮2进1
12. 马六进七　……

似可马六进四,炮7平6,仕六进五,士4进5,车九平六,车1平4,车六进九,将5平4,车三平一,局势平稳。

12. ……　　　炮2退2

反击佳着！

13. 炮八进四　……

似应马三退五为宜。

13. ……　　　炮2平7　　　14. 车三平四　车1平2

似可后炮平3,兵七进一,炮7进5,车九平八,炮7平8,车八进六,炮

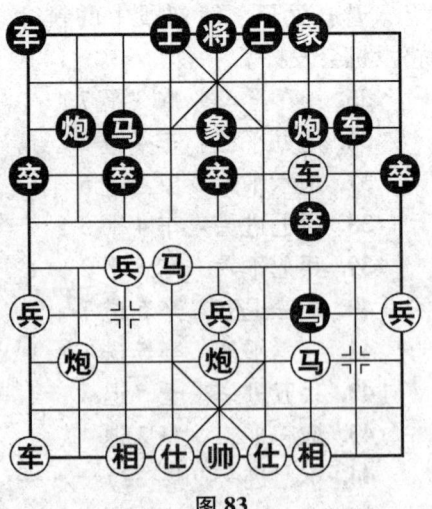

图83

第3章　中炮肋车捉马对盘河马

8退3，马七进五，象7进5，兵七进一，炮3平2，炮八平五，车8平5，兵七进一，炮2平1，车四平二，炮1进5，车二退一，车5平3，车二平三，士4进5，黑多子亦优。

  15. 车九平八　……

  倘若拼命搏杀可走车四进二，车2进2，马七进五，前炮进5，车四进一，将5进1，马五进三，炮7退6，兵七进一，象7进9，车九平七，马3退2，车四平六，马2进4，车六平一，双方互有顾忌。

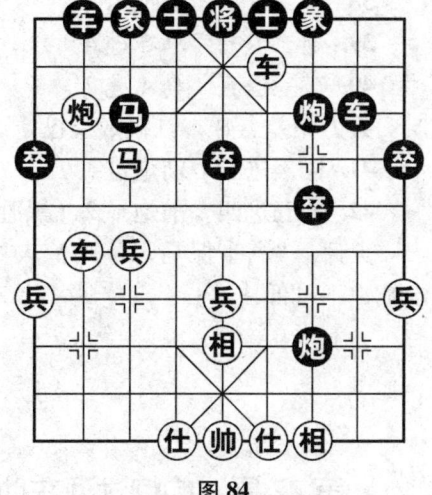

图84

  15. ……　　　前炮进5
  16. 车四进二　象5退3

  精妙！黑棋得子后安然无恙。

  17. 车八进四　后炮进1（图84）
  18. 炮八进一　……

  似应车四退一，车8进4，车四平七，象7进5，炮八退一，车2进3，马七进五，后炮平3，马五进七，将5进1，车八进二，车8平5，车八平六，炮7退1，车六进三，炮7平1，黑棋虽然优势，但是红棋车马攻势也有所顾忌。

  18. ……　　　士4进5　　　19. 车四退三　卒7进1
  20. 兵七进一　卒7进1　　　21. 兵七平六　车2平1
  22. 兵六进一　象3进5　　　23. 车四进一　后炮退1

  倘若后炮进1，车八进三，车1平3，马七退八，车3平2，马八进七，马3退4，兵六平五，车8平6，车四进一，士5进6，前兵进一，象7进5，车八退四，卒7平6，兵五进一，后炮退2，黑棋优势。

  24. 炮八退一　车8进2　　　25. 兵六平五　车8平4
  26. 前兵进一　车1平4　　　27. 仕六进五　后车进3
  28. 车八平四　后车平6　　　29. 车四进二　车4平2

  佳着！使红棋兵力分散而不能组合攻击。

  30. 炮八平九　车2进5　　　31. 仕五退六　车2退6
  32. 车四平一　马3退2　　　33. 前兵进一　士6进5（图85）
  34. 炮九平二　……

  倘若炮九进二，马2进4，炮九平三，车2平3，黑棋优势。

  34. ……　　　马2进4　　　35. 炮二进二　象7进9

36. 车一进一	车2平3	
37. 炮二退一	马4进5	
38. 车一进二	后炮退1	
39. 炮二退七	马5进4	
40. 车一退五	马4进2	

兵力相差悬殊，红棋败局已定。

41. 仕六进五	前炮进1	
42. 仕五进四	前炮平2（黑胜）	

点评："高车保马"一鸣惊人！其反击威力不可低估。

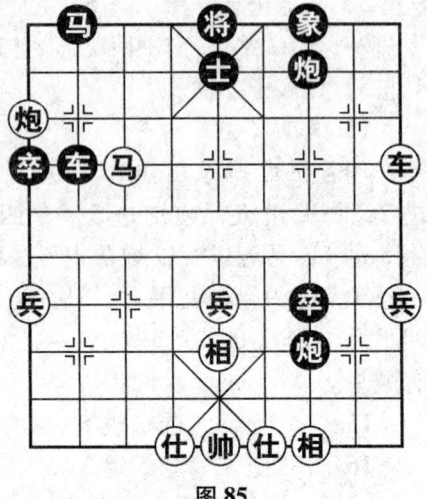

图85

第27局　中炮过河车肋车捉马五六炮对盘河马7路炮

许银川　负　王晓华

（2011年11月11日弈于第2届全国智力运动会）

2011年第二届全国智力运动会象棋个人赛，大师王晓华与特级大师许银川狭路相逢。有趣的是王晓华重演一代宗师杨官璘在半个多世纪前首创盘河马飞刀来与杨官璘的门生许银川交战，不免令人惊疑。临场小许突发五六炮飞刀，取得多兵之势，但却因时间恐慌……

1. 炮二平五	马8进7	2. 马二进三	卒7进1
3. 车一平二	车9平8	4. 车二进六	马2进3
5. 兵七进一	马7进6	6. 马八进七	象3进5
7. 车二平四	马6进7	8. 马七进六	炮8平7

王晓华竟然借老前辈杨官璘于20世纪50年代首创的"平7路炮"战术开战，相当令人意外。许银川是杨官璘的得意门生，王大师赛前必有准备。

9. 炮八平六（图86）……

可能此时小许见王大师把恩师的独创武器拿来，与自己决战，显然是来者不善，应急之下抛出最新五六炮布局飞刀。

9. ……	车1平2	10. 车九平八	炮2进6

含蓄一点似可车8进8，马六进五，马7进5，相三进五，马3进5，车四平五，炮2进5，车五平三，车8平4，车三进一，车4退1，车三退一，车2进4，

第3章 中炮肋车捉马对盘河马

车三平一，车4退2，仕四进五，卒7进1，车一退二，卒1进1，车八进一，士6进5，虽然红棋多兵，扩大优势也难。

11. 车四平三 ……

现在许银川面临十分复杂的选择，另有马六进七、马六进五及炮五进四等。分车捉炮是为减轻黑7路炮对三路线的潜在威胁与牵制。

11. …… 炮7平6

12. 炮五进四 ……

炮轰中卒是许银川上一着分车捉炮既定战策的延续。倘若马六进七，车2进3，兵七进一，象5进3，车三退一，马7进5，相七进五，象3退5，车三平四，车2平3，车八进一，士4进5，局势平稳。

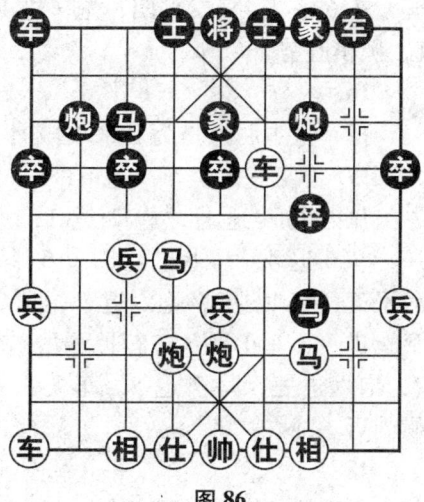

图86

12. …… 马3进5   13. 车三平五 车8进8

王晓华大师的中残功夫相当深厚，在许仙面前没有丝毫的畏惧与退让。进车点穴犹如一把尖刀插向红棋心脏地带。只有攻击才能在搏杀中有可乘之机。

14. 仕六进五 ……

撑仕拦挡黑车，势在必行。

14. …… 士6进5

补士加强中路的防护，等待反击的良机。

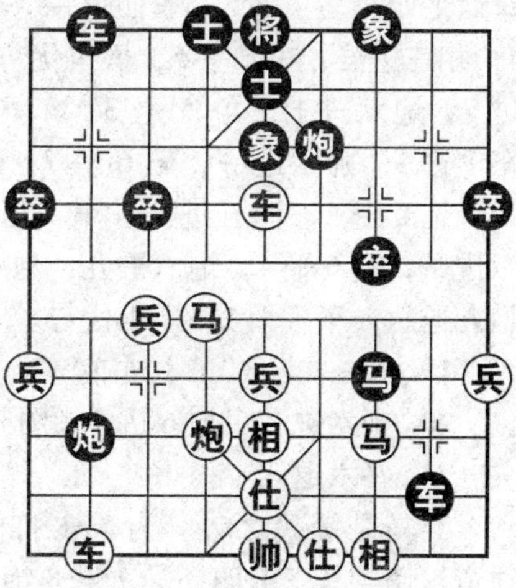

15. 相七进五 ……

当前形势比较复杂，如何在保证安全的前提下谋多兵之优颇有难度。飞左相无可非议。倘若车五平四占领肋道，车8退3捉马或炮2退1骚扰。

15. …… 炮2退1（图87）

退炮牵制是最容易在脑海中形成的第一感觉，其战术目标明确，其靶标就是要炸开中路防线，威胁红车的安全，也体现王晓华大师强硬作战风格。

图87

16. 帅五平六 ……

为什么不马六退七？炮2平4，车八进九，炮4平7，马七进六，炮6进6，仕五进四，车8平7，帅五进一，车7进1，车五平二，车7平6，车二退五，车6平7，车二平四，炮7进1，车四平三，车7退1，帅五退一，车7平1，黑棋胜势。

16. ……　　车8平6

挥车抢占肋道是为后来攻城擒王留下伏笔，亦可炮6进6。

17. 车五平七　车2进6

倘若马六退七，炮2进1，炮六退一，车6退4，马七进六，车6平1，帅六平五，车1进2，炮六退一，车2退4，兵七进一，车1平3，车七平九，车3退2，炮六进三，马7退8，车九平七，红棋尚可一战。

18. ……　　车2平1（图88）

弃子决战是正确策略。

18. 车七平六　……

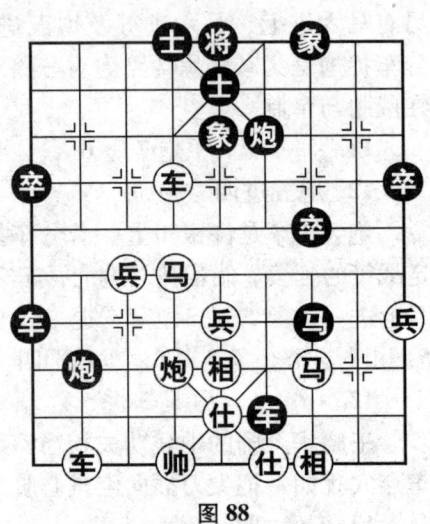

图88

19. 车八进二　……

弃炮吃兵这步棋十分凶悍刁钻。另有两种选择：①马六退七，炮2平4，马七进九，炮4平7，车八进六，炮6进2，车六平四，马7进5，车四退一，车6退4，相三进五，车6平5，黑棋优势。②兵七进一，车1进2，马六进五，炮6进7，炮六进七，象5退3，车八进二，车1进1，帅六进一，车6平7，炮六退二，炮6退1，仕五进四，车1退1，帅六进一，炮6平4，炮六平九，炮4退5，炮九退六，车7平1，黑棋优势。

19. ……　　车1进3

20. 帅六进一　炮6进7（图89）

21. 马六退四　……

弃马是缓兵之计。为攻击打开一条通道。倘若马三退四，马7进8绝杀。

如炮六进一打马会怎样呢？车6平7，车六平四，炮6退1，车四退五，车7平6，炮六平三，车6平8，马六进四，车1退5，马四进六，车1平4，车八平六，车4进3，帅六进一，卒7进1，相五进三，车8退1，马六退四，车8平7，相三进五，车7进1，帅六退一，

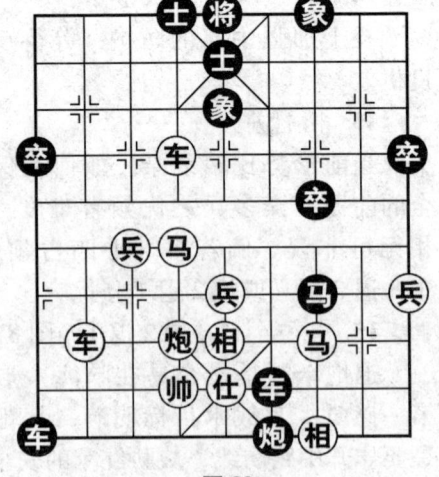

图89

第３章 中炮肋车捉马对盘河马

车7平6，黑棋优势。

21. …… 车1退1
22. 帅六退一 车1进1
23. 帅六进一（图90） 车6退2

错失良机！似应炮6退3打马，以下红棋有两种选择：①车六平四，车1平5，炮六平七，炮6进1，炮七退一，炮6平2，车四退五，车5平3，黑棋胜势。②炮六进七，车1平5，红棋有相飞不了，只能炮六平九，车6平5，马三退五，炮6进2，帅六进一，车5平4，黑胜。

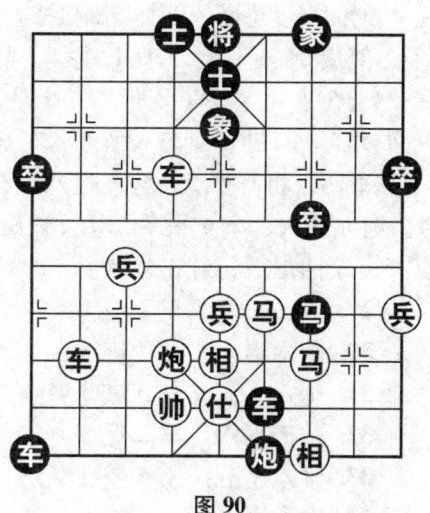

图90

24. 炮六进七 ……

飞炮轰士，打响反击第一枪！

24. …… 象5退3（图91）

退象避杀是本能防护反映。似应炮6退1，仕五进四，车1退1，帅六退一，车6退3，车六平四，炮6退5，炮六平九，车1平6，车八进七，士5退4，兵五进一，马7退5，仕四退五，红棋虽然有点攻势，但也有所顾忌。

25. 炮六平三 ……

在惊心动魄的搏杀中上演"捉放曹"。似应仕五退四，车1退1，帅六退一，马7退6，车六退三，象7进5，炮六退一，车1平7，仕四进五，将5平6，炮六平九，车7退1，车八进六，车7退2，炮九进一，将6进1，车八平五，将6进1，车五进一，马退7，车六进六，红胜。

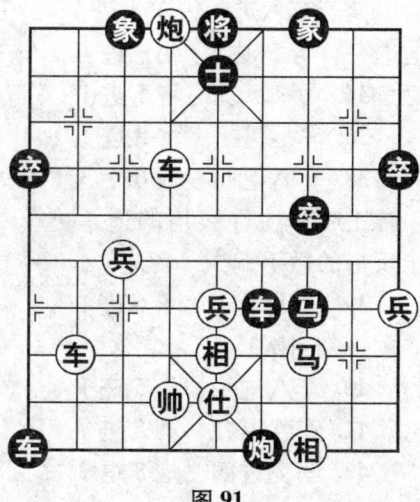

图91

25. …… 炮6退1　　26. 仕五进四 车1退1
27. 帅六退一 ……

倘若帅六进一，车6平5，相五退七，车5进1，相七进五，马7退5，绝杀黑胜。

27. …… 车1进1　　28. 帅六进一 车6进1（图92）
29. 车八进七 ……

时间极度恐慌,再次与赢棋擦肩而过。

似应炮三平七,车1退1,帅六退一,士5进4,车六平五,将5平6,炮七平九,马7进5,车八平五,车6平5,车五平四,将6平5,炮九退八,车5平4,炮九平六,车4平7,炮六平五,士4退5,车四退五,红棋优势。

29. ……   车1退1
30. 帅六退一   马7进5
31. 帅六平五   马5进3
32. 帅五平六   马3退5
33. 帅六平五   士5进4
34. 车八平七   ……

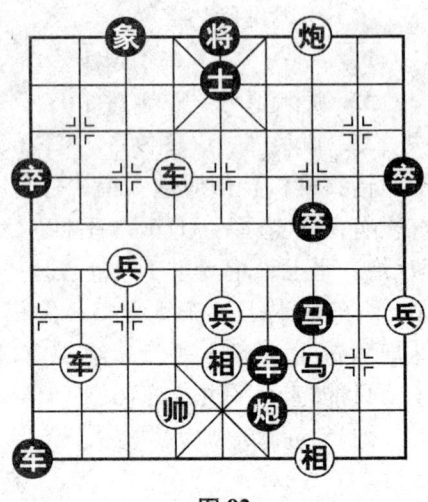

图92

倘若车六进一,车1进1,帅五进一,炮6平7,车八平七,将5进1,车七退一,将5退1,相三进五,车1平6,黑胜。

34. ……   将5进1   35. 车七退一   将5退1
36. 车七进一   将5退1   37. 车七退一   将5退1
38. 车六退四   炮6平3(图93)

王晓华在许银川的追杀之下终于抛出反击的撒手锏!

39. 车七平八   车6进1

一剑封喉!

40. 车八进一   将5退1
41. 车八退九   马5进7
42. 马三进四   炮3退2

亦可炮3退1,炮三退八,车6平5,帅五平六,车5平7,相三进一,炮3平9,车六平三,车1平4,帅六平五,车7平5,帅五平四,车5平6,帅四平五,车4平5,帅五平六,车6进1,黑胜。

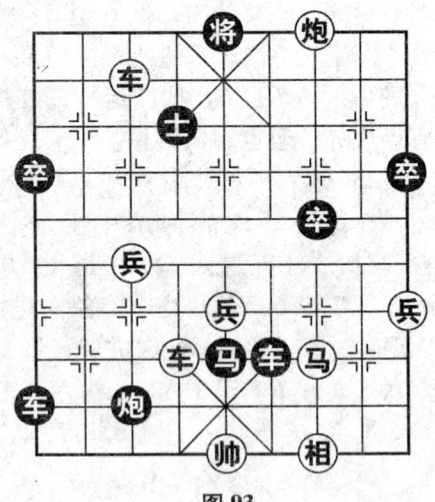

图93

43. 炮三退八   车6平7   44. 相三进一   车7平8
45. 马四退三   车1平7

充分体现"缺仕忌双车",红棋难有退敌良策。

46. 车八进八   将5退1   47. 车八进一   将5进1

第3章 中炮肋车捉马对盘河马

48. 车八平四　炮3进3（黑胜）

点评：胜负仅在一步之间，十分精彩的经典战局。

五六炮飞刀虽然赢得多兵之势，但是遭到盘河马的强烈反击，得不偿失。

第28局　中炮过河车肋车捉炮五九炮对盘河马7路炮

王瑞祥　胜　李忠雨

（2005年4月16日弈于全国象棋团体赛）

1. 炮二平五　马8进7	2. 马二进三　车9平8
3. 车一平二　卒7进1	4. 车二进六　马2进3
5. 兵七进一　马7进6	6. 马八进七　象3进5
7. 车二平四　马6进7
8. 炮八平九　炮8平7
9. 车四平三　炮7平6
10. 车九平八　炮2平1（图94）

河南前辈名手李忠雨抛出最新布局飞刀。

11. 炮五进四　马3进5

似应士4进5为宜。

12. 炮九进四　炮1平3

似应炮1平4加强防御为宜。

13. 炮九平五　士4进5

14. 车三退一　……

算度深远的佳着。

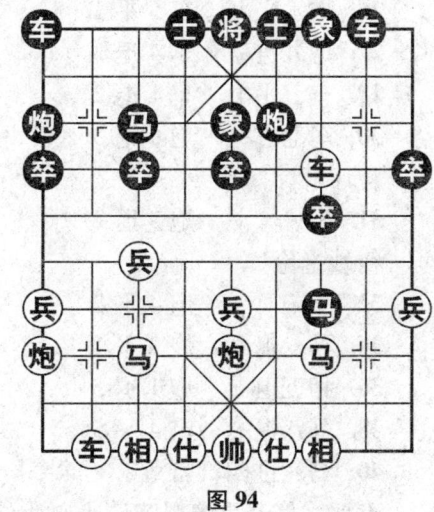

图94

14. ……　　　车8进3　　**15.** 炮五退一　车8平5

16. 马七进六　……

倘若炮五进二，象7进5，车三退二，卒3进1，车三进一，卒3进1，车三平七，炮3进5，车七退二，车1进6，和棋之势。

16. ……　　　车5平4　　**17.** 车三退二　车4进2

18. 相七进五　车1进6

败着！似应炮6平7，车三进三，炮7进5，车三退四，车4进1，兵五进一，车4退1，车三进二，将5平4，仕四进五，车4退2，坚守为宜。

19. 车三进六　……

吃象使黑棋防线被摧毁，优势在扩大。

19. ……　　　　车1退2
20. 炮五进一　　车1平5
21. 车三退三　　卒9进1
22. 仕四进五　　将5平4
23. 车八进九　　炮3退2
24. 炮五平六（图95）……

佳着！准备点穴换炮，黑难抵挡。

24. ……　　　　将4平5
25. 炮六进二　　炮3平4

倘若车4退4，车八平七，车4退1，车七退三，红棋胜势。

26. 炮六平九　　车5平1
27. 炮九进一　　车4退3
28. 车三平七　　车1退2
29. 马三进四　　车4平3
30. 车七进一　　炮6平3
31. 马四进六　　……

将计就计！

31. ……　　　　炮3退2

精妙绝伦！

32. ……　　　　炮4平2
33. 马五进七　　将5平4
34. 马七退九　　炮3平1
35. 马九进八　　炮1进9
36. 相五退七　　炮1退3
37. 兵五进一　　炮1平8
38. 马八退七　　将4平5
39. 马七退六　　炮8退9
40. 马六进四（红胜）

点评：倘若重演黑阵请小心为佳。

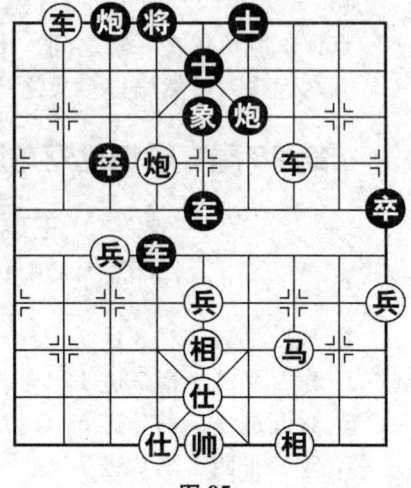

图95

第29局　中炮肋车捉炮五九炮对盘河马退2路炮

1. 炮二平五　　马8进7
2. 马二进三　　马2进3
3. 车一平二　　车9平8
4. 兵七进一　　卒7进1
5. 车二进六　　马7进6
6. 马八进七　　象3进5
7. 炮八平九　　……

象棋大师潘振波抛出不跳马先平炮的最新五九炮布局飞刀！

7. ……　　　　炮2退1
8. 车二平四　　马6进7
9. 车九平八　　炮2平7（图96）

第3章 中炮肋车捉马对盘河马

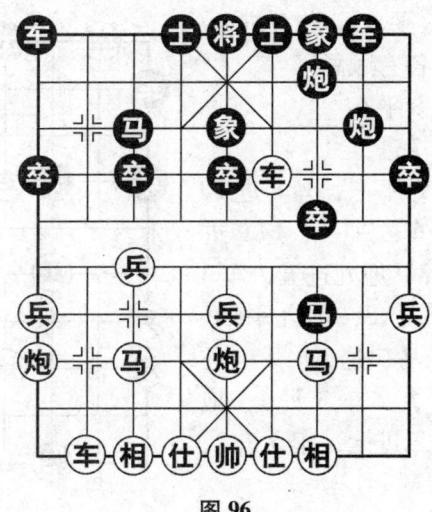

图 96

图 96 形势下红棋有车四平三与炮五平四两种选择。

（甲）车四平三

潘振波 胜 郑一泓

（1999 年 4 月 23 日弈于全国象棋团体赛）

10. 车四平三　车 1 进 1　　　11. 马七进六　炮 8 平 9
12. 炮五平八　……

好棋。倘若马六进五，马 7 进 5，相七进五，马 3 进 5，车三平五，炮 9 平 7，马三退五，车 8 进 8，炮九退一，车 8 平 6，马五进七，前炮进 7，仕四进五，后炮平 8，车五平二，车 6 退 5，车二退六，炮 7 退 2，黑棋优势。

12. ……　　　炮 7 平 2　　　13. 炮八平六　车 8 进 8
14. 仕六进五　炮 2 平 7　　　15. 马六进五　马 3 进 5
16. 车三平五　马 7 退 8

倘若炮 9 平 7，相三进五，马 7 进 9，车五平六，前炮进 5，炮六平三，炮 7 进 6，炮九平三，车 8 退 2，相五退三，马 9 进 7，帅五平六，士 6 进 5，炮三平六，车 1 退 1，车八进三，车 8 平 9，炮六退一，车 9 平 7，局势平稳。

17. 车八进九　士 6 进 5　　　18. 车五平六（图 97）　炮 9 退 2

佳着！即可保持 7 路炮的威胁，又可暗保红棋不敢轻易炮轰底士。

19. 相七进五　……

为什么不炮六进七轰士？士 5 退 4，炮九平六，车 1 平 3，炮六进七，车 3 退 1，车八平七，象 5 退 3，炮六平三，卒 7 进 1，车六平三，炮 7 进 1，车三退二, 象 3 进 5, 车三平五, 将 5 进 1, 马三进二, 车 8 平 6, 各有顾忌。

19. ……　　车 8 平 6

20. 车六平二　卒 7 进 1

倘若炮 7 进 6, 炮六平三, 马 8 进 7, 炮九退一, 车 6 退 2, 车二平一, 炮 9 进 2, 车八退六, 车 1 平 3, 炮九进五, 车 3 退 1, 车一平四, 车 6 退 3, 炮九平四, 卒 3 进 1, 炮四平三, 马 7 退 6, 兵七进一, 车 3 进 4, 前炮平九, 车 3 平 1, 炮九平八, 车 1 平 5, 炮三进七, 车 5 进 2, 车八进一, 红棋优势。

21. 车二退一　卒 7 进 1

22. 车二进三　炮 7 进 3

倘若炮 7 进 6, 炮六平三, 卒 7 进 1, 车二平一, 炮 9 平 8, 车一退二, 炮 8 进 6, 车一平三, 车 6 退 2, 车八退六, 车 1 平 3, 车三退四, 卒 3 进 1, 兵七进一, 车 3 进 3, 炮九进四, 炮 8 平 5, 炮九进三, 车 3 退 4, 炮九平八, 将 5 平 6, 帅五平六, 车 6 平 9, 和棋之势。

23. 炮九退一　卒 7 进 1

24. 相三进一　车 6 退 2

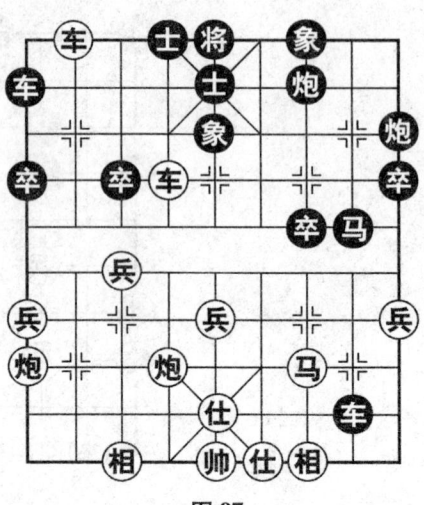

图 97

25. 炮九平六 (图 98)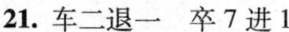

佳着! 四子攻城。

25. ……　　车 1 平 3

别无良策! 倘若车 1 进 1, 后炮进八, 士 5 退 4, 车二平六, 象 7 进 9, 炮六进七, 红胜。

26. 后炮进八　车 3 退 1

27. 车八平七　象 5 退 3

28. 前炮平三　炮 9 进 6

29. 炮三退七　车 6 平 5

30. 相五退三　炮 9 平 1

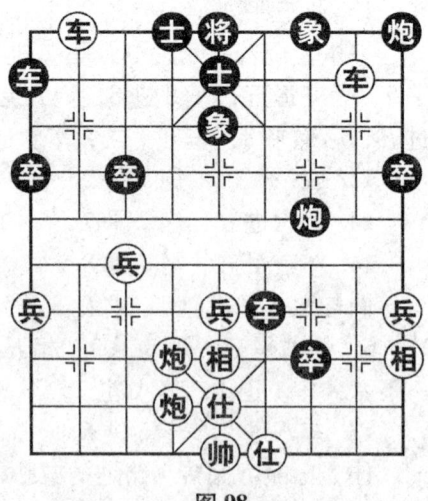

图 98

炮打边兵先得实惠。倘若炮 7 平 5, 车二进一, 士 5 退 6, 炮三进七, 将 5 进 1, 车二退一, 将 5 进 1, 车二退二, 车 5 平 3, 相三进五, 炮 9 平 5, 相一退三, 象 3 进 1, 车二退二, 红棋优势。

31. 车二进一	士5退6	32. 车二退三	象3进5
33. 车二平七	卒1进1	34. 车七平八	士6进5
35. 炮三平五	炮7平5	36. 车八进三	士5退4
37. 炮五进三	车5退2	38. 车八退六	炮1退1
39. 炮六平五	……		

进入残局，黑棋缺士少象，明显劣势。

39. ……	车5退1		
40. 车八进三	车5进3		
41. 车八平一	将5平6		
42. 车一平四	……		

亦可车一进三，将6进1，车一平六，车5平6，车六退一，将6退1，车六退二，车6退2，车四平五，红棋亦胜势。

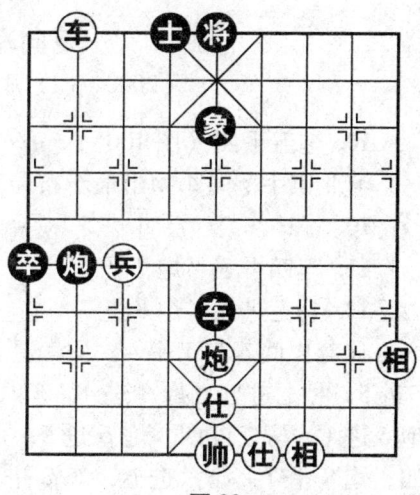

图99

42. ……	将6平5		
43. 车四退一	炮1平2		
44. 车四平八	卒1进1		
45. 车八进四（图99）	……		

精妙！逼迫黑棋处于欠行状态，自动送吃。

45. ……	将5进1		

倘若车5退3，帅五平六，将5进1，车八平六，将5平6，车六退一，将6退1，车六退三，车5平6，炮五平四，车6平8，车六平四，将6平5，车四平五，将5进1，炮四平五，车8进3，车五平二，车8平5，车二进三，将5退1，车二退一，红胜。

46. 车八平六	将5平6	47. 车六退一	将6退1
48. 车六进一	将6进1	49. 车六退一	将6退1
50. 车六退二	车5平6	51. 车六平五	车6退4
52. 炮五平四	将6平5	53. 车五平九	……

各个击破，无风险取胜。

53. ……	炮2进1	54. 车九退二	炮2平5
55. 炮四平五	将5平6	56. 帅五平六	车6进3
57. 车九退一	车6平4	58. 帅六平五	炮5退3
59. 车九平四	将6平5	60. 车四平五	……

简明！兑炮之后形成必胜之势。

60. ……	炮5进4	61. 相三进五	将5进1

62. 兵七进一　车4退2　　63. 相五退三　车4平6
64. 兵七平六　车6进1　　65. 兵六进一（红胜）
点评：五九炮横空出世，震惊棋坛，从此开辟炮马争雄的新战场。

（乙）炮五平四

范向军 胜 焦明理

（2000年11月弈于全国象棋个人赛）

10. 炮五平四（图100）……
河北棋手范向军抛出最新布局飞刀！

10. ……　　　　　士4进5
11. 车四平三　　炮7平6
12. 马七进六　　炮8进7

佳着！倘若车1平4，马六退五，马7进5，相七进五，炮8进4，车八进七，炮6进1，马三进四，炮6进5，炮九平四，炮8平1，仕六进五，车8进5，车三平四，车4平2，黑可抗衡。

13. 马三退二　　……

倘若马六进七，炮6进8，马三退四，车1平4，黑棋弃子拼命，红棋也有顾忌。

13. ……　　　　车8进9　　14. 相七进五　　车1平4

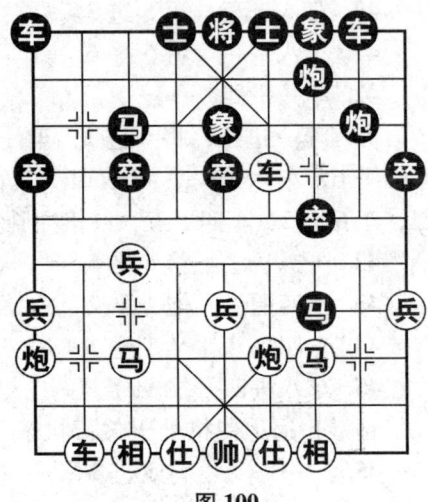

图 100

15. 马六退四

无奈！倘若马六进七，炮6进8，黑棋攻势强大。

15. ……　　　　炮6进6　　16. 炮九平四　　车4进6
17. 仕六进五　　车4平5　　18. 车三平四　　马7退8
19. 马四进三　　车5退2　　20. 马三进四

弃马换士实属无奈。

20. ……　　　　士5进6　　21. 车四进一　　士6进5
22. 车四进一　　马8退7　　23. 车八进八　　马3退4
24. 车八平六　　车5平2　　25. 车四平三　　车8退7
26. 帅五平六　　……

御驾亲征虽然有风险，也只好最后一拼。倘若炮四进四，车2退1，黑棋尚可坚守。

26. ……　　　　马4进2　　27. 车六平七　　车2进5

第 ③ 章 中炮肋车捉马对盘河马

28. 相五退七（图101）……

无奈！倘若帅六进一，车8进4，相五进三，车8平1，炮四平二，车2退1，帅六进一，车1平4，帅六平五，车4平8，黑棋胜势。

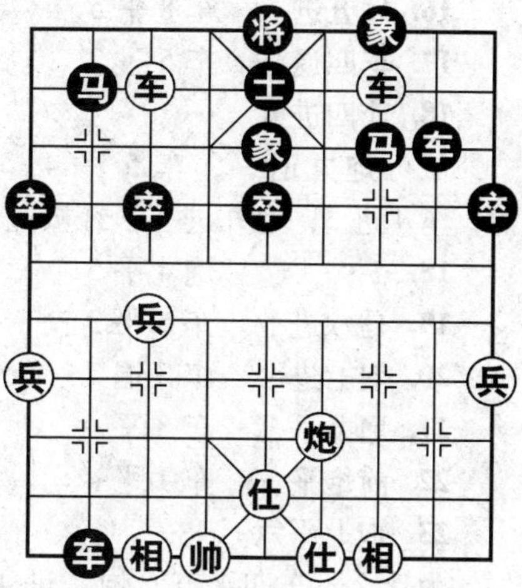

28. …… 车8进4

坐失良机！似应车2平3，帅六进一，车3平2，炮四进六，车8进4，车七平八，车2退8，炮四平八，马7进6，炮八退六，马6进5，炮八平五，马5退3，黑棋亦胜势。

29. 相三进五　车8平4

应车8退4，原路返回为宜。

30. 帅六平五　将5平4
31. 炮四平二　车4平8
32. 炮二平四　车8平7

倘若车8平4，炮四退一，黑棋也难下。

33. 炮四进五（红胜）

点评：红棋获胜实乃幸运，重演此阵请小心为佳。

图101

第30局　中炮肋车捉马五九炮对盘河马退2路炮

唐丹　负　陈丽淳

（2006年4月6日弈于济南全国象棋团体赛）

1. 炮二平五　马8进7
2. 马二进三　车9平8
3. 车一平二　卒7进1
4. 车二进六　马2进3
5. 兵七进一　马7进6
6. 马八进七　象3进5
7. 炮八平九　炮2退1
8. 车二平四　马6进7
9. 炮五平四（图102）……

女子特级大师唐丹抛出最新布局飞刀！

9. ……　　　　士4进5
10. 车九平八　炮2平4
11. 车八进八　炮4进2
12. 车四退二　炮8平7
13. 马七进八　车8进3

稳健！激进点可走车8进8。

14. 炮四平七　卒5进1
15. 相七进五　卒5进1

16. 兵五进一　车8平5
17. 车四退一　车5进2
18. 仕四进五　……

似可炮九退一，车5平4，马八进七，车4进3，炮九进一，红棋优势。

18. ……　　　　炮4平5
19. 马八进七　车5平3
20. 炮七进一　车3退2
21. 炮九平七　车3平4
22. 前炮平三　车1平4
23. 炮七平六　……

为什么不车四平五？炮7进4，车八退一，后车进2，黑棋优势。

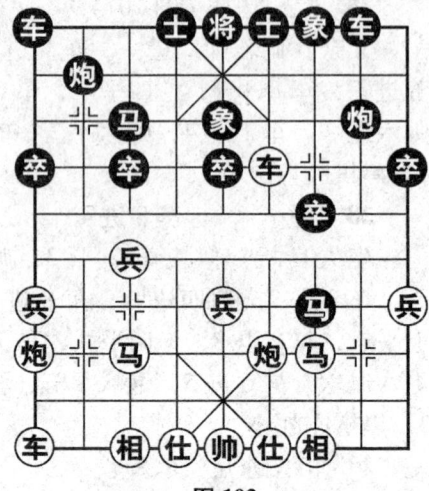

图 102

23. ……　　　　前车进4　　24. 车四平五　前车退4
25. 炮三进四　马3进4　　　26. 车五进二　马4进3

倘若马4退2，车五退一，卒7进1，炮三退一，炮5进4，相三进五，马2退4，车八退四，前车平7，车五平三，车7进2，车八平三，马4进3，车三退一，和棋之势。

27. 车八退五　后车平3　　28. 车五退二　马3退4
29. 车五进二　炮5平8　　30. 车八平六　车3平4
31. 车六进一　马4退2　　32. 车六平二　马2退4
33. 车五退二　……

在下风中依然不轻易言和。倘若炮三平六，后车进2，马三进四，前车平6，马四进六，车6平3，车五平四，车4进1，兵一进一，平稳之势。

33. ……　　　　前车平6　　34. 炮三平二　马4进3
35. 炮二进二　车4进2　　　36. 车二平八　车6平5
37. 车八进五　士5退4　　　38. 车八退三　炮8进4
39. 炮二退六　士4进5

似可车4进3，车八平七，士4进5，黑棋优势。

40. 炮二平三　卒9进1　　41. 车八平二　炮8进1
42. 车二平七　象7进9　　43. 炮三平二　……

现在红棋已有点小别扭而不很舒服。倘若车七平二，车4进6，车二平八，炮8退2，车八进三，车4退8，车八平六，将5平4，炮三进一，炮8平1，车五平九，卒7进1，相五进三，车6平7，车九退一，车7进1，仕五退

· 88 ·

第3章 中炮肋车捉马对盘河马

四,车7退1,相三退一,将4平5,黑棋优势。

43. …… 车6平7　　**44.** 炮二进四　炮8进1
45. 仕五退四　车4进6　　**46.** 车五进四　将5平4(图103)

激烈搏杀,悬念丛生。

47. 车七进三　将4进1
48. 炮二进一　士5进6
49. 车七退一　将4退1
50. 炮二平六　……

别无退敌良策,只好平炮盖脸遮头,暂解燃眉之急。

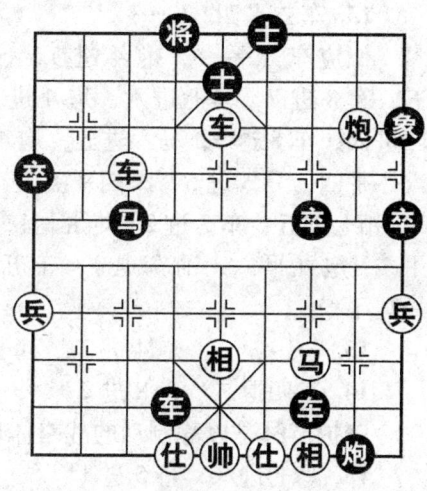

图103

50. ……　　车7退1
51. 相五进三　士6进5
52. 车五平九　炮8退9
53. 车七退三　将4进1
54. 仕六进五　车7平2

更好的是车7平1,以后可吃边兵。

55. 车七退五　将4退1　　**56.** 相三退五　车2退4
57. 车九平七　车2平4　　**58.** 前车退一　炮8平5(黑胜)

点评:最新飞刀并不锋利,重演此阵请谨慎。

第31局　中炮肋车捉马五九炮对盘河马退2路炮

江中豪 负 许银川

(2007年10月19日弈于澳门第10届世界象棋锦标赛)

上局过去一年多之后,台北棋手江中豪与许银川在世界象棋锦标赛上展开一场新的布局大战。尽管江中豪飞刀出鞘,但是效果不佳。

1. 炮二平五　马8进7　　**2.** 马二进三　车9平8
3. 车一平二　卒7进1　　**4.** 车二进六　马2进3
5. 兵七进一　马7进6　　**6.** 马八进七　象3进5
7. 炮八平九　炮2退1　　**8.** 车二平七　马6进7
9. 炮五平四　士4进5　　**10.** 车九平八　炮2平4
11. 车四平二(图104)……

江中豪抛出最新布局飞刀!

11. ……　　车8进1

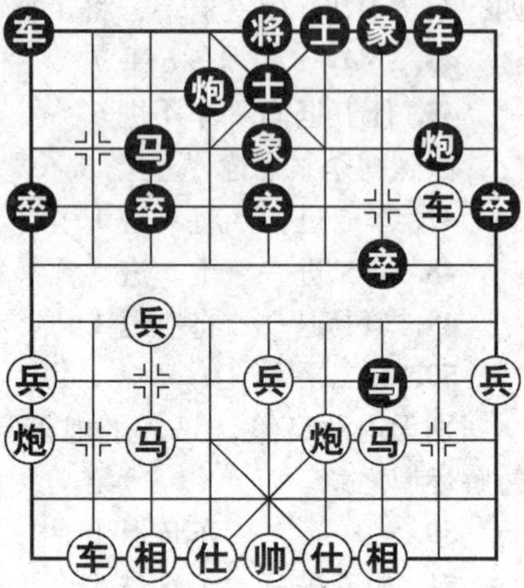

佳着！黑车生根之后红棋拴链的威力大减。

12. 车八进八　炮8平9
13. 车二平四　……

似应车二平一，炮4进1，仕六进五，车8进7，马七进六，炮4进1，炮四进四，车8退3，马六进五，炮4平6，车一平四，马3进5，车四平五，车8平3，相七进五，车3进2，炮九退二，车3平1，炮九平六，前车退1，车五平七，局势平稳。

13. ……　　　炮4进2
14. 车四退二　车8进2

守护卒林是以静制动的战略体现，激进者可车8进7。

15. 马七进八　卒5进1　　16. 仕六进五　……

似应马八进七，炮4平5，马七退五，车1平4，车四退一，车4进4，炮四平五，红棋足可一战。

16. ……　　　卒7进1（图105）

此时可以看到上一步倘若马八进七踩卒，现在就没有这步弃卒的好棋。

17. 车四进四　……

为什么不车四平三吃卒？炮4平7，黑棋优势。

17. ……　　　卒5进1
18. 炮四平七　……

倘若兵五进一，车8平5，车八平六，车1平4，车六进一，马3退4，炮四平六，卒3进1，兵七进一，马7退5，相七进五，卒7进1，炮六进七，将5平4，马三进五，马5退3，马五进六，将4平5，黑棋优势。

18. ……　　　车1平2　　19. 车八进一　马3退2
20. 车四退三　卒7平6　　21. 车四平六　马2进3
22. 炮七进四　……

似应兵七进一，卒3进1，炮七进五，炮9平3，车六平七，炮3平1，车

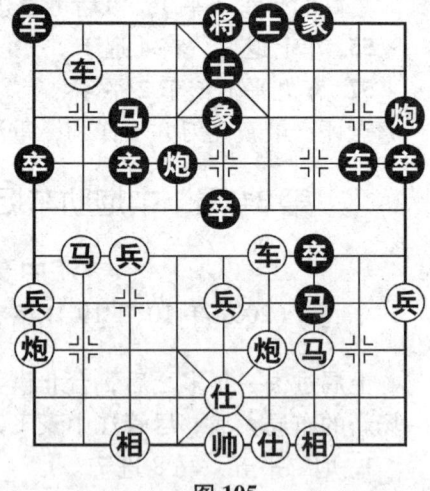

图104

图105

第3章 中炮肋车捉马对盘河马

七进一，马7退6，兵五进一，卒6平5，炮九进四，炮4平1，车七平二，马6退8，马八进九，炮1进4，马三进二，卒9进1，马九退八，红棋尚有一线和棋之望。

22. ……　　　　炮4平7（黑胜）

为什么放弃续战呢？以下红棋有两种选择：①炮七平二，马3进4，兵七进一，马4进5，马三退一，象5进3，黑棋胜势。②相七进五，车8进4，兵五进一，炮7进4，炮九平三，车8平7，黑棋胜势。

点评："盘河马退2路炮"是广东队研究抵抗五九炮的秘密武器，其反击力不可小觑。

第32局　中炮肋车捉马五九炮对盘河马左直车

1. 炮二平五　马8进7
2. 马二进三　马2进3
3. 车一平二　车9平8
4. 兵七进一　卒7进1
5. 车二进六　马7进6
6. 马八进七　象3进5
7. 车二平四　马6进7
8. 炮八平九　车1平2

澳门棋手刘永德抛出最新"出左车"布局飞刀！

9. 车九平八　炮8平7
10. 马七进六（图106）……

图106形势之下黑棋有士4进5与炮2进5两种选择。

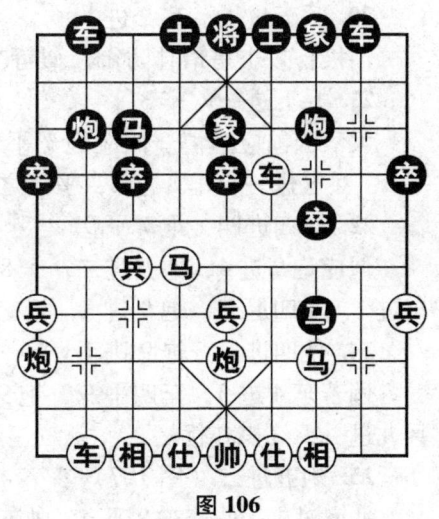

图 106

（甲）士4进5

许银川　胜　刘永德

（2004年12月26日）

10. ……　　　士4进5　　11. 车八进六　车2平4

似可车8进8，马六进五，炮2平1，车八平七，马7进5，相三进五，马3进5，车四平五，卒7进1，车五平三，车8平4，车七平六，车4退5，车三平六，卒7进1，马三退五，车2进6，黑棋尚可一战。

12. 车八进一　车4进5　　　　13. 炮九进四　马7进5
14. 相七进五　车4退5　　　　15. 马三进四　……

倘若炮九进一，马3退2，车八进二，车4平2，炮九平三，红棋一车换双后，红棋稍优。

15. ……　　　卒3进1　　　　16. 车四进二　马3进4

急于兑子，求和心切！似应卒3进1，炮九进一，卒7进1，炮九平七，炮7平3，车八平七，卒7平6，车七平五，车4进3，车五平七，卒3平4，车四退四，车8进6，和棋之势。

17. 车八退一　马4进6　　　　18. 车四退四　卒3进1
19. 炮九平五　车8进3

似可炮7平9，仕四进五，车8进6，兵五进一，车8平1，兵五进一，车1平4，帅五平四，炮9退2，车八平七，卒3进1，黑可抗衡。

20. 兵五进一　卒9进1

消极！攻击是最佳防御，似可卒3进1为宜。

21. 兵五进一　卒3平4

大敌当前应谨慎。似应炮7平9，车四平七，炮9进1，车七退一，炮9平5，兵五进一，车8进2，平淡之势。

22. 车四进四　炮7平9　　　　23. 车八进二　卒4进1

似应炮9进4，炮五进二，车8平4，炮五平七，卒4平5，仕四进五，后车进1，车四退五，炮9进3，相三进一，士6进5，相互对攻，各有顾忌。

24. 仕四进五　炮9进1

倘若车4进3，车四平三，炮9平6，兵九进一，红棋亦优。

25. 炮五进二（图107）　卒4进1

冲卒对攻。倘若车8平4，帅五平四，炮9退3，兵五进一，前车退2，车八平六，车4进1，兵五进一，红棋优势。

26. 仕五进六　……

倘若兵五进一，车8退1，帅五平四，炮9退3，车八退一，车4进1，兵五进一，卒4平3，车四退三，红棋胜势。

26. ……　　　车4进7
27. 炮五平六　士6进5
28. 炮六退二　……

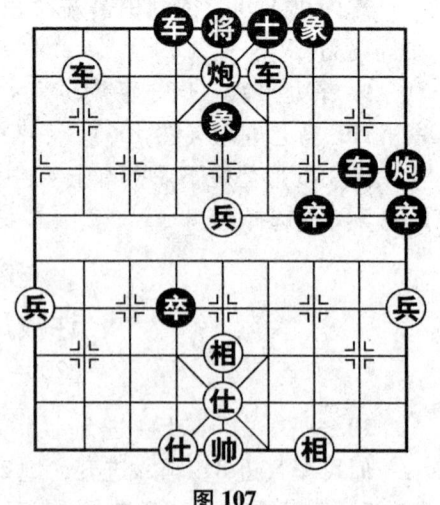

图107

第3章 中炮肋车捉马对盘河马

精妙！一炮定乾坤。

28. ……　　士5退4　　　　**29.** 炮六平一（红胜）

点评：黑棋飞刀虽然受挫，尚有可圈可点之处。

（乙）炮2进5

潘振波　胜　杨东

（2011年9月16日弈于兴城辽宁省第一届体育大会象棋比赛）

10. ……　　炮2进5

"进炮封车"是2005年出现的新兴战术。

11. 炮五进四　　……

炮轰中卒打开卒林横向通道，佳着。

11. ……　　马3进5　　**12.** 马六进五　马7退8

13. 车四退四（图108）　……

象棋大师潘振波抛出最新布局飞刀！

2005年5月5日全国象棋大师冠军赛，宇兵与傅光明之战：车四平三，炮7平6，马五退四，马8进7，车三平七，车8进8，马四进六，炮2平3，车七平八，车2进3，车八进六，车8平3，相七进五，车3平4，马六进四，车4平6，马四退五，炮3平7，马五退三，车6退2，炮九平三，车6平7，炮三平一，车7平5，炮一进四，卒1进1，终局和棋。

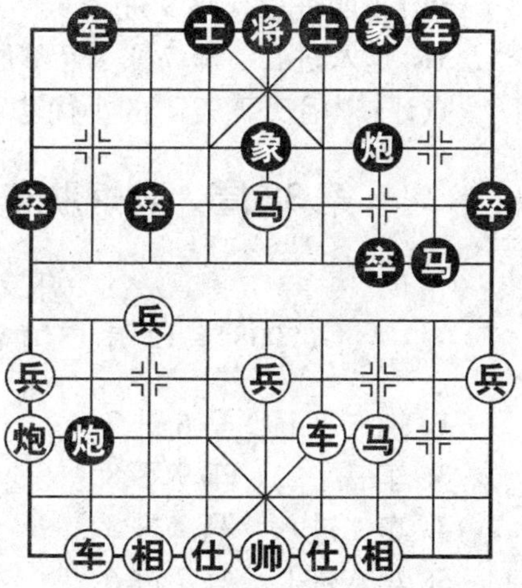

13. ……　　炮2退3

14. 马五进三　　马8退7

15. 相七进五　　卒7进1

乘虚而入，反击佳着。

16. 车四进四　马7进8　　**17.** 车四进二　卒7进1
18. 马三退五　炮2进4　　**19.** 炮九进四　马8进9
20. 马五进七　车8进5　　**21.** 炮九退二　车8进3

似应车8退2坚守为宜。

22. 仕六进五　卒7进1（图109）

丹东名手杨东前半盘表现相当好，现在冲卒是不明显的败着，似应士4进5为宜。

图108

23. 炮九平八　……

佳着！生擒一炮。

23. ……　　炮2平4
24. 车四平六　卒7进1
25. 车六退七　卒7平6
26. 车六进三　车8平7
27. 车六平四　士4进5
28. 炮八退三　卒6进1

倘若车2进7，炮八平四，车2平3，车八进九，士5退4，炮四进八，象5退3，炮四平六，红棋胜势。

29. 车四退四　车7退4
30. 车四进三　马9进7
31. 炮八进二　车7平4（红胜）

点评："潘氏飞刀"的小优势可圈可点。

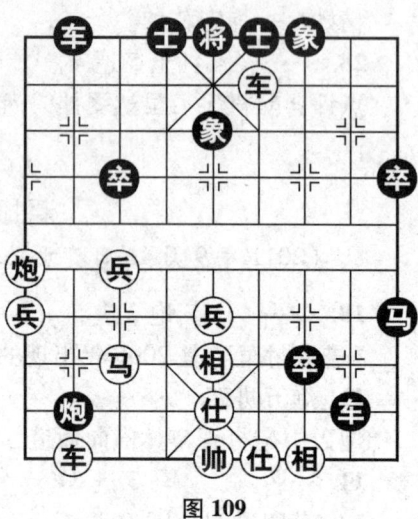

图109

第33局　中炮肋车捉马五九炮对盘河马左直车

许文学 负 申鹏

（2008年12月13日弈于宁波全国象棋大师冠军赛）

1. 炮二平五　马8进7
2. 马二进三　卒7进1
3. 车一平二　车9平8
4. 车二进六　马2进3
5. 马八进七　马7进6
6. 兵七进一　象3进5
7. 车二平四　马6进7
8. 炮八平九　炮8平7
9. 车九平八　车1平2
10. 车四平三　（图110）……

象棋大师许文学抛出最新布局飞刀！

10. ……　　炮7平6
11. 马七进六　……

这步棋值得商榷，似应车八进六为佳。

11. ……　　炮2进5

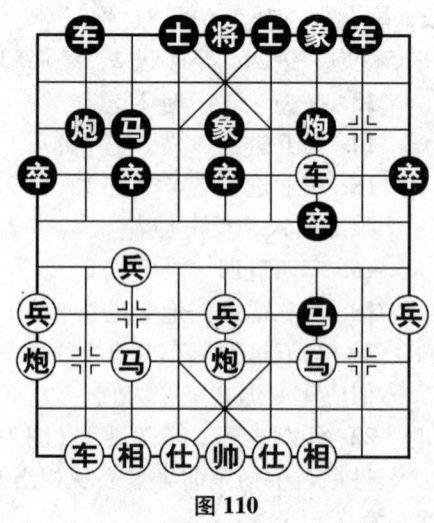

图110

第 3 章　中炮肋车捉马对盘河马

12. 炮五进四　马3进5　　　13. 车三平五　车8进8

进车点穴是威胁红棋右翼阵地的佳着！

14. 马六进七　士4进5　　　15. 车五平四　车2进3

倘若车8平4，车四退四，炮2进1，仕四进五，车2进3，马七退五，炮6平7，车四平六，车4平3，相七进五，炮7平8，炮九退一，车3退2，车六进一，车3平4，马五退六，炮8进6，黑棋有攻势。

16. 车四退四　车2平3　　　17. 车八进二　马7进9
18. 炮九退一　马9进7　　　19. 帅五进一　……

倘若炮九平四，卒7进1，帅五进一，炮6进6，车四退一，卒7进1，黑棋优势。

19. ……　　　卒7进1　　　20. 相七进五　卒7进1
21. 车八进七　车3退3

倘若象5退3，炮九平七，炮6平5，帅五平四，卒7进1，车四平三，车3平6，帅四平五，车6平5，车三退一，车5进3，车八平七，士5退4，车三平二，车5平3，相五进三，车3进2，帅五退一，车3平8，黑棋优势。

22. 车八平七　象5退3　　　23. 兵一进一　炮6平7
24. 帅五平六　车8退1　　　25. 车四进四　卒7平6
26. 车四平三　炮7平4　　　27. 兵七进一

倘若炮九平三，卒7进1，车三退五，车8退1，红棋也难和棋。

27. ……　　　马7进9　　　28. 炮九进五　车8进1
29. 仕六进五　车8退4
30. 炮九平一（图111）……

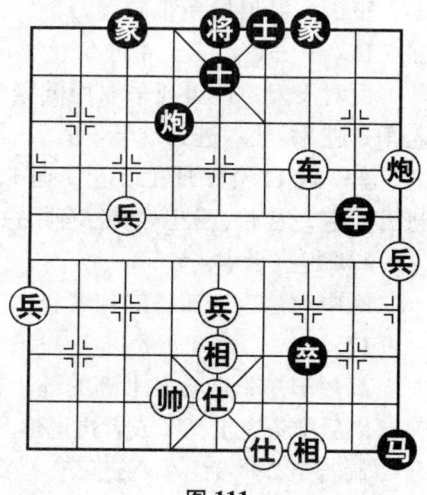

图 111

30. ……　　　车8平4

操之过急！似可马9退7，兵七进一，车8平4，仕五进六，炮4进5，帅六平五，车4平3，帅五平六，炮4退6，车三退四，车3退1，炮一退一，车3平2，黑棋胜势。

31. 仕五进六　车4平3
32. 车三平六　马9退8
33. 炮一平五　将5平4
34. 炮五退二　卒7平6
35. 炮五平六　将4平5
36. 炮六进三　士5进4　　　37. 仕四进五　……

上段许文学大师在劣势下顽强反击而竭尽全力。看似红棋有和棋之望,但因黑棋车马卒已构成杀伤力很强的战术组合,红棋仍难解围。

37. ……　　　马8进6　　　38. 相五进三　卒6平7
39. 相三退五　士4退5　　　40. 帅六退一　卒7平6(黑胜)

点评:为什么红棋不再续战呢?相五进三,车3进5,帅六进一,卒6平7,相三退五,卒7进1,兵五进一,卒7进1,车六退二,车3平1,车六平七,卒7平6,车七进五,士5退4,车七退八,车1退3,黑棋胜势。

由于红棋遭到进炮封车与左车点穴的反击,使红棋陷于被动挨打境地。要想知道如何应对,请看下局王天一的杰作。

第34局　中炮肋车捉马五九炮对盘河马左直车

王天一 胜 孙勇征
(2009年7月8日弈于北京全国象棋甲级联赛)

1. 炮二平五　马8进7　　　2. 马二进三　车9平8
3. 车一平二　卒7进1　　　4. 马八进七　马2进3
5. 兵七进一　象3进5　　　6. 车二进六　马7进6
7. 炮八平九　车1平2　　　8. 车二平四　马6进7
9. 车九平八　炮8平7　　　10. 车四平三　炮7平6
11. 车八进六(图112)……

王天一抛出最新布局飞刀!

11. ……　　士4进5

面对飞刀,孙勇征采取稳健策略。倘若车8进8,仕六进五,车8平7,马七进六,车7进1,炮五平七,车7退1,相七进五,炮2退1,相互对攻各有顾忌。

12. 炮五平六　……

卸中炮是攻守兼备的佳着!

12. ……　　车8进1

高短车并非是心血来潮的随手棋,看来是以后准备退士亮车或者再退炮升根?

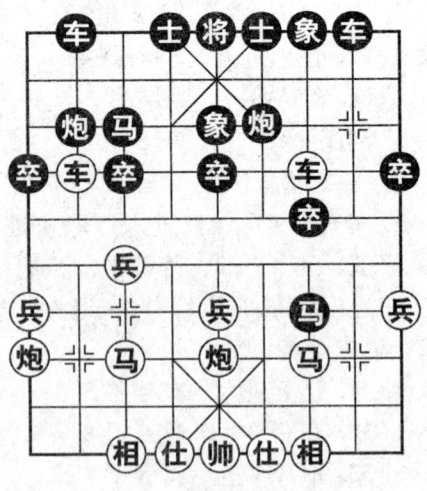

图112

倘若炮2平1,车八进三,马3退2,车三平五,车8进5,相七进五,炮1平3,炮九进四,卒3进1,炮九退二,车8进2,马七进八,卒3进1,炮九平七,红棋稍优。

第3章 中炮肋车捉马对盘河马

13. 炮九进四　车2平4
14. 仕六进五　炮2平1
15. 车八进一　炮1退1
16. 炮九进一　马3退2
17. 炮九平五　……

先捉炮，后打马，再炮轰中象，实施一系列攻击。

17. ……　　　　象7进5
18. 车八平五（图113）　车4进2

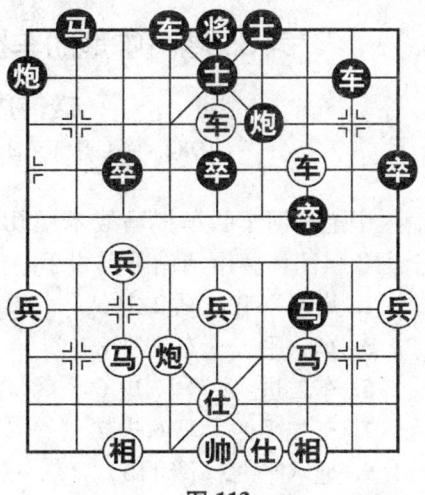

图113

兑车虽然无可非议，但是也有商榷之处。似可炮6进5，马七进八，炮6退2，车三退一，炮6平2，车五平八，车8平7，车三平九，炮1进1，车八退三，炮1平8，车八进四，马7进9，炮六平一，车7进6，车九平二，炮8平7，相七进五，车7退4，其结果要比实战好点。

19. 车五平六　士5进4
20. 车三退一　马7退8
21. 马三进四　马8进9（图114）
22. 炮六平五　……

黑棋右翼阵地兵力拥塞，似可车三平八，以下黑棋有三种选择：①炮1平2，炮六进一，马9进8，炮六平八，红棋优势。②马2进3，马四进五，炮1平2，马五进六，炮6退1，马六退四，车8进1，马四退三，车8平7，马三进五，炮6平7，相七进五，车7进1，马五进七，士6进5，后马进六，红棋胜势。③马2进4，马四进五，马4进2，马五退三，炮6平5，车八平五，炮5退1，车五进二，炮1进1，马三进四，车8平6，马四退五，卒3进1，马七进六，卒3进1，马六进七，红棋胜势。

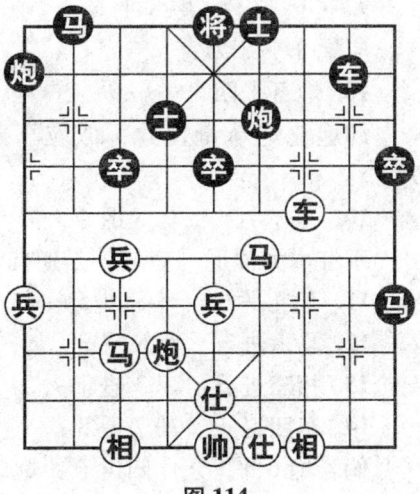

图114

22. ……　　　　车8进4

倘若炮1平5，车三进二，车8平3，车三平四，车3进2，帅五平六，黑棋也难招架。

24. 车三平八　马2进1
23. 马四进五　车8平3
25. 车八进四　将5进1

26. 马五进三（红胜）

点评："王氏飞刀"锋芒毕露，重演黑棋请谨慎。

第35局　中炮肋车捉马五九炮对盘河马士角炮

赵传周　胜　于红木

（1984年4月15日弈于合肥全国象棋团体赛）

中炮过河车肋车捉马战术经几十年的发展，忽而高潮忽而沉寂。1984年全国象棋团体赛由河南著名棋手赵传周首创五九炮问世，胜率颇高。

1. 炮二平五	马2进3	2. 马二进三	马8进7
3. 车一平二	车9平8	4. 兵七进一	卒7进1
5. 车二进六	马7进6	6. 马八进七	象3进5
7. 车二平四	马6进7	8. 马七进六	士4进5

9. 炮八平九（图115）　……

赵传周首创最新五九炮布局飞刀！

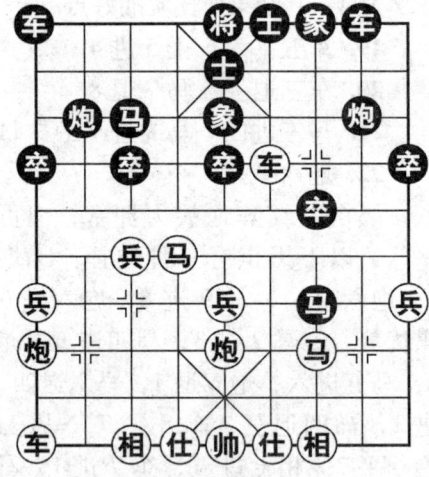

图115

9. ……　　　　炮8平6

应炮8平7为宜。

10. 炮五平四　……

卸炮兑炮新奇怪异，似应车九平八为宜。

10. ……　　　　马3退4

于红木大师退马应战，是逆向思维。

11. 车九平八　车8进5
12. 马六进五　车8平3
13. 相三进五　车3进1
14. 车四退三　马7退8

倘若炮6平7，仕四进五，炮2平4，车八进四，红棋亦优。

15. 车四平二　马8退9　16. 炮四进一　……

倘若马五退三，象5进7，车八进七，象7退5，车八退三，车3平1，车二平四，炮6进5，炮九平四，马4进3，车四进三，红棋优势。

16. ……　　　车3进2　17. 仕四进五　卒7进1
18. 炮四退二　车3平2　19. 相五进三　车3平1
20. 炮四平三　后车进1

为什么不炮6平7？相三退五，炮7进6，车八进七，炮7平6，马五退四，红棋优势。

21. 相三退五　后车平2
22. 车八进六　炮2平4
23. 车八平七　车2进3
24. 车二进五　车2平5

为什么不炮4退1打车？炮三进八，象5退7，马五进六，车2平4，马六退八，马4进5，车七进三，车4退4，车七平六，将5平4，马八退六，马9进7，炮九平六，将4平5，马六进四，士5进6，车二退二，士6退5，车二平一，红棋优势。

25. 车二平四　马9进7
26. 车七平六　炮4退1
27. 车六进二　车5退1（图116）
28. 炮九平六　……

亦可相五进七，车1平5，车四平三，前车平6，车三退二，车5平7，炮三进五，车6退3，炮三退二，红棋优势。

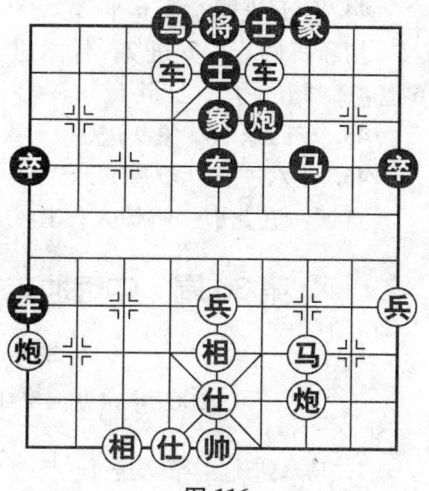

图116

28. ……　　　　炮6平7

倘若象7进9，炮三进五，车5平7，炮六进七，以下黑棋有两种选择：①士5退4，马三进四，车7进3，车四退一，象9退7，马四进六，士6进5，车四退一，车7平9，马六进八，车1平3，车六退二，车3退4，兵五进一，红棋优势。②车7进4，炮六平九，车1平2，车六平七，车2平4，车七进一，车4退6，车七平八，红棋优势。

29. 车四平三　……

捉双精妙！奠定胜势。

29. ……　　　　炮7进5
30. 炮六平三　车1平5
31. 后炮进五　象7进9
32. 前炮退三　……

应前炮退二，减少不必要的麻烦。

32. ……　　　　象9进7
33. 车三退二　后车进2
34. 前炮进一　前车平9

倘若前车平6，后炮平二，车5平7，炮二进七，象5退7，炮二平一，车7平8，车三退一，车6退4，车三进四，车6平9，仕五退四，车8退2，仕六进五，卒1进1，炮一平四，士5退6，帅五平六，红棋胜势。

35. 后炮平四　车9平6
36. 炮三退四　卒9进1
37. 炮三平四　车6平2
38. 前炮进六　车5平6

39. 前炮平一　车 2 平 8
40. 车三进二　士 5 进 6（图 117）
41. 相五退三　……

似应炮一进一，车 8 退 6，炮一平四，车 8 平 6，炮四进七，红速胜。

41. ……　　　　车 8 退 6
42. 车三平四　象 7 退 9
43. 相七进五　车 8 平 9
44. 仕五进四　车 6 平 2

精巧！倘若车 6 进 2，仕六进五，车 6 退 4，帅五平六，红胜。

45. 车四退一　象 9 进 7
46. 仕六进五（红胜）

点评：五九炮一鸣惊人。其一路领先的小优势足可满意。

第 36 局　中炮肋车捉马五九炮对盘河马 7 路炮

宇兵　胜　张学潮

（2007 年 4 月 18 日弈于锦州全国象棋团体赛）

1. 马八进七　卒 7 进 1
2. 炮二平五　马 8 进 7
3. 马二进三　车 9 平 8
4. 车一平二　马 2 进 3
5. 兵七进一　象 3 进 5
6. 车二进六　马 7 进 6

由跳马局转入中炮对盘河马战术。

7. 车二平四　马 6 进 7
8. 炮八平九　士 4 进 5
9. 车九平八　车 1 平 2
10. 车八进四（图 118）　……

象棋大师宇兵抛出最新布局飞刀！

2006 年 10 月 21 日上海市第 13 届运动会朱玉龙与王国敏之战：车八进六，炮 8 平 7，炮五平六，车 8 进 8，仕六进五，马 7 退 8，炮九退一，车 8 退 2，相三进五，卒 7 进 1，车四平二，炮 2

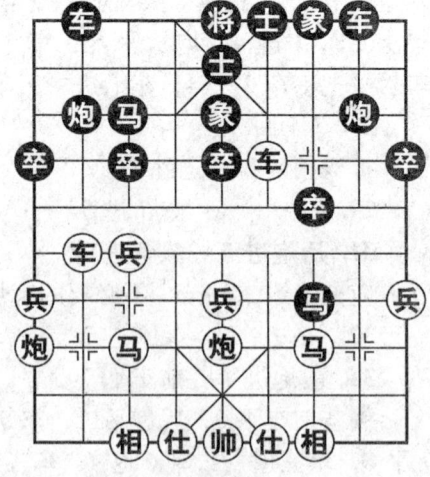

图 118

第3章 中炮肋车捉马对盘河马

平1，车八进三，马3退2，马三退一，车8退1，相五进三，车8平7，车二退一，车7平3，车二平八，马2进4，车八退三，炮1平3，炮九平六，炮7退1，马七进六，余略，终局红胜。

10. ……　　　炮8平7　　　　11. 马七进六　车8进5
12. 马六进七　炮2平1　　　　13. 车八进五　马3退2
14. 马七进九　炮7平1

倘若马2进1，车四平三，炮7平6，炮五进四，车8平3，车三退一，车3退2，车三进四，马7退6，车三退三，马6进4，马三进四，炮6进2，兵五进一，车3平5，车三平五，马4退5，兵五进一，马5退7，兵五平四，马7进6，炮九进四，红棋优势。

15. 车四退三　……

先飞马换炮再退车捉马，恰到好处！

15. ……　　　卒7进1　　　　16. 兵五进一　车8退1
17. 炮五进四　马2进4　　　　18. 炮五退一　马4进2

似应马4进3为宜。

19. 仕六进五　马2进4

佳着！

20. ……　　　马4进5　　　　21. 兵七平六　炮1平4
22. 马三进五　马5进3　　　　23. 马五进七　……

似可炮九平六，炮4进5，马五进四，车8平6，车四进二，炮4平2，车四进一，炮2退3，车四平九，炮2平5，兵六平五，红棋多兵胜势。

23. ……　　　马3进1
24. 相七进九（图119）　车8退1

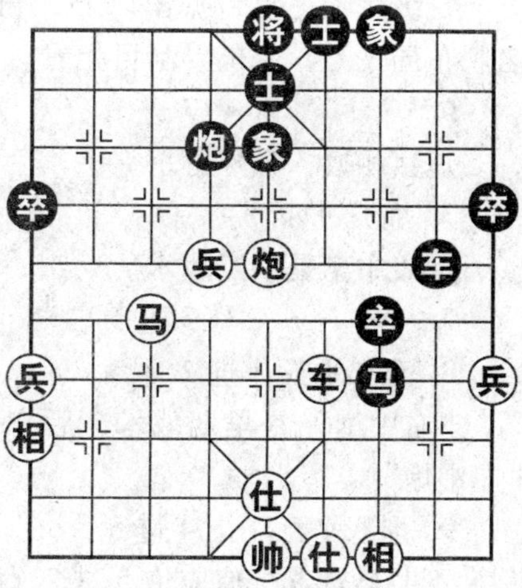

倘若将5平4，兵六进一，炮4退1（如炮4平3，则车四平六）兵六进一，炮4平3，兵六进一，将4进1，车四平六，士5进4，帅五平六，红棋胜势。

25. 车四平八　炮4退2
26. 马七进六　车8平5
27. 马六进七　炮4进1
28. 车八进六（红胜）

点评：宇兵大师的布局飞刀稳健而锋利。黑棋补右士的反击力较弱，重演此阵请小心为佳。

图119

第4章　中炮倒骑河炮对盘河马冲7卒逐车

第37局　中炮倒骑河炮对盘河马冲7卒逐车右中炮

王嘉良　胜　蔡福如

（1960年11月2日弈于北京全国象棋个人赛）

1960年全国象棋个人赛在北京举行。第八轮，东北虎王嘉良与广东小霸王蔡福如狭路相逢。王嘉良布局飞刀出鞘，令赛场震惊。

1. 炮二平五　马8进7　　2. 马二进三　车9平8
3. 车一平二　马2进3
4. 兵七进一　卒7进1
5. 车二进六　马7进6
6. 炮八进三（图120）……

特级大师王嘉良抛出"新、奇、特"名牌布局飞刀，令棋界刮目相看。

6. ……　　　卒7进1

短兵相接，激烈搏杀。

7. 炮五进四　……

炮轰中卒是预定战术。

7. ……　　　马3进5
8. 车二平五　炮2平5

"右中炮"是早期战术，后来多选择"左中炮"。

9. 炮八平五　士4进5　　10. 兵三进一　炮8平7（图121）

不明显软着！似应炮5进2，详看下局。

11. 车五平三　车8进6

似应车8进3，车三退一，车8平5，炮五进二，象7进5，车三平四，炮

第4章 中炮倒骑河炮对盘河马冲7卒逐车

7进5，马八进七，车1平2，车四平二，车2进7，车九进二，车2退1，马七进六，车5进3，车九平五，炮7退1，马六进四，车5进1，相三进五，炮7平1，黑棋尚无大碍。

12. 马八进七　车8平7

弃子抢先。

13. ……　　　　车7进1

13. 相七进五　……

14. 仕六进五　车1平2（图122）

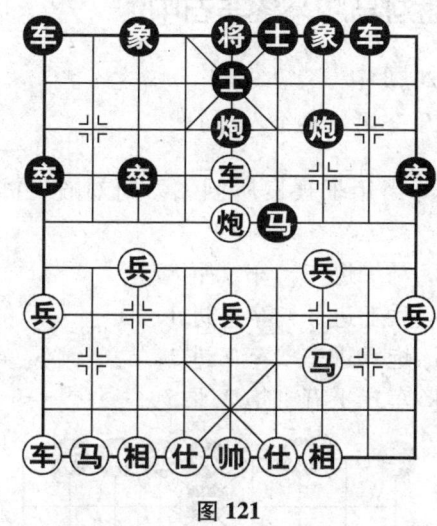

图 121

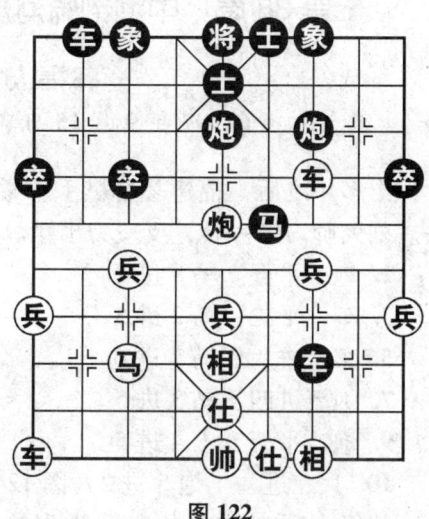

图 122

似应炮7进3，车三退二，车7退2，相五进三，象3进1，尚可坚守。

15. 车九平六　……

似应车三平六，车2进4，兵五进一，车7进2，车九平八，车2平5，车八进九，士5退4，帅五平六，士6进5，兵五进一，炮5进5，兵五平四，红棋胜势。

15. ……　　　　炮7进3

岭南小霸王弃炮砸兵，是最顽强的防御。

16. 车三退二　车7退2
17. 相五进三　车2进4
18. 兵五进一　马6进7
19. 车六进四　炮5进1

高炮防止绝杀，别无良策。

20. 车六进二　马7退5（图123）

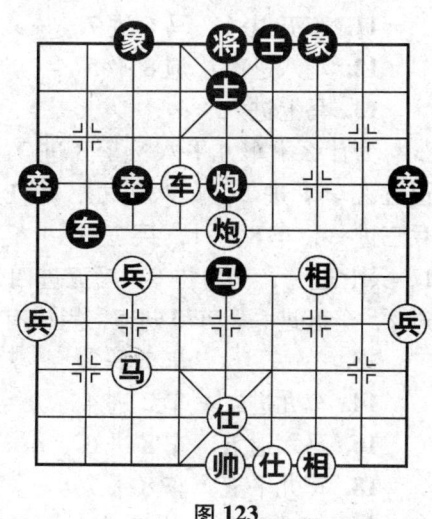

图 123

先弃后取，煞费苦心。

21. 车六平五　马5退7　　　22. 车五平一　车2平5
23. 车一平七　象7进5　　　24. 车七平九（余略，终局红胜）

点评：东北虎以最新布局武器战胜大名鼎鼎岭南小霸王。那么如何破解这种布局飞刀呢？请看下局。

第38局　中炮倒骑河炮对盘河马冲卒逐车右中炮

郭福人　负　刘殿中

（1997年9月15日弈于太原全国象棋个人赛）

十多年之后，福建著名棋手郭福人挥舞当年王嘉良所创飞刀向刘殿中掷去。刘大师刀锋一转，反飞刀出鞘。

1. 炮二平五　马8进7　　　2. 马二进三　车9平8
3. 车一平二　马2进3　　　4. 兵七进一　卒7进1
5. 车二进六　马7进6　　　6. 炮八进三　卒7进1
7. 炮五进四　马3进5　　　8. 车二平五　炮2平5
9. 炮八平五　士4进5
10. 兵三进一　炮5进2（图124）

特级大师刘殿中抛出最新改进型布局飞刀！

11. 车五退一　马6进7
12. 马八进七　炮8平5
13. 马七进六　……

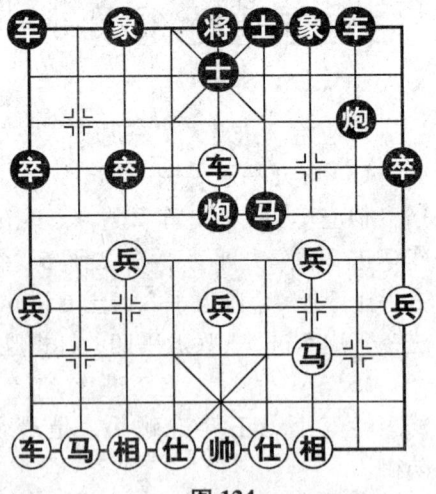

图124

为什么不车九平八？车8进7，马七退五，车1进2，车八进九，车1平3，兵三进一，车8进1，兵三进一，卒3进1，兵七进一，马7进9，马五进四，车3进2，车五进一，车3进5，黑棋有攻势。

13. ……　　　　　车1平2
14. 车九进二　车2平4　　15. 车五进一　车2平4
16. 马六退五　车8进6　　17. 仕四进五　马7进5
18. 车九平五　车8平7　　19. 相三进一　……

似应后车平四，炮5进4，车四平五，车7进1，后车进一，和棋之势。

19. ……　　　卒9进1　　20. 兵五进一　车4进1

第4章 中炮倒骑河炮对盘河马冲7卒逐车

21. 相七进九　车4退2　　　22. 前车退一　车4平8
23. 兵三进一　车7退2

扩大优势的佳着。

24. 前车平三　炮5进5　　　25. 仕五进六　象7进5
26. 车三平一　……

似应车三退二，炮5平9，仕六进五，车8进4，马三进五，车8进2，仕五退四，炮9进2，马五进三，红棋尚可一战。

26. ……　　　　炮5平9
27. 车一平六　车8进4
28. 马三进四　车8进2
29. 帅五进一　炮9平1
30. 马四进二　士5进6
31. 马二进四　士6进5（图125）
32. 车六进一　……

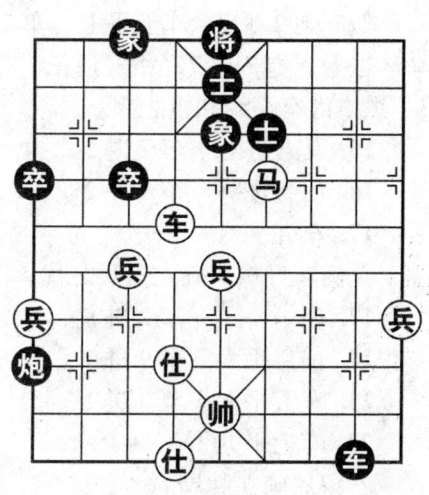

图125

似应车六平二，车8平7，帅五平六，车7退3，车二进四，象5退7，兵五进一，炮1平2，马四退六，炮2退1，车二退三，红棋尚可一战。

32. ……　　　　车8退1
33. 帅五退一　车8平3
34. 帅五平四　车3退3（余略，终局黑胜）

点评：红棋尽管多兵却一直处于被动挨打状态。重演此阵没便宜。

第39局　中炮倒骑河炮对盘河马冲卒逐车左中炮

陈建昌　胜　张锴

（2008年4月16日弈于武汉全国象棋团体赛）

1. 炮二平五　马8进7　　　2. 马二进三　车9平8
3. 车一平二　卒7进1　　　4. 车二进六　马2进3
5. 兵七进一　马7进6　　　6. 炮八进三　卒7进1
7. 炮五进四　马3进5　　　8. 车二平五　炮8平5
9. 炮八平五　士4进5　　　10. 兵三进一　车8进6（图126）

"过河车"是青岛张锴首创探索型最新布局飞刀！

11. 兵三进一　车8平7

105

随手棋！似应炮5进2，车五退一，马6进7，车九进二，象3进5，红棋虽然仍优，但比实战好一些。

12. 兵三平四　炮5进2

倘若车7进1，车五平七，红棋优势。

13. 兵四平五　车7进1
14. 相七进五　炮2平5

似应炮2平7，车五平七，车1平2，马八进七，炮7进7，相五退三，车7平3，黑棋尚有一线和棋之望。

15. 马八进七　车7退3
16. 后兵进一　车1平2
17. 车九平八　……

兑窝车好棋，确立多兵之优。

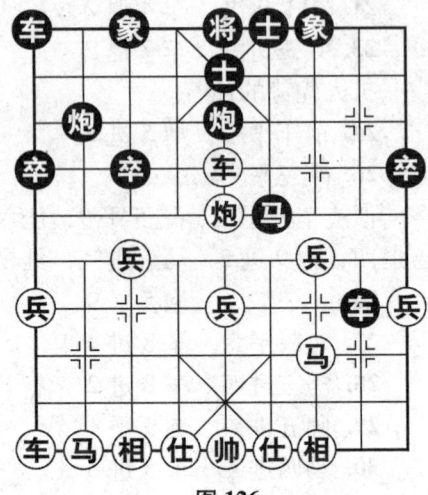

图126

17. ……　　　车2进9
18. 马七退八　车7进2
19. 前兵平六　卒9进1
20. 兵五进一　车7平1
21. 车五平七　象3进1
22. 车七进一　炮5平9
23. 车七平九　……

吃象后确立胜局。

23. ……　　　炮9进4
24. 马八进六　卒9进1
25. 马六进四　车1平6
26. 仕六进五　卒9平8
27. 车九退一　卒8进1
28. 车九平二　卒8平7
29. 马四退二（图127）　炮9进3
30. 车二平一　炮9平8
31. 车一退六　卒7进1
32. 车一平二　车6平8
33. 车二平一　车8进2
34. 车一进九　象7进5
35. 车一退二（红胜）

点评："车进兵林"探索型新着的反击性能较差，切勿重演。

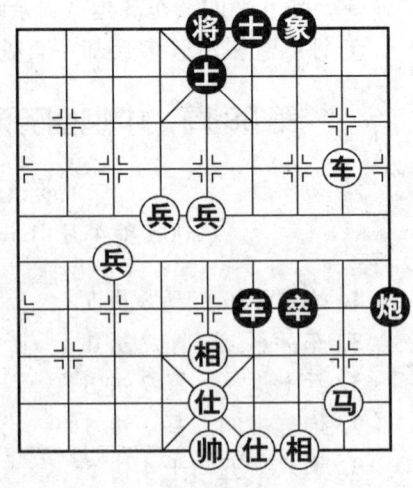

图127

第4章 中炮倒骑河炮对盘河马冲7卒逐车

第40局　中炮倒骑河炮对盘河马飞右象

1960年，王嘉良抛出"倒骑河炮"新着震惊棋坛。15年之后胡荣华飞刀出鞘，飞右象首创新着亮相，使王氏飞刀威力大减……

1. 炮二平五　马8进7
2. 马二进三　车9平8
3. 车一平二　马2进3
4. 兵七进一　卒7进1
5. 车二进六　马7进6
6. 炮八进三　象3进5

将计就计！胡荣华抛出"飞右象"最新布局飞刀！

7. 兵七进一　……

冲兵打马是既定战策。

7. ……　　　马6进4
8. 兵七进一　马3退5（图128）

棋谚云："马跳窝心不死发昏"，难道胡荣华不怕？

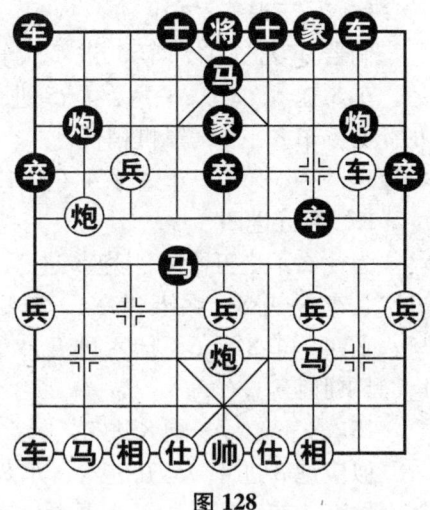

图128

图128形势之下红棋有炮八退三、炮八进一和炮八平六三种选择。

（甲）炮八退三
李定威　负　胡荣华
（1976年4月2日弈于上海市象棋赛）

9. 炮八退三　……

倘若炮五进四，马4退2，马八进九，马2进4，炮五退二，车1平3，兵七平八，炮2平3，相七进五，马4进2，仕六进五，马2退3，炮五进一，马3进4，炮五退一，马4退3，炮五进一，倘若不变则判和棋。

9. ……　　　车1平3　　10. 车二退二　马4进2

11. 马八进七　……

似可炮五平七，车3进3，车二平八，车3进3，相七进五，炮8平7，车九进一，炮2平3，车九平六，炮3进5，马八进七，炮7进4，兵五进一，马5进7，马七进五，士6进5，车八平七，车8进6，仕六进五，红棋尚无大碍。

11. ……　　　车3进3　　　12. 车二平八　……

似应马三退五，炮2进5，炮五平八，马5进7，兵九进一，马7进6，车九进三，马6进4，兵九进一，卒1进1，车二平六，马2退4，马七进六，车3进5，车九进二，红棋尚可一战。

12. ……　　　车3进4　　　13. 车八退一　炮2进5

14. 马三退五　……

倘若车九进二，车3进2，车八退一，车3退6，车八平六，马5进3，车九平七，车3平2，黑棋稍优。

14. ……　　　车3平4（图129）

15. 炮五进四　……

为什么不炮五平八？炮8进7，车九进二，车8进8，兵五进一，车4平6，车八平四，车8平5，仕六进五，车6退1，黑棋胜势。

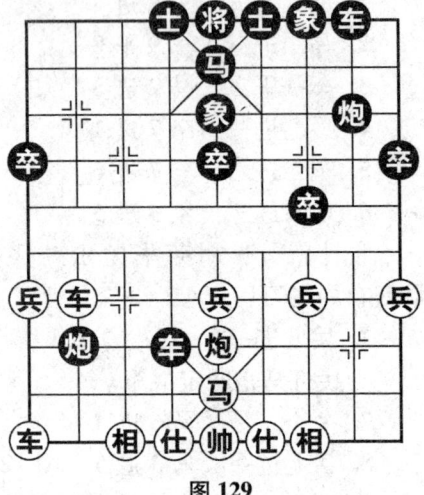

图129

15. ……　　　炮8进7

似应炮8进4，马五进六，车8进3，仕六进五，车4退1，车八平六，车8平5，车九平八，炮2退4，黑棋多子大优。

16. 马五进六　车8进3　　17. 炮五退二　车8平4

18. 马六进五　……

另有两种选择：①车九进二，前车退1，车八平六，车4进3，车九平八，车4平5，车八平五，车5进1，相七进五，炮8退6，炮五进二，卒9进1，黑棋胜势。②马六退八，前车进2，帅五进一，前车平6，相三进一，车4平6，黑棋胜势。

18. ……　　　前车进2　　　19. 帅五进一　前车退1

20. 帅五退一　后车平6（黑胜）

点评：胡氏飞刀出鞘锋利异常！在这盘棋名人效应影响下，后来者皆不敢轻易重演"倒骑河炮"。

（乙）炮八进一

赵敬寿　负　胡荣华

（1977年2月28日弈于北京赴越回国汇报闭目对弈四人表演赛）

9. 炮八进一（图130）　……

第4章 中炮倒骑河炮对盘河马冲7卒逐车

北京业余棋手赵敬寿抛出最新布局飞刀!

9. ……　　　车1平3
10. 车二退二　……

"临阵退却是军中大忌"。似应兵七平六,马4进2,马八进九,马2进4,帅五进一,马5进7,炮八平七,炮2进1,炮七退四,红棋足可一战。

10. ……　　　卒7进1

"弃卒拦车",虚晃一枪。

11. 兵三进一　……

为什么不车二平三?马4进2,马八进九,马2进4,帅五进一,炮8平7,黑棋攻势强大。

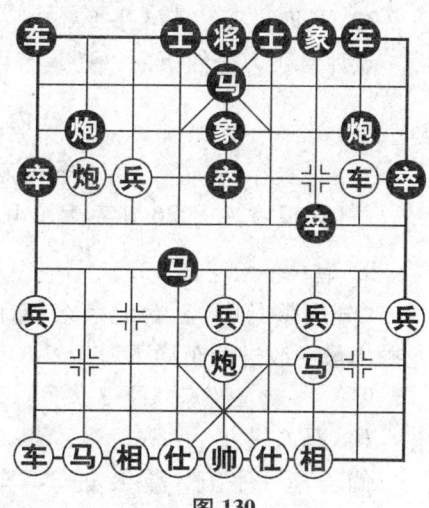

图130

11. ……　　　车3进3
12. 炮八退二　车3进6
13. 兵三进一　马4进2
14. 车二退三　……

倘若帅五进一,马5进3,车九进二,车3退1,帅五退一,马2退4,黑棋胜势。

14. ……　　　马2进3
15. 车二平七　……

弃车砍马别无良策。

15. ……　　　车3退1
16. 炮五进四　炮8平7
17. 马三退五　车8进3
18. 炮五退一　车8平5
19. 炮八平五　炮7进7
20. 马五退三　车5进1
21. 马三进四　车3平2
22. 马八进六　马5进7
23. 马四进三　车5退1
24. 兵三进一　车2平4 (图131)
25. 兵三平四　车5平2
26. 兵五进一　车4退3
27. 马三退四　马7进8
28. 车九平八　炮2进3
29. 兵四进一　炮2平5

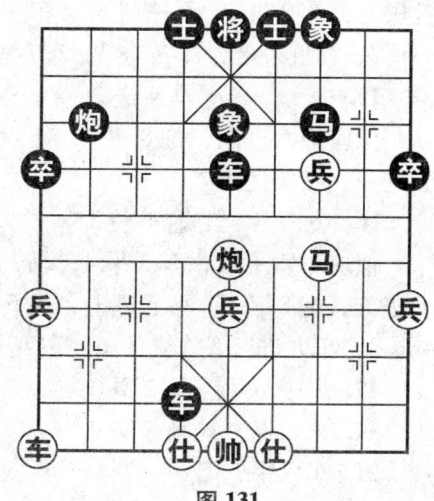

图131

109

30. 马四进五　车4平5　　31. 仕六进五　马8进9（黑胜）

点评：飞刀虽然折断，还是有可借鉴之处。

（丙）炮八平六
许明龙 负 刘安生

（2012年4月26日弈于昆山第二届周庄杯海峡两岸象棋大师赛）

9. 炮八平六（图132）　……

"分炮蹩马脚"，台北著名棋手许明龙抛出最新改进型布局飞刀！

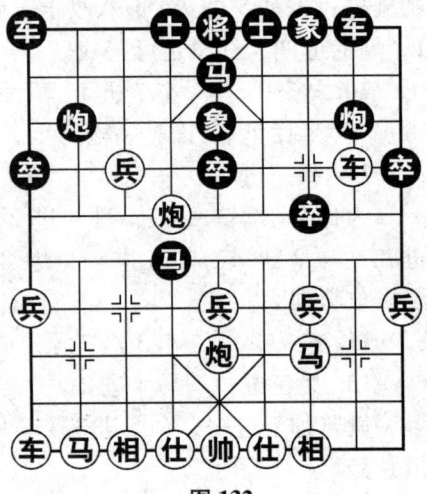

图132

9. ……　　　　　车1平3
10. 马八进九　……

倘若车二平五，炮8进2，车五平六，炮8平4，车六退一，马4进5，相七进五，车3进3，黑棋足可抗御。

10. ……　　　　　马4进2
11. 炮六退四　车3进3
12. 车二平五　车3进4
13. 车五平八　马2退4
14. 炮六进二　炮2平4
15. 车八平六　……

倘若炮六进四，炮8平4，车八平六，马4进5，相七进五，马5退3，兵五进一，车8进6，马三进五，车3退3，车九平七，车3进5，相五退七，车8平7，马五进七，车7进3，车六平九，各有顾忌。

15. ……　　　　　马4进2　　　　　16. 炮六退二　……

似应炮六进四，炮8平4，仕六进五，炮4平2，兵五进一，马5进7，兵五进一，红棋优势。

16. ……　　　　　炮4平2　　　　　17. 车六退三　……

似应车六平八，车3平4，马九进七，马2退3，炮六平四，炮8平5，马七进五，炮8平5，马五进七，象5进3，车八进一，车4进1，炮四进三，车4退3，车九进二，车4平6，车九平五，局势平稳。

17. ……　　　　　马2退3　　　　　18. 车六进五　炮8退1
19. 车六退二　马5进7　　　　　20. 炮六进一　车3退2（图133）
21. 车六平七　……

错失良机！似应炮六进七打士，卒7进1，炮六平九，卒7进1，车六平

第4章 中炮倒骑河炮对盘河马冲7卒逐车

七,红棋攻势强大。

21. ……　　　炮8平2
22. 兵五进一　士6进5
23. 仕六进五　车3平5
24. 马九进七　车5退2

似应车5退1为宜。

25. 车七进二　后炮退1
26. 马七进六　车8进3
27. 马六进五　……

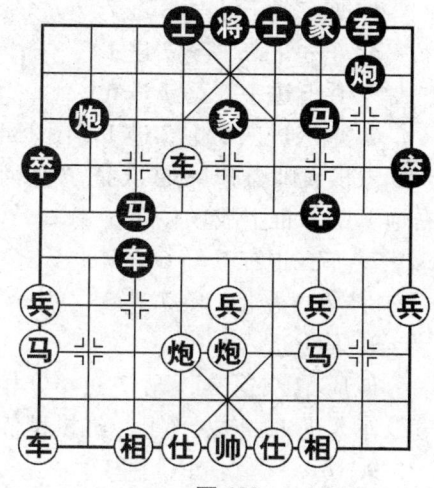

图133

很可能是长考后造成走子失误。似应马三进五,车5平3,车七平八,车3退3,相七进九,前炮平4,车九平六,炮4进5,车六进二,红棋优势。

27. ……　　　象7进5
28. 炮五进五　车5退1
29. 车七退三　……

一马换双象,其势必英雄,但在当前形势下却是无谓的损失。

29. ……　　　马7进5
30. 车七平五　车5平6
31. 相三进五　……

无奈!倘若炮六平五,将5平6,炮五进四,前炮平5,车五平八,车8平5,相七进五,车6进6,黑棋胜势。

31. ……　　　前炮平5
32. 车五平八　马5进6
33. 车八进四　马6进7
34. 炮六平三　车8进6
35. 帅五平六　车6进4(黑胜)

点评:"分炮蹩马脚"虽然受挫,尚有可圈可点之处。

第41局　中炮倒骑河炮对盘河马高右炮

蒋志梁 负 蔡忠诚

(1979年4月25日弈于苏州全运会团体赛)

当1960年"倒骑河炮"战术出现之后,著名象棋理论家屠景明曾认为:"黑第6回合卒7进1略显急躁,应改走炮2进1牵制,则为针锋相对的正着,可以不吃亏。"

也许在这著名论断影响下,直到18年之后,象棋大师蒋志梁把"倒骑河炮"重新武装在大型比赛战场上搏杀,遭到"盘河马高右炮"的袭击……

1. 炮二平五　马8进7
2. 马二进三　车9平8
3. 车一平二　卒7进1
4. 车二进六　马2进3
5. 兵七进一　马7进6
6. 炮八进三　炮2进1（图134）

象棋大师蔡忠诚首次把"盘河马高右炮"战术推上战场！

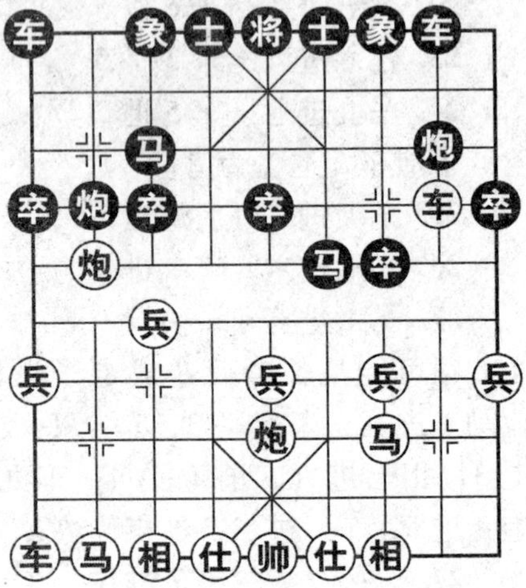

7. 车二退二　马6进7
8. 马八进七　象7进5
9. 马七进六　……

似应炮八退二，马7进5，相七进五，车8进1，炮八平七，红棋稍优。

9. ……　　　车1进1
10. 炮五平七　车8进1
11. 相七进五　炮8平7
12. 车二进四　车1平8
13. 炮八退二　……

似可车九进一，车8平4，炮八退一，红棋尚无大碍。

13. ……　　　马7退8
14. 马三进四　卒7进1
15. 马四进六　卒3进1

放兵渡河，为左翼四子攻城赢得时机。

16. 兵七进一　马3进4
17. 兵七平六　车8平6
18. 车九进一　卒1进1
19. 兵六进一　卒5进1
20. 车九平二　……

似可车九平六，马8进6，炮八进一，红棋尚可一战。

20. ……　　　卒5进1

算度深远的佳着！

21. 兵五进一　……

倘若车二进四，卒5平4，车二平九，车6平3，炮七进三，士6进5，炮八退三，卒4进1，兵五进一，炮7进2，炮八平七，炮7平1，后炮进八，卒7平6，前炮平六，卒4平5，兵九进一，炮1退1，炮七退一，卒6平5，兵六平七，炮2进6，仕六进五，士5退6，炮七平八，平稳之势。

21. ……　　　马8进7
22. 车二进六　炮2退1
23. 兵五进一　马7进6
24. 车二退六　车6进4
25. 马六进七　炮7进7
26. 仕四进五　马6退5

图134

第4章 中炮倒骑河炮对盘河马冲7卒逐车

似应士4进5，兵六平五，象5进3，稳步进取为佳。

27. 炮七进一　炮7退3　　　28. 炮七平三　卒7进1
29. 兵六进一　……

稍急！似可炮八进三，马5进3，马七进六，炮2退1，炮八平一，相互搏杀，红棋不弱。

29. ……　　　马5进3　　　30. 马七退九　炮2进2
31. 马九进八　马3退4　　　32. 马八进九　……

似应相五进七，马4退3，兵五平六，车6平3，前兵进一，士4进5，车二进八，相互对攻，胜负难料。

32. ……　　　炮2退4
33. 炮八平六（图135）　　马4进2

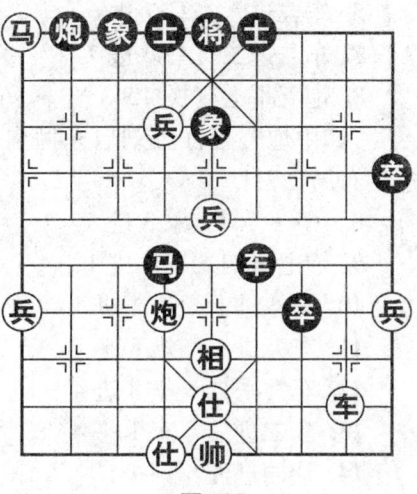

图 135

似应车6进1，炮六退一，马4进5，仕五进四，车6平1，马九退八，车1平4，车二平六，车4退4，马八退九，炮2进9，仕六进五，车4平3，黑棋攻势锋锐，胜势。

34. 仕五退四　车6平4
35. 车二平六　车4退3

红棋进不能攻，退不能守，彻底崩溃。

36. 炮六进三　……

倘若炮六进二，车4平1捉死马。

36. ……　　　士4进5　　　37. 车六进二　马2进3
38. 车六退二　马3退2　　　39. 车六进二　马2进3
40. 车六退二　马3退2　　　41. 车六进二　马2进3
42. 车六退二　炮2进9　　　43. 仕六进五　车4平3
44. 炮六平二　卒7进1

援军一到，红难抵抗。倘若炮2退1，车六平七，车3进6，炮二退五，车3退4，黑棋亦胜势。

45. 炮二进三　象5退7　　　46. 炮二退一　士5进4
47. 炮二退一　象3进5　　　48. 帅五平六　马3退1（黑胜）

点评：似乎"盘河马高右炮"并非十分神奇，但是能抵挡中炮的攻击。

第42局 中炮倒骑河炮对盘河马高右炮

刘启东 负 蔡佑广

（2013年5月11日弈于广州第一届文园杯象棋公开赛）

1. 炮二平五　马8进7
2. 马二进三　车9平8
3. 车一平二　马2进3
4. 兵七进一　卒7进1
5. 车二进六　马7进6
6. 炮八进三　炮2进1
7. 车二退二　马6进7
8. 炮五平七（图136）……

"卸中炮"是江苏刘启东抛出最新改进型布局飞刀！

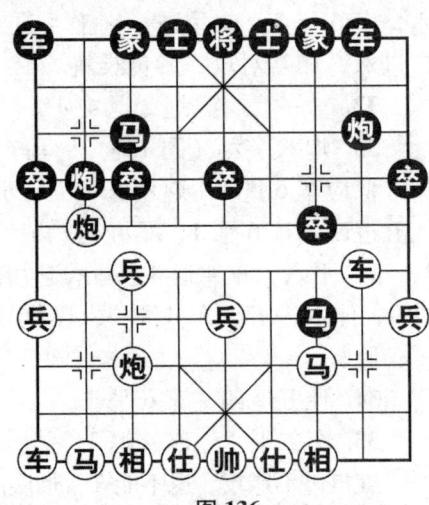

图 136

8. ……　　　　象3进5
9. 炮七进四　车8进1
10. 马八进七　车1进1
11. 车九进一　炮8平7
12. 车九平二　车8进4
13. 车二进三　车1平4
14. 仕四进五　……

似可车二平六，车4平8，炮八退二，炮2退2，炮八平三，炮7进4，相三进五，炮2平7，炮七平一，静观其变尚无大碍。

14. ……　　　　车4进3
15. 炮八退二　车4进2
16. 炮八平七　……

似应炮八退一为宜。

16. ……　　　　炮2进4
17. 马三退一　士4进5
18. 兵七进一　炮2平1
19. 马一进二　象5进3
20. 车二平八　炮2平4
21. 马二进三　象3退5（图137）
22. 后炮进一　……

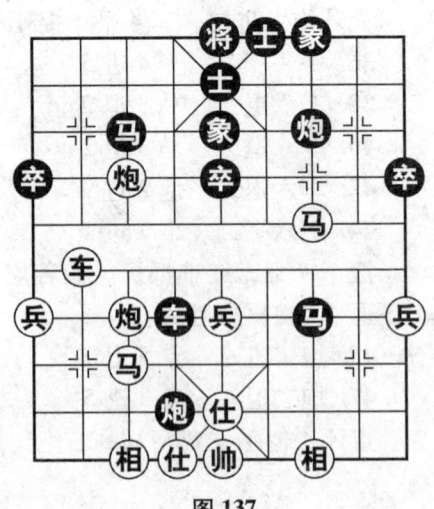

图 137

第4章 中炮倒骑河炮对盘河马冲7卒逐车

似可马三进四，士5进6，后炮进四，炮7进7，车八进五，车4退6，车八平六，将5平4，后炮平一，红棋尚可一战。

22. ……　　　车4退3　　　23. 马三进一　炮7进7

炮轰底相，红难应付。

24. 车八进二　马3退1　　　25. 车八平九　卒5进1
26. 马一退二　炮7平9　　　27. 车九进二　车4平3
28. 车九退四　车3平8　　　29. 马七进六　士5退4

后院空虚，退士细腻老练！似可卒5进1，炮七平五，马7退5，兵五进一，车8进2，黑棋胜势。

30. 马六进四　……

兑子暂解燃眉之急，无良策退敌。

30. ……　　　马7退6　　　31. 马二进四　车8进6
32. 仕五退四　车8退5　　　33. 帅五进一　炮4平1
34. 车九平八　车8平6（黑胜）

点评："卸中炮"新着的攻击力较弱，重演此阵没便宜。

第43局　中炮倒骑河炮对盘河马高右炮

蒋志梁　胜　万跃民

（1986年11月22日弈于湘潭全国象棋个人赛）

1. 炮二平五　马8进7　　　2. 马二进三　车9平8
3. 车一平二　卒7进1
4. 车二进六　马2进3
5. 兵七进一　马7进6
6. 炮八进三　炮2进1
7. 车二退二　卒7进1（图138）

象棋大师万跃民抛出最新布局飞刀！

8. 车二平三　炮8平6
9. 马八进七　象3进5
10. 车九进一　士4进5
11. 车九平六　车8进6
12. 炮八退二　车1平4

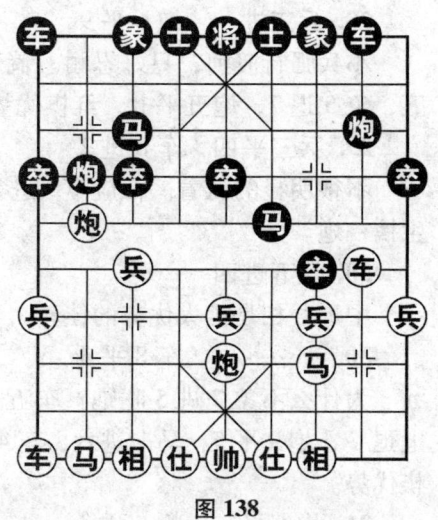

图138

似可卒3进1，兵七进一，象5进3，兵五进一，车8平7，车三退一，马6进

7，黑可抗衡。

13. 车六进八　士5退4

应马3退4为宜。

14. 兵五进一　车8进2

倘若车8平7，马三进五，车7退1，马五进三，马6进7，兵五进一，马7进5，相七进五，卒5进1，马三进五，士4进5，马五进七，红棋稍优。

15. 仕六进五　士4进5　　　　16. 马三进五　马6进5

17. 马七进五　炮2进2　　　　18. 车三进二　炮2退2

19. 兵五进一　……

强行突破，佳着！

19. ……　　　　卒3进1

倘若车8退4，兵五进一，炮2平5，炮五进四，车8平5，炮五进二，士6进5，马五进三，车5退1，车三平五，马3进5，马三进五，卒3进1，炮八平五，炮6平7，相七进五，马5退3，兵七进一，象5进3，红棋优势。

20. 车三退二　卒5进1　　　　21. 兵七进一　炮2平5

22. 马五进七　炮5进4　　　　23. 相七进五　车8退5

24. 炮八平五　卒5进1

弃卒引车，好棋。

25. 车三平五　象5进3　　　　26. 车五进一　……

看似平凡无奇，实是精细的控盘佳着。

26. ……　　　　象3退5　　　　27. 兵三进一　将5平4

28. 兵三进一　炮6平9

小兵强行渡河，只好忍耐。倘若象5进7，车五平三，象7进5，车三平五，象5退7，炮五平七，红棋优势。

29. 兵三平四　车8进2

不很明显的软着。似应卒9进1伴装走闲。倘若红棋炮五进四，炮9平6，生擒一炮。

30. 炮五进四　……

中炮轰相是扩大优势的佳着。

30. ……　　　　车8平4

为什么不象7进5吃炮？车五进二，炮9进4，车五平七，车8平4，车七退一，炮9平5，马七进六，车4平2，车七进三，将4进1，车七退九，红棋优势。

31. 炮五平三　炮9进4　　　　32. 炮三退四　车4退1

第4章 中炮倒骑河炮对盘河马冲7卒逐车

似应炮9退1，炮三进一，车4退1，车五平六，马3进4，炮三平六，将4平5，马七进六，马4进2，兵四平五，马2进3，马六进七，将5平4，炮六进一，炮9平4，黑棋尚有和棋之望。

33. 车五退一　马3进2　　　34. 车五平三　象7进5
35. 兵四平五　车4进2　　　36. 兵五进一　马2进1
37. 马七进五　车4退2（图139）

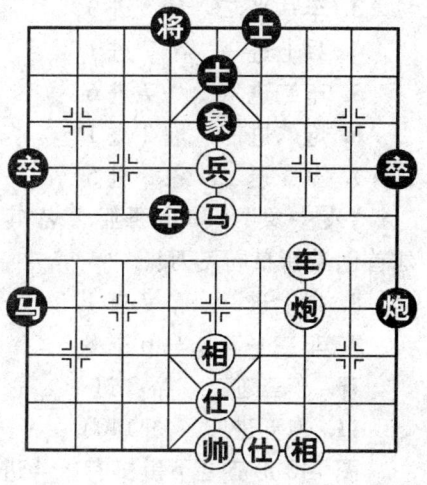

图139

38. 兵五进一　……

弃马吃象，凶悍有力！

38. ……　　　车4平5
39. 车三平六　士5进4
40. 兵五平六　将4平5
41. 兵六进一　士6进5
42. 车六平二　马1退2

鞭长莫及。倘若车5平7，炮三平五，将5平6，车二平四，士5进6，兵六平五，车7退2，炮五平四，红胜。

43. 仕五进四　……

精巧！亦可车二进五，士5退6，炮三进六，士6进5，炮三退四，士5退6，炮三平八，车5平4，车二退六，车4退3，车二平一，红胜。

43. ……　　　马2退4　　　44. 车二进五　士5退6
45. 炮三进六　士6进5　　　46. 炮三退八　士5退6
47. 车二退六　炮9退1　　　48. 车二平七　……

亦可车二进一，炮9进1，炮三平五，炮9平5，炮五进二，车5进2，车二平八，绝杀红胜。

48. ……　　　炮9平5　　　49. 仕四进五　马4退2
50. 车七进四　士6进5　　　51. 车七平八　炮5平4

无奈之策。

52. 车八平二　车5平4　　　53. 车二进二　士5退6
54. 炮三进八　士6进5　　　55. 炮三退八　士5退6
56. 兵六平七　炮4平6　　　57. 车二退三　士6进5
58. 车二平五　卒9进1　　　59. 仕五进六　炮6退4
60. 相五进七（红胜）

点评："弃卒反击"的新战术导致被动防御，重演此阵没前途。

第44局　中炮倒骑河炮对盘河马高右炮飞右象

1. 炮二平五　马8进7
2. 马二进三　车9平8
3. 车一平二　马2进3
4. 兵七进一　卒7进1
5. 车二进六　马7进6
6. 炮八进三　炮2进1
7. 车二退二　象3进5

"飞中象"，马来西亚著名棋手郑奕廷首创最新布局飞刀！

8. 兵七进一　卒7进1
9. 车二平三　马6退8
10. 车三进二　卒3进1
11. 炮五进四（图140）……

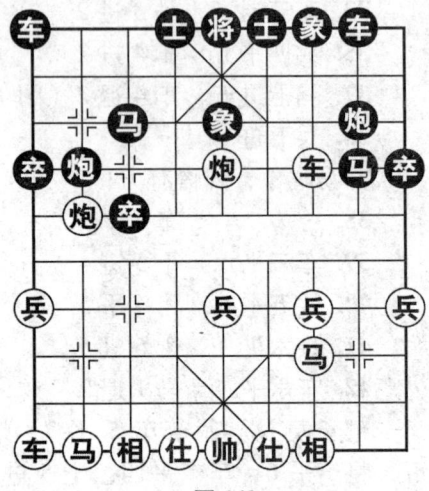

图140

图140形势之下黑棋有士4进5与马3进5两种选择。

（甲）士4进5

郑奕廷　胜　吴裕成

（2000年7月1日弈于加拿大全加象棋赛）

11. ……　　　士4进5　　12. 炮五退一　炮2进6
13. 车九平八　炮8平6

倘若炮8平9，炮八进二，车1平2，车八进六，卒9进1，兵三进一，炮9进1，车三平二，炮9平2，车二进三，车2进2，车二平三，炮2进1，车三退四，车2进1，车三平一，红棋优势。

14. 炮八进二　马8退9　　15. 兵三进一　车8进3

倘若车1平2，车三平八，车2平4，马三进四，车8进6，马四进三，车8平5，相七进五，红棋优势。

16. 兵三进一　车1平4　　17. 车八进六　车4进4
18. 兵三平四　车8平7　　19. 车八平三　卒3进1
20. 相三进五　卒3进1　　21. 仕四进五　将5平4（图141）
22. 马三进二　……

似可车三平一，马9进7，车一平三，马7退8，车三平九，红棋优势。

第4章 中炮倒骑河炮对盘河马冲7卒逐车

22. ……　　　卒9进1

倘若炮6平9，车三平九，红棋亦优势。

23. 炮五平一　车4进1
24. 马二进一　炮6平9
25. 炮一进二　象7进9
26. 车三平七　马3退2
27. 炮八平一　卒3平4
28. 车七平五　象5退7
29. 炮一平二　车4退3
30. 炮二退三　卒4平5
31. 车五退三　车4进1
32. 马一退三　马9进8
33. 兵四平五　马2进4　　34. 马三退五　马8退6
35. 马五进七　将4平5　　36. 马七退八　车4平2
37. 马八退六　……

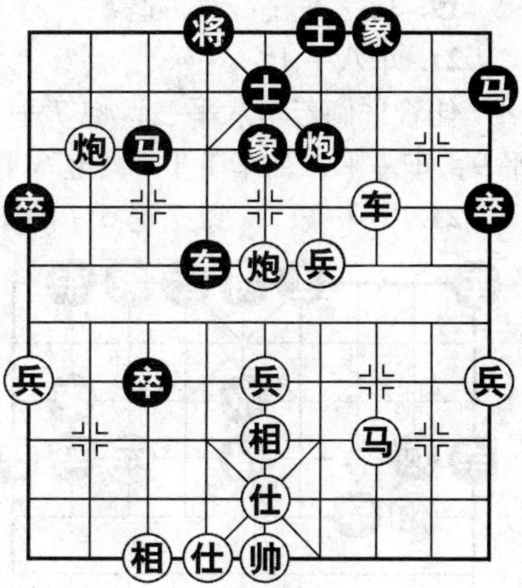

红棋净多双兵而胜势已定。

37. ……　　　车2平8　　38. 炮二平三　马4进3
39. 马六进七（余略，终局红胜）

点评："飞中象"飞刀遭到七兵渡河的攻击，效果不佳。

（乙）马3进5

黄向晖 胜 许国义

（2011年7月28日弈于肇庆广东省象棋锦标赛）

11. ……　　　马3进5（图142）

象棋大师许国义抛出最新布局飞刀！

12. 车三平五　炮2进6　　13. 车五平二　炮2退3
14. 车九平八　炮2平7

倘若炮2平4，炮八进四，士4进5，兵五进一，炮4退4，马三进五，炮4平2，炮八退一，车8平9，马五进三，红棋仍优势，但比实战要好。

15. 炮八进四　象5退3　　16. 相三进五　车1进2
17. 车八进八　……

红车犹如一把尖刀，插向敌方心脏地带！

17. ……　　　象7进5　　18. 兵五进一　士6进5

图141

19. 马三进五　炮7退5　　　20. 车八退二　象5进7
21. 车八平七　……

佳着！倘若车八平三，炮7平8，车二平一，前炮进7，相五退三，前炮平9，车一平二，车1平2，炮八平九，车2退2，红棋无趣。

21. ……　　　象7退5（图143）　22. 车七平三　……

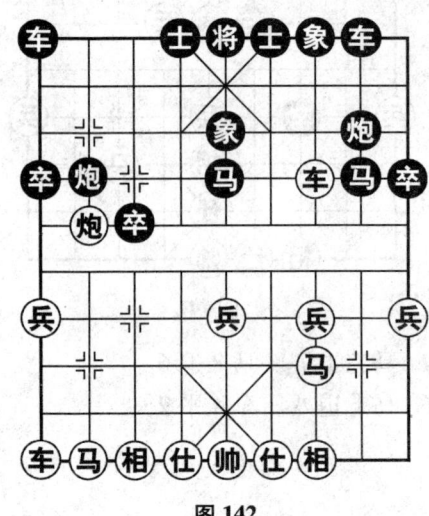

图 142

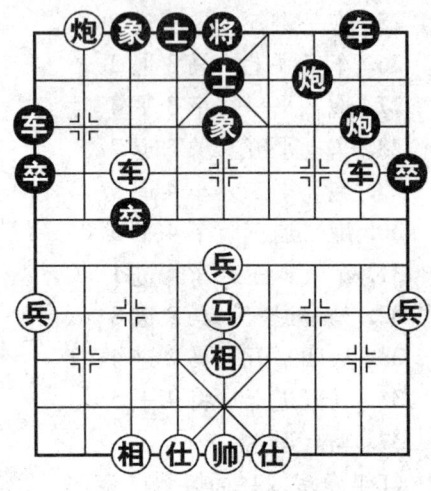

图 143

似应马五进三，车1平2，马三进四，车8进1，炮八平九，车2退2，车七平九，象3进1，车九进一，炮8平1，车二进二，士5进6，马四进六，将5平6，车二进一，炮7退1，马六退八，车2平1，马八进七，车1进1，马七退五，车1平5，车二平三，将6进1，马五退七，炮1平2，兵五进一，红棋胜势。

22. ……　　　炮7平9
23. 车三进二　炮9进5
24. 车三退一　炮9平1
25. 炮八退三　象5退7
26. 炮八进一　炮8退1
27. 兵五进一　象7进5
28. 炮八进一　士5退6
29. 炮八退二　炮1平4（图144）
30. 兵五平六　……

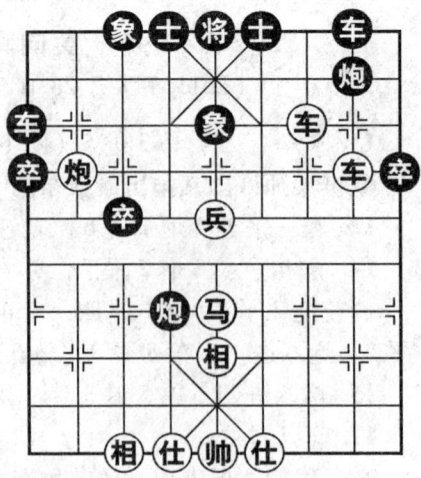

图 144

似应车三进一，炮8进1，车三平

第4章 中炮倒骑河炮对盘河马冲7卒逐车

六，炮4平2，马五进四，士6进5，马四进三，炮2平5，仕六进五，车8进1，炮八进三，红棋胜势。

30. ……　　　　车1平4　　　31. 马五进三　　车4进2
32. 马三进四　　炮4平5　　　33. 仕六进五　　……

倘若仕四进五会什么样呢？炮8平3，相七进九，车8进3，炮八平二，车4进1，车三退四，炮5退2，车三进二，炮5进2，炮二进三，象5退7，车三平五，士4进5，车五进三，将5平4，车五退五，红棋亦胜势。

33. ……　　　　车4进2　　　34. 炮八进三　　象5退7
35. 车三平六　　……

似可车三平七，车4退5，车七进二，红棋胜势。

35. ……　　　　车4退4　　　36. 马四进六　　将5进1
37. 马六退四　　将5退1　　　38. 马四进三　　将5进1
39. 车二平五　　将5平6　　　40. 车五平四　　将6平5
41. 车四平五　　将5平6　　　42. 车五退三（余略，终局红胜）

点评："飞右象"似乎有害无益，重演此局后果严重。

第5章　中炮过河车对盘河马右象

1958年全国象棋个人赛在广州举行，年方22岁的孟立国第一次参加全国大赛，与山东名手方孝臻相遇。孟立国在中路猛攻，双方演绎中炮对盘河马之阵斗法。出人意料的是孟立国突发独创"中炮过河车冲中兵"，从此开辟出中路攻击盘河马的新天地。

第45局　中炮过河车冲中兵对冲卒逐车巡河炮

1. 炮二平五　马8进7
2. 马二进三　马2进3
3. 车一平二　车9平8
4. 兵七进一　卒7进1
5. 马八进七　象3进5
6. 车二进六　马7进6
7. 兵五进一（图145）……

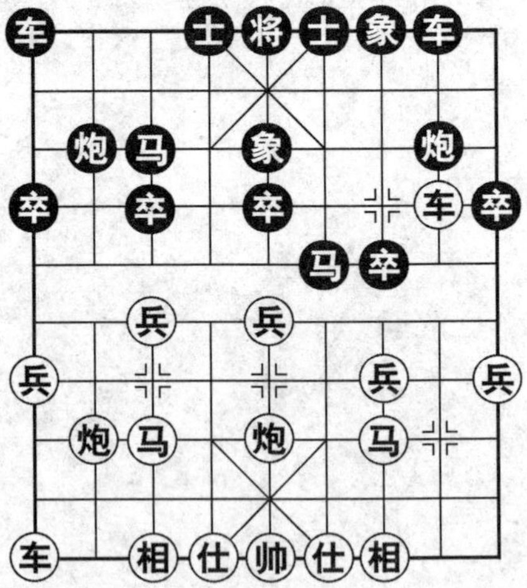

孟立国首创攻击盘河马最新布局飞刀！具有划时代意义，从而掀起一场轰轰烈烈的炮马大战。

7. ……　　　卒7进1
8. 车二平四　卒7进1
9. 车四退一　卒7进1
10. 兵五进一　炮8平7
11. 相三进一　士4进5
12. 马七进五　车8进6
13. 马五进六　炮2进2

图145

"巡河炮"是青岛著名棋手方孝臻创发的防御杰作。

14. 兵七进一（图146）……

孟立国抛出第二柄飞刀！用以阻击黑炮轰中兵，并给八路炮打7卒赢得宝贵时机。

第5章 中炮过河车对盘河马右象

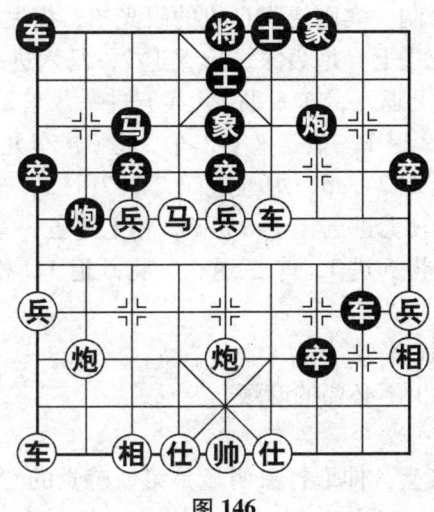

图146

图146形势之下黑棋有卒3进1与炮2平1两种选择。

（甲）卒3进1

孟立国 负 方孝臻

（1958年11月29日弈于广州全国象棋个人赛）

孟立国，生于1936年，辽宁新宾人，于2008年8月13日逝世，享年72岁。曾在20世纪中期与王嘉良誉称为"东北双虎"，以攻杀凌厉、棋风剽悍而驰誉棋坛。尤其是杀象入局堪称弈林一绝，令人叹为观止，被誉称为"杀象能手"。

孟立国先生征战弈林几十载，战绩彪炳功勋卓著：
1960年、1974年全国象棋个人赛第六名，1962年、1965年全国象棋个人赛第五名，1987年国际邀请赛亚军，1982年获象棋国家大师称号，1998年获象棋特级大师称号。

方孝臻，1922年生于山东即墨，师承山东棋圣邵次明。中残局功夫十分强大，是中国最早先手飞相的棋手，曾以飞相战胜众多名将。曾蝉联青岛1956年至1960年五届冠军；并于1960年获全国象棋个人赛第六名。方孝臻先生英年早逝，于1971年逝世，享年49岁。

14. ……　　　卒3进1　　15. 炮八平三　车1平4

似应车8平2封锁红车为佳，车九进一，马3进4，兵五平六，炮7平8，车四平二，炮8平9，黑棋尚可一战。

16. 车四进三　……

看似是叫杀摆脱牵制，实则错失良机的眼光招，痛失佳局殊为可惜！

作者拙见，应炮三进七弃炮轰象，象5退7，马六进七，以下黑棋有两种选择：①车4进2，马七退八，车8平2，兵五进一，车2退2，车四平三，将5平4，仕四进五，车2退3，车三平七，车2退3，车九进二，炮7平9，车七退二，红棋胜势。②炮2平5，炮五进四，炮7平5，车四平五，车4平3，车九平八，车8平4，马七进五，士6进5，相七进五，车3平4，车五平三，将5平6，车三进四，将6进1，车三退一，将6退1，相一退三，前车平5，车三退二，红棋胜势。

16. ……　　炮7平6

应炮7平8，可减少不必要的麻烦。

17. 炮三进五　……

当年孟立国年轻气盛，伸炮打象明显是第一感觉的"眼光招"。应车九平八，炮2平4，兵五平六，马3进4，车八进六，车8平5，相一进三，象7进9，炮三退一，乱战之下胜负难料。

17. ……　　马3进4　　　18. 兵五平六　车4进4

19. 车九平八　……

开出左车，势在必行。倘若轻率发动攻势而炮三平五，将5平4，仕六进五，炮2退3，后炮平六，车4进3，车四退一，士5进6，仕五进六，象7进5，黑棋胜势。

19. ……　　炮2进2　　　20. 炮三平五　……

猛攻快打容易出毛病。似应仕六进五为宜。

20. ……　　将5平4

21. 仕六进五　车4退2

22. 后炮进一　……

速败之着！倘若车八进二，卒3进1，兵九进一，车8平3，相七进九，炮6进4，车八平六，车4进5，仕五进六，炮6退4，前炮平八，车3平4，仕四进五，车4退4，炮八进一，炮2平5，红棋也难招架。

22. ……　　炮2退4（图147）

巧妙！一炮定输赢！

23. 相一退三　……

无可奈何花落去！倘若前炮平八，

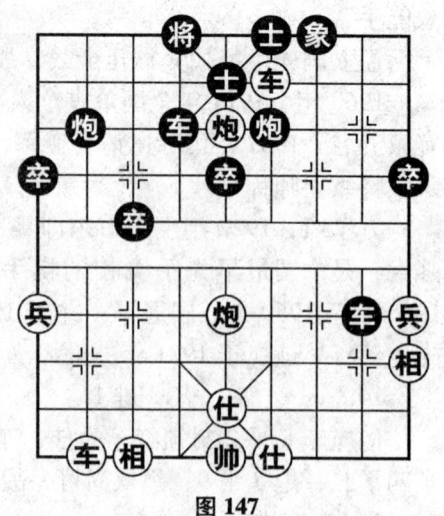

图147

第5章 中炮过河车对盘河马右象

车8平5，相七进五，炮6平2，黑棋亦胜势。

23. ……　　　　炮2平5　　24. 炮五进四　车8平4

"死子不急吃"。

25. 车八进九　将4进1　　　26. 相三进五　……

倘若车四平二，象7进5，车八平四，前车平3，相三进五，车4进6，相七进九，车3平2，绝杀黑胜。

26. ……　　　　后车平5　　27. 车八平七　炮6进4（黑胜）

点评：孟立国飞刀震惊弈林，出师未捷留下遗憾。

（乙）炮2平1

上局，孟立国的新着遭到毁灭性打击。也许在名人效应影响之下，从此没人敢重演此阵。那么"孟氏飞刀"还能不能再借用一试呢？

14. ……　　　　炮2平1（图148）

平炮打车为制止红炮打兵赢得时间。

15. 车九平八　车1平2

出车链炮，使红炮不能右移打卒。

16. 兵九进一　……

倘若兵五进一，马3进5，车四进三，卒7平6，炮五进五，士5进6，炮八进三，卒6进1，车四退一，炮7平5，马六进五，车8平5，仕四进五，象7进5，兵七进一，车5退2，以下红棋有两种选择：①炮八进一，车5平8，车四退六，炮1平5，相七进五，马5进3，相一退三，车8平7，相三进一，马3进4，

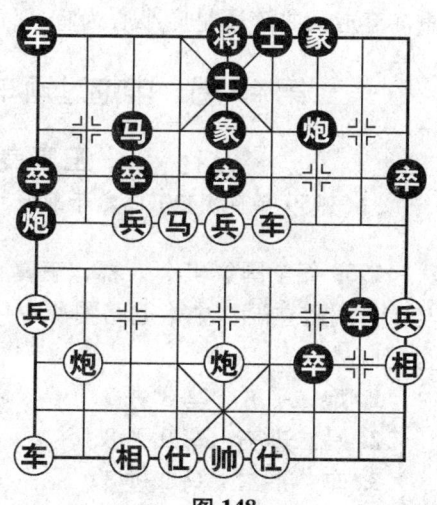

图148

车四进五，车7退1，车四退三，车7平3，车四平六，车2进3，车八进六，车3平2，黑棋优势。②车四退六，车5平2，车八进五，车2进4，兵九进一，马5进4，兵九进一，卒1进1，车四进五，车2平3，黑棋优势。

16. ……　　　　炮1平4　　17. 兵五平六　卒3进1

18. 车四进三　士5进6（图149）　19. 兵六进一　……

为什么不车四退一吃士？炮7进2，兵六平五，车8平5，兵五平四，炮7进2，仕四进五，士6进5，车四平三，车2进6，黑棋优势。

19. ……　　　　炮7进3　　20. 炮五进五　……

倘若炮五退一，炮7平6，车四退一，车2进5，兵六平七，马3退4，车

四进一，卒 7 进 1，黑棋优势。

20. ……　　　车 2 进 6
21. 兵六进一　马 3 进 4
22. 炮八平五　炮 7 平 4

倘若车 2 进 3 吃车，兵六进一，绝杀红胜。

23. 兵六进一　炮 4 退 4
24. 车八进三　车 8 平 2
25. 车四平六　马 4 退 5（黑棋多卒优势）

点评：此乃作者闭门造车，抛砖引玉，仅供参考。黑棋的反击力不可小觑，重演弃七兵之阵还是应小心为宜！

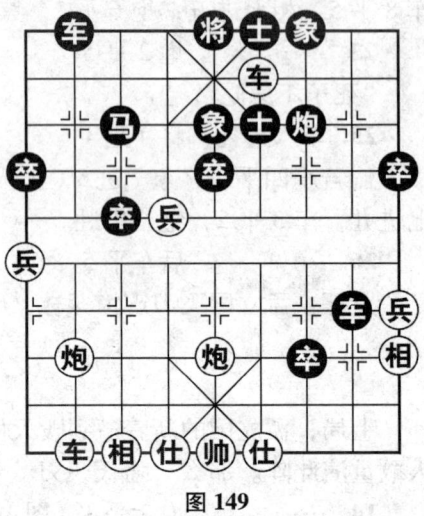

图 149

第 46 局　中炮过河车冲中兵对冲卒逐车巡河炮

王嘉良　和　杨官璘

（1959 年 9 月 20 日弈于北京中华人民共和国第一届全国运动会）

1959 年全国象棋个人赛，王嘉良与杨官璘狭路相逢。王嘉良抛弃肋道捉马，借用孟立国"中炮七路马冲中兵"发起攻势。杨官璘以镇山宝"盘河马"奋起应战。

1. 炮二平五　马 8 进 7
2. 马二进三　车 9 平 8
3. 车一平二　马 2 进 3
4. 兵七进一　卒 7 进 1
5. 车二进六　马 7 进 6
6. 马八进七　象 3 进 5
7. 兵五进一　卒 7 进 1

"冲卒逐车"，势在必行。绝不能让红棋冲中兵兑马的战略实现。倘若士 4 进 5，兵五进一，卒 5 进 1，马七进五，卒 5 进 1，炮五进二，卒 7 进 1，车二平四，马 6 进 5，马三进五，红优。

8. 车二平四（图 150）……

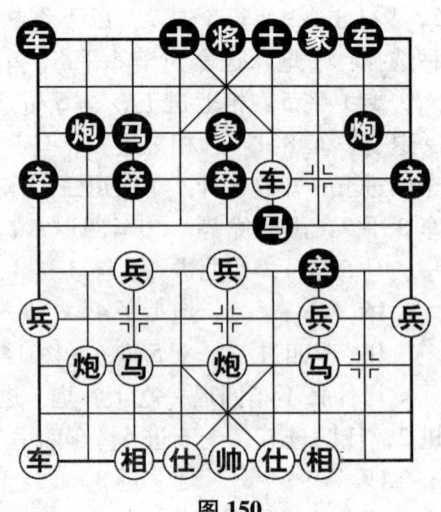

图 150

第5章 中炮过河车对盘河马右象

肋道捉马绝对是久经考验的经典战术。但是有一种反潮流的创新观点，创出这步车二退一捉马的新潮思路。可是给人这样一种疑问：为什么在高水平棋手的实战中很少有车二退一捉马的呢？本书第52局回答了这一问题。

8. ……　　　卒7进1

倘若马6进7则是另外一大变化。

9. 车四退一　卒7进1　　10. 兵五进一　炮8平7
11. 相三进一　士4进5　　12. 马七进五　……

当年追求快节奏的攻杀，而现在流行远距离作战的战略。

12. ……　　　车8进6（图151）
13. 马五进六　……

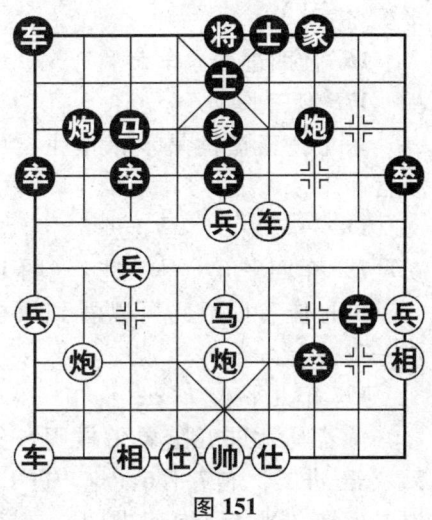

图151

为什么不马五进三？炮2进3，以下红棋有两种选择：①马三进四，炮7平6，马四退二，卒7进1，兵五进一，马3进5，车四平五，卒7平6，炮五进四，卒6进1，帅五平四，车8进3，帅四进一，车1平4，炮八退二，车4进8，仕六进五，车8退1，帅四退一，炮2进3，黑棋胜势。②炮八平三，炮7进5，马三进四，卒5进1，车九平八，车1平2，车四平五，炮2退4，车五平八，车8平6，马四进六，将5平4，前车进三，车2进1，车八进八，车6平4，马六退五，车4进3，帅五进一，车4退5，马五退三，马3进5，黑棋优势。

13. ……　　　炮2进2

巡河炮是方孝臻首创的飞刀，杨官璘用来大战王嘉良。

倘若车8平7，兵五进一，马3进5，车四平五，车1平4，炮五进四，车7平4，相七进五，后车进4，车五平六，车4退2，炮八平三，象7进9，车九进二，车4退1，炮五退一，车4进3，局势平稳。

14. 炮八平三　炮2平5

2007年4月21日全国象棋团体赛刘奕达与张广增之战：车8平4，兵七进一，卒3进1，炮三进七，象5退7，马六进七，炮2平5，炮五进四，象7进5，车四平五，车7平3，炮五平二，车4平8，车五进二，和棋。

15. 炮五进四（图152）　车8平5

"见将就将"，使局势复杂化。

似应马3进5,车四平五,车8平7,以下红棋有两种选择:①炮三平五,马5进7,车九进一,马7进6,车五平四,车1平4,车九平四,马6进4,后车平六,马4退3,车四进三,车7进1,车六进三,车7平9,黑棋有攻势。②车五进一,车7进1,车九进二,车7退1,平淡之势。

16. 仕四进五　车5平7
17. 炮三平五　……

东北虎王嘉良是攻杀圣手,焉能轻易言和。

17. ……　　　马3进5
18. 车四平五　马5进7(图153)

抢先佳着!至此可以看到黑棋多走了一步补士。

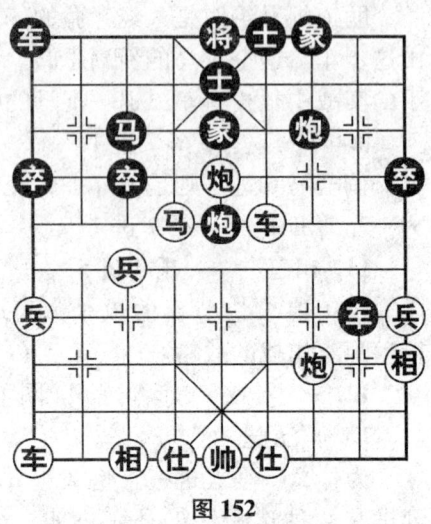

图152

19. 车九平八　……

倘若马六进五踏象怎样呢?象7进5,车五进二,炮7平6(炮7进1,车五退二,炮7平5,炮五进四,马7退5,车五进一,车7平9,车五平七,和棋之势),以下红棋有两种选择:①车九进二,车1平4,车五退二,车7平4,车五平三,炮6平5,帅五平四,前车平6,炮五平四,炮5平6,帅四平五,炮6进5,仕五进四,车4进6,和棋之势。

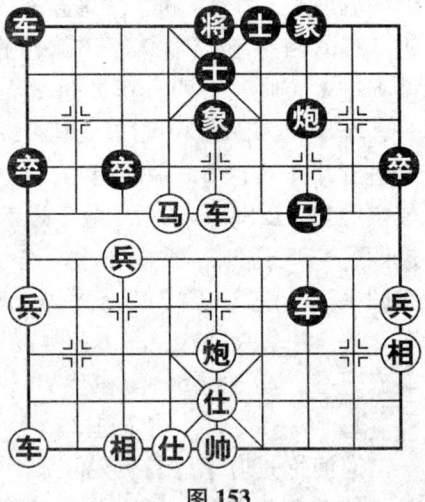

图153

②车五平九,士5退4,前车进二,马7进8,仕五进四,马8进7,帅五进一,炮6平8,帅五平四,车7平6,仕六进五,炮8进6,帅四退一,炮8退4,帅四进一,车6退4,炮五进二,炮8进4,帅四退一,炮8退2,黑胜。

19. ……　　　马7进6

由于前面"魔叔"随手将了一军的后遗症显现出来,倘若红棋没有补仕,黑可马6进4挂角。

20. ……　　　马6进7　　21. 车四退四　车1平4
22. 车八进五　炮7平6

20. 车五平四　……

第5章 中炮过河车对盘河马右象

"魔叔"的风格是以实力取胜。倘若搏杀则马7退9，另有复杂争斗。

23. 马六进八　炮6退1　　　24. 车八平五　车4进2
25. 车五进一　将5平4
26. 车五平七（图154）……

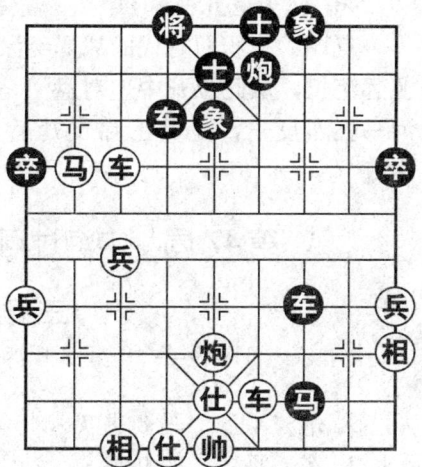

图154

似佳实劣，差一点输棋！似应炮五平六，将4平5，车五平七，车4进3，兵七进一，红棋安然无恙。

26. ……　　　　车4进4

错失良机，似应士5进6，炮五平四，马7退9，以下红棋有五种选择：①炮四平六，车4进5，仕五进六，炮6进7，车七平六，将4平5，马八进七，将5进1，车六平二，将5平4，车二退四，炮6平3，马七退六，车7进3，帅五进一，马9进8，黑棋多子优势。②炮四进六，车7进3，仕五退四，车4进7，帅五进一，车7退3，车四进二，车4退1，帅五退一，马9进7，车四退二，车7平5，仕四进五，车4进1，绝杀黑胜。③车七进三，象5退3，马八进六，炮6平5，仕五进六，将4进1，马六退四，车7平5，帅五平四，车5平8，帅四平五，马9退7，车四平六，车8进3，炮四退二，车8退6，马四退三，车8平7，炮四平三，马7进5，仕六退五，马5退4，仕五进四，车7进2，炮三进三，炮5进2，黑棋胜势。④车七平三，车4进4，车三退三，马9退7，炮四进六，马7进6，炮四退七，车4平1，黑棋胜势。⑤车七平二，进4进6，马八进七，炮6进6，车二平六，车4退5，马七退六，车7进3，仕五退四，炮6进2，黑棋胜势。

27. 兵七进一　士5进6　　　28. 炮五平六　车4进1
29. 车四平三　车7平5　　　30. 兵七平六　车4平9

倘若车4退3，车七进三，象5退3，马八退六，车5平9，车三进八，将4平5，车三退七，炮6平5，相七进五，车9平1，车三平四，车1平4，和棋之势。

31. 车三退一　士6退5　　　32. 车三平四　炮6平7
33. 车七平六　将4平5　　　34. 车六平三　炮7平8
35. 车三进二　车9平8

细腻。倘若炮8进1，马八进七，将5平4，车三退二，黑棋无事生非。

36. 兵六进一　炮8进1　　　37. 兵六进一　炮8平4

鸣金收兵，否则红棋四子攻城，不可抵挡。

38. 马八进六　士5进4　39. 车三平四　士4退5

40. 前车退五（和棋）

点评：一场划时代的战局经激烈搏斗，终于化干戈为玉帛。其深远的影响源远流长，从此拉开中炮对盘河马厮杀的序幕。由于中炮七路马冲中兵遭到盘河马强烈反击，尤其王嘉良劫后余生，后来的大型比赛中这种战术越来越少见。

第47局　中炮过河车冲中兵对冲卒逐车巡河炮

王羽屏　负　赵振寰

（1959年10月2日弈于北京全国个人赛经验交流赛）

1. 炮二平五	马8进7	**2.** 马二进三	马2进3
3. 车一平二	车9平8	**4.** 兵七进一	卒7进1
5. 车二进六	马7进6	**6.** 马八进七	象3进5
7. 兵五进一	卒7进1	**8.** 车二平四	卒7进1
9. 兵五进一	卒7进1	**10.** 车四退一	炮8平7
11. 相三进一	士4进5	**12.** 马七进五	车8进6
13. 马五进六	炮2进2		

14. 车四进一（图155）……

西安著名棋手王羽屏抛出最新探索型布局飞刀！

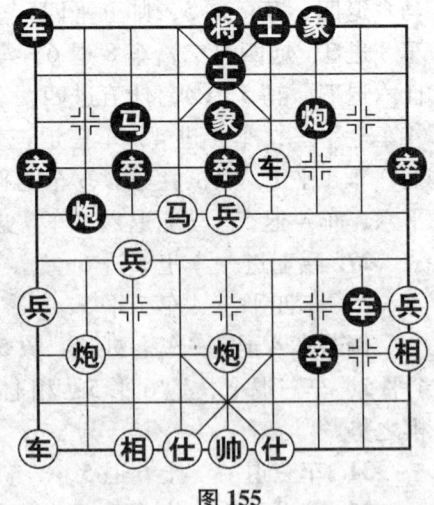

图155

14. ……　　　炮2平5

15. 仕六进五　车8平4

似可车1平4，马六进七，炮7平3，车四平五，车4进4，相七进九，车8平4，相一进三，卒7平6，炮八平四，将5平4，车五退一，后车平5，黑棋胜势。

16. 马六进七　炮7平3

17. 车四平五　炮5平1

似可炮5进2，相七进九，卒7进1，车九平六，车1平4，炮八平六，后车平2，黑棋优势。

18. 相七进九　……

另有两种选择：①车九平八，车4平2，车五平七，炮1平5，车七进一，卒7平6，车七退一，卒6平5，相七进五，车1平2，车七平五，炮5平2，车五平一，炮2进3，黑棋胜势。②炮八平九，炮3进3，炮五进二，炮3进1，炮九进三，卒1进1，黑棋优势。

18. ……　　　卒7进1　　　19. 炮八退一　……

似应车九平六，车4进3，仕五退六，车1平4，仕四进五，坚守为佳。

19. ……　　　车4进2　　　20. 炮八进四　车1平2

21. 炮八平二　炮1进3　　　22. 车五进一　……

孤注一掷！倘若相一进三，炮3进3，车五进一，车2进7，车九平六，车4进1，帅五平六，炮1平5，车五退五，车2进2，帅六进一，炮3平4，黑棋优势。

22. ……　　　炮1平9（图156）

弃炮轰相，精妙绝伦！

23. 车五平三　……

为什么不车五平七吃炮？将5平4，车九平六，车4进1，仕五退六，车2进7，黑棋胜势。

23. ……　　　炮3平5

24. 车三退六　……

倘若车三平五，炮9进2，炮二退五，卒7平6，车五平二，士5进6，车二退六，车4平5，帅五平六，车2平4，绝杀黑胜。

24. ……　　　炮9进2

25. 炮二退五　车2进8（黑胜）

点评：一气呵成的连珠妙杀令人叹为观止！红棋飞刀折断，重演红阵必败无疑。

第48局　中炮分车链炮对盘河马分卒捉炮

1960年全国象棋团体赛，全国冠军李义庭与北京棋王宋景岱之战，首创"分车链炮"新着，两战两胜，从此开辟新战场。

1. 炮二平五　马8进7　　　2. 马二进三　车9平8

3. 车一平二　卒7进1　　　4. 车二进六　马2进3

5. 兵七进一　马7进6　　　6. 马八进七　象3进5

7. 兵五进一　卒7进1
8. 车二平四　卒7进1
9. 车四退一　卒7进1
10. 车四平二　……

李义庭抛出最新布局飞刀！

10. ……　　　卒7平6
11. 炮五进一　卒6进1
12. 车九进一　卒6进1
13. 帅五平四（图157）……

图157形势下，黑棋有车1进1与车8进1两种选择。

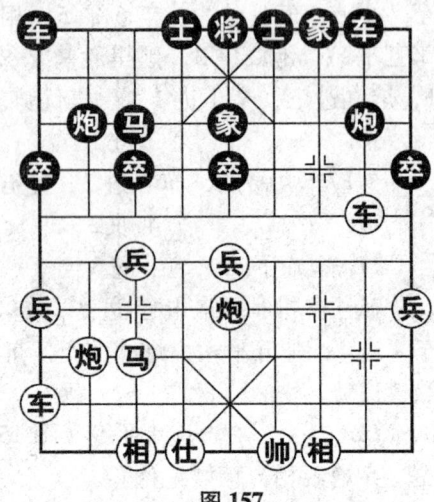

图 157

（甲）车1进1

李义庭　胜　宋景岱

（1960年10月20日全国象棋团体赛）

13. ……　　　车1进1　　14. 帅四平五　……

似可车九平四，士4进5，帅四平五，车8进1，炮五平二，马3退4，车四平三，车1平4，相三进五，车4进5，车三平二，车4平3，马七退五，炮2进3，兵五进一，卒5进1，炮二进四，卒3进1，前车平五，卒3进1，马五进三，炮2退3，车五平二，车8进1，前车进二，炮2平8，车二进六，红棋优势。

14. ……　　　车1平7　　15. 相三进五　车8进1
16. 炮八进四　炮2退1

倘若士4进5，炮八平五，炮8平9，车九平二，车8进3，车二进四，车7进2，兵五进一，炮2进2，车二退一，卒3进1，车二平五，卒3进1，车五平七，车7平8，车七平三，车8进6，帅五进一，车8退5，后炮平三，马3进5，兵五进一，红棋稍优。

17. 车九平四　炮8平9　　18. 车二进三　车7平8
19. 车四进五　车8进8　　20. 帅五进一　车8退1
21. 帅五退一　炮9进4　　22. 炮八平五　马3进5
23. 炮五进三　炮2平5　　24. 帅五平四（图158）……

先弃后取，精妙！倘若炮五进二，车8进1，帅五进一，士6进5，车四平一，车8退3，兵九进一，车8平3，兵五进一，卒3进1，兵七进一，车3

进1，车一退三，车3退3，和棋之势。

24. ……　　　炮5进2
25. 车四进三　将5进1
26. 车四退三　车8退2
27. 马七进六　炮5平4
28. 车四平六　车8平6
29. 帅四平五　车6平4
30. 兵五进一　炮9平1
31. 兵五进一　炮1平3

护兵正确。

32. 车六进三　……

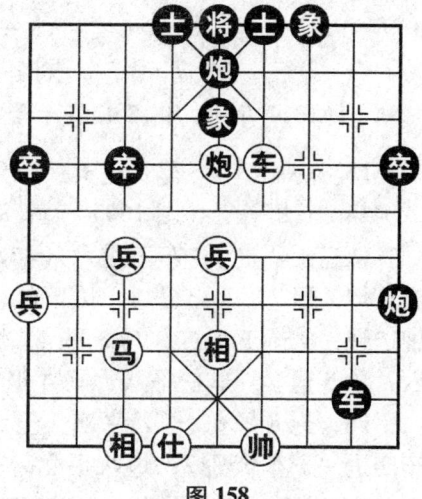

图 158

倘若马六进四，车4退3，兵五平六，卒1进1，马四退六，卒1进1，兵六平七，卒1平2，和棋之势。

32. ……　　　炮3进2
33. 帅五平四（图159）　……

出帅助攻，妙！

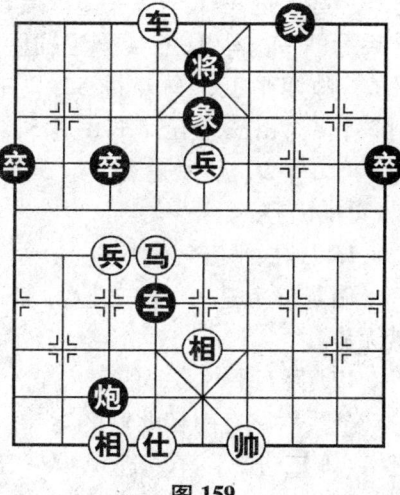

图 159

33. ……　　　象5进7

无奈！倘若炮3平4，车六平四，象5退3，车四退一，将5退1，马六进七，红棋亦胜势。

34. 车六平三　……

一马换双象，其势必英雄！

34. ……　　　车4退1
35. 车三退四　……

应车三退一，将5退1，再车三退三吃象为佳。

35. ……　　　车4进4　　**36.** 帅四进一　车4退1
37. 帅四退一　车4退6　　**38.** 帅四平五　……

现在就看到当初先打一将的妙处，因红车可平中抽车，抢先一步。

38. ……　　　炮3平8　　**39.** 车三平二　炮8平6
40. 车二平五　炮6退8　　**41.** 兵五平六　车4平5
42. 车五平四　炮6平2　　**43.** 兵六平七　车5平9（红胜）

点评：黑棋"高右车"的反击力较弱，在大型比赛中很少出现。

（乙）车8进1
刘冬平 胜 张翼
（2011年11月12日弈于景德镇市第二届景客隆杯象棋争霸赛）

13. ……　　　　车8进1
14. 车九平三（图160）　车8平6

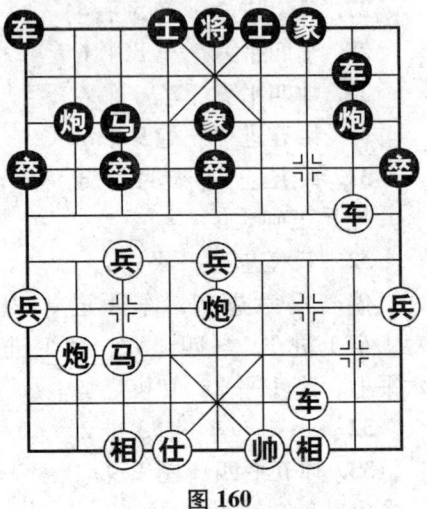

图160

似应士4进5，车三进六（如帅四平五，炮2退1）卒3进1，以下红棋有两种选择：①炮五平三，马3进4，炮三进六，象5退7，车三平八，马4退6，车二平四，炮8平6，车八平四，士5进6，车四进一，车1平2，炮八平九，车2退7，马七进五，车8平4，仕六进五，车4进5，马五进三，车2平3，黑棋优势。②兵七进一，马3进4，车三退一，车8平6，帅四平五，马4进5，马七进五，炮2平3，相三进五，车6进5，马五进七，车6平9，仕六进五，炮3进3，相五进七，车1平2，炮八平三，炮8平6，黑棋优势。

15. 帅四平五　　车6进1　　　　16. 兵五进一　　士4进5

倘若卒5进1，车三进八，卒5进1，炮五退一，士4进5，车三退三，红棋优势。

17. 兵五平六　　……

分兵六路有南辕北辙的意味。似应兵五平四，车1平4，兵四进一，车6进1，车二进二，车4进6，车三进三，车4平3，车二退五，红棋优势。

17. ……　　　　车1平4　　　　18. 车三平六　　炮2进4
19. 车六进三　　炮2平3　　　　20. 相七进五　　炮3平9

似应车4平2，炮八进一，炮3平1，炮八进一，车2进4，炮五平八，炮1进3，仕六进五，车2平1，车六退一，炮8平7，黑棋足可一战。

21. 兵六进一　　炮9进3　　　　22. 车二退五　　炮8平9（图161）
23. 炮五平一　　……

应帅五进一为宜。

23. ……　　　　后炮进4　　　　24. 车二平一　　车6进4
25. 兵六平七　　车6平3　　　　26. 车六进五　　马3退4

第5章 中炮过河车对盘河马右象

27. 马七退五　马4进2
28. 前兵平六　卒5进1
29. 马五进三　炮9平1
30. 炮八平九　车3进1

黑车不宜离开卒林要道，似应卒1进1，车一进六，卒1进1，车一退五，卒5进1，车一平六，车3平7，黑棋优势。

31. 炮九退一　炮1进1
32. 马三进五　车3平4
33. 车一进六　卒5进1
34. 马五进三　车4进1
35. 炮九退一　象5进7
36. 车一退三　车4退5

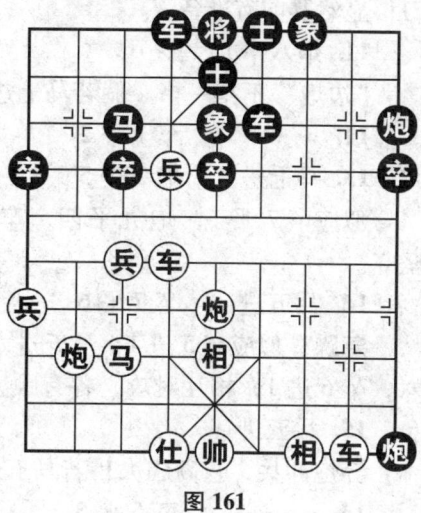

图 161

（余略，黑优，以后因黑棋丢子而终局红胜）

点评：黑棋"高左车"是抵抗力较强的战术。

第49局　中炮分车链炮对盘河马补右士

李义庭　胜　王嘉良

（1960年10月30日弈于北京全国象棋个人赛）

1960年全国象棋团体赛与个人赛在一起举行。李义庭在个人赛继续高举"分车链炮"的战旗，向盘河马专家王嘉良发出挑战。

1. 炮二平五　马8进7
2. 马二进三　车9平8
3. 车一平二　卒7进1
4. 车二进六　马2进3
5. 兵七进一　马7进6
6. 马八进七　象3进5
7. 兵五进一　卒7进1
8. 车二平四　卒7进1
9. 车四退一　卒7进1
10. 车四平二　士4进5（图162）

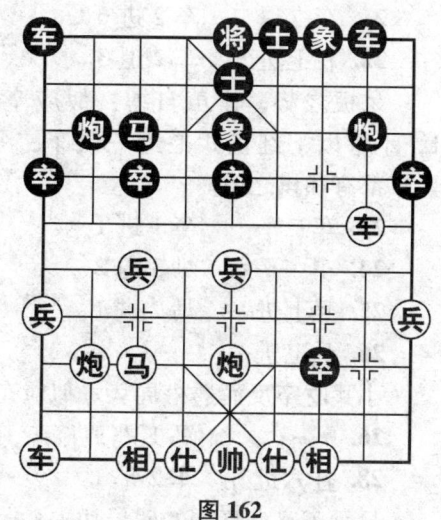

图 162

"补右士"是王嘉良首创最新布局飞

刀！显然赛前有准备。

11. 炮八平九　……

"边炮"不拘一格。倘若马七进五，卒7进1，炮五平二，红棋优势。

11. ……　　车1平2　　　12. 车九平八　车8进1
13. 马七进五　炮2进5

似应卒7平6，炮九平四，车8平6，炮四进三，炮8平9，黑棋尚可坚守。

14. 兵五进一　卒7平6

急躁！似应卒5进1，马五进六，马3退4，炮九进四，卒7平6，炮五平六，卒6进1，相互对攻，各有顾忌。

15. 兵五进一　……

弃炮冲兵，艺高胆大！若马五进六，也是红棋优势。

15. ……　　卒6平5　　　16. 炮九平五　象5退3

略显消极。似应车2进6，车二平五，马3退4，马五退七，炮8进5，车八进二，车2进1，炮五平八，炮8平2，车五平八，车8进2，兵五进一，马4进5，车八进四，士5退4，车八退七，车8进3，黑棋尚无大碍。

17. 马五进六　马3进5
18. 马六进七　炮8平5（图163）

弃车兑炮是当前最佳防御之策。

19. 炮五进五　象7进5
20. 车二进三　马5退3
21. 车二退二　车2进6
22. 相七进五　车2退3

呆板之势，作茧自缚！似应卒3进1，不管以下红棋兵七进一或车二平七，黑棋都有和棋之望。

23. 车二平一　卒1进1
24. 车一平六　马3退2
25. 兵七进一　马2进1
26. 兵七进一　……

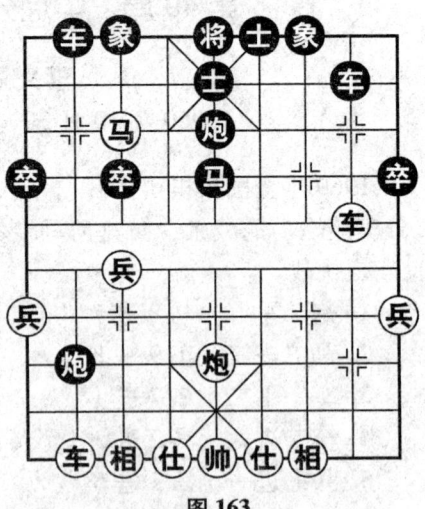

图163

小兵吃卒反而透松局势。似应车八进一，黑棋难有和棋之策。

26. ……　　马1进3　　　27. 兵一进一　炮2退2
28. 仕六进五　车2平1　　　29. 车八平七　卒1进1

显示王嘉良高深的残局功夫！

第5章 中炮过河车对盘河马右象

| 30. 兵九进一 | 车1进2 | 31. 车七进六 | 炮2平5 |

似应车1退1，黑棋尚有和棋之望。

32. 帅五平六	车1进4	33. 帅六进一	车1退7
34. 车七退二	炮5退1	35. 车六平五	炮5平4
36. 兵一进一	……		

小兵从容渡河增加黑方守和的难度。

36. ……	车1平4	37. 帅六退一	炮4平3
38. 帅六平五	车4进2	39. 兵一进一	象5退7
40. 兵一平二	象3进5	41. 车五平七	车4进2
42. 兵二平三	炮3平5	43. 后车平八	车4平1
44. 帅五平六	车1平4	45. 帅六平五	车4平1
46. 帅五平六	车1进3	47. 帅六进一	车1退9
48. 仕五进六	炮5平4	49. 帅六平五	炮4退2
50. 兵三平四	车1进9	51. 兵四平五	车1平6

"吃仕"是对杀的惯性思维！吃仕后，车炮对红棋的威胁等于零。

52. 兵五平六	炮4退2	53. 车七退三	车6退5
54. 车七平五	车6平4	55. 兵六平七	车4进3
56. 兵七进一	车4平3	57. 相五进七	车3平1
58. 帅五退一	车3进1	59. 帅五进一	车3平7
60. 兵七进一	……		

"双车兵对车炮士象全"是可胜可和残局，其胜负与残局水平有关。

60. ……	车7退1
61. 帅五退一	车7退3
62. 兵七平六	车7平4
63. 车八进四	车4平3
64. 车五平四	车3进4
65. 帅五进一	车3退1
66. 帅五退一	车3进1
67. 帅五进一	炮4平3
68. 车四进五（图164）	……

兵临城下形成三车闹士，二鬼拍门之势，黑棋难以抵挡。

| 68. …… | 士5进4 |
| 69. 兵六进一 | …… |

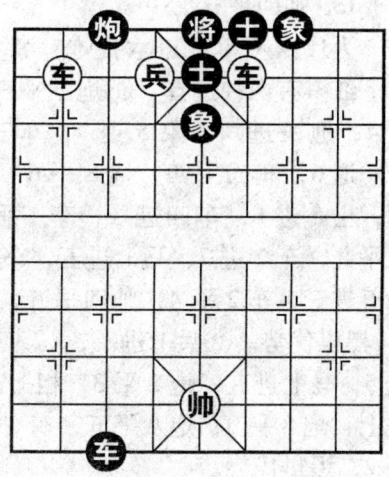

图164

绝妙!

69. ……　　将5平4　　70. 车八平六　将4平5

71. 车六退一（红胜）

点评：两位顶级棋手攻守相当精彩！值得学习。

飞刀折断，重演此阵小心为宜。

第50局　中炮分车链炮对盘河马分卒捉炮

言穆江 和 杨官璘

（1975年6月25日弈于上海第三届全运会象棋赛）

1. 炮二平五　马8进7　　2. 马二进三　车9平8
3. 车一平二　马2进3　　4. 兵七进一　卒7进1
5. 车二进六　马7进6　　6. 马八进七　象3进5
7. 兵五进一　卒7进1　　8. 车二平四　卒7平6
9. 车四退一　卒7进1　　10. 车四平二　卒7平6
11. 炮五进一　卒6进1　　12. 车九进一　卒6进1
13. 帅五平四　车8进1

"高左车"是杨官璘抛出的最新布局飞刀！

14. 车九平三　士4进5（图165）

补右士是顽强防御的佳着。

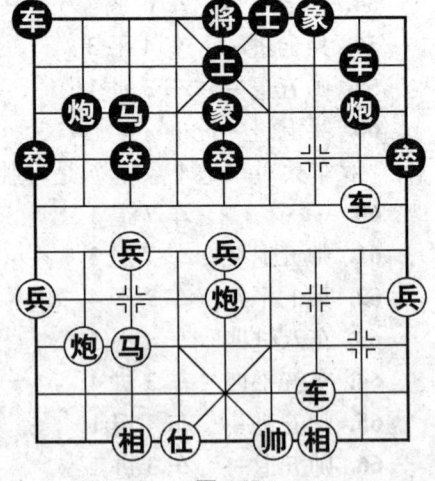

图165

15. 帅四平五　……

为什么不车三进六捉炮？卒3进1，以下红棋有两种选择：①炮五平三，马3进4，炮三进六，象5退7，车三平八，马4退6，车二平四，炮8平6，车八平四，士5进6，车四进一，车1平2，炮八平九，车2进7，马七进五，车8进5，马五进三，车2平4，帅四平五，车8平3，黑棋优势。②兵七进一，马3进4，车三退一，车8平6，帅四平五，马4进5，马七进五，炮2平3，相七进五，车6进5，马五进七，炮3进3，相五进七，炮8平9，炮八平五，车6平5，车三平一，炮9进4，兵九进一，车1平2，黑棋优势。

15. ……　　炮2退1

138

第5章 中炮过河车对盘河马右象

退炮为车生根，佳着！

16. 车三进六　炮8平9

摆脱牵制的巧妙佳着！

17. 车二进三　炮2平8
18. 马七进八　炮9进4
19. 炮五平三　炮9进3
20. 帅五进一　士5进6
21. 车三平四　车1平4
22. 车四平二　车4进6
23. 车二进一　车4平7
24. 马八进七　车7进2
25. 帅五进一　车7平3
26. 车二平七（图166）……

相互对攻，进入高潮！

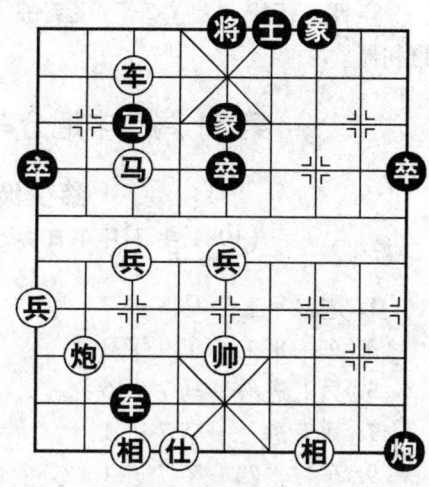

图166

26. ……　　　车3退1
27. 帅五退一　车3平2
28. 车七退一　车2进1
29. 帅五进一　车2退2
30. 车七平九　炮9平4

似应车2平5，帅五平四，炮9平4，黑棋优势。

31. 帅五退一　士6进5
32. 车九退一　炮4退7
33. 相三进五　卒9进1
34. 兵五进一　卒5进1
35. 马七退五　卒9进1

挺进边卒对红棋有潜在攻击力。倘若炮4退2，马五退三，车2退2，马三进二，车2平7，兵九进一，红棋优势。

36. 车九平六　车2平1

机警！预感黑棋车卒潜在威力，及早求和是明智之举。

37. 车六退二　卒9进1
38. 车六退一　车1进2
39. 帅五退一　卒9进1
40. 兵七进一　……

弃卒是在设计一个求和的圈套！

40. ……　　　象5进3（图167）

稳健。激进者可卒9平8。

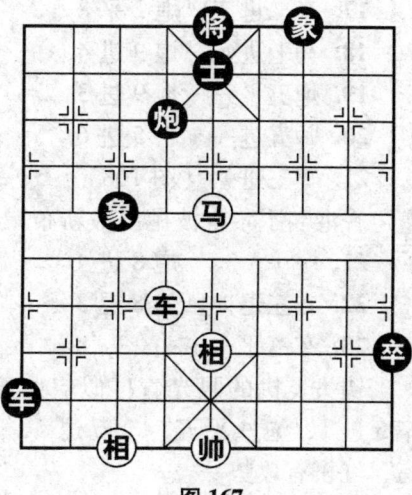

图167

· 139 ·

41. 马五进六　士5进4　　　42. 车六平五　象7进5
43. 相五退三　……
精妙求和之策。
43. ……　　　卒9平8　　　44. 车五退一　车1平8
倘若卒8进1，车五退一，车1进1，相三进五，和棋。
45. 相七进九　车8进1　　　46. 帅五进一（和棋）
点评：杨氏"高左车"飞刀战术具有较强防御性能，是阻击"分车链炮"的利器。

第51局　中炮分车链炮对盘河马分卒捉炮

黎少波 负 杨官璘

（1981年7月4日弈于澳门第三届省港澳埠际赛）

1. 炮二平五　马8进7　　　2. 马二进三　卒7进1
3. 车一平二　车9平8　　　4. 车二进六　马2进3
5. 兵七进一　马7进6　　　6. 马八进七　象3进5
7. 兵五进一　卒7进1　　　8. 车二退一　卒7进1
9. 车二平四　卒7进1　　　10. 车四平二　卒7平6
11. 炮五进一　卒6进1　　　12. 车九进一　卒6进1
13. 帅五平四　车8进1　　　14. 车九平三　士4进5
15. 帅四平五　炮2退1　　　16. 车三进六　炮8平9
17. 车二进三　炮2平8
18. 马七进八　炮9进4
19. 炮五平三　炮9进3
20. 帅五进一　士5进6
21. 车三进一　（图168）　……
香港名手黎少波抛出最新布局飞刀！

21. ……　　　炮8进4
22. 车三退四　炮8退3
23. 车三平一　……
错失良机的眼光着！似应兵五进一，卒5进1，炮八平五，士6退5，炮五平三，红棋有攻势。

23. ……　　　炮9平4

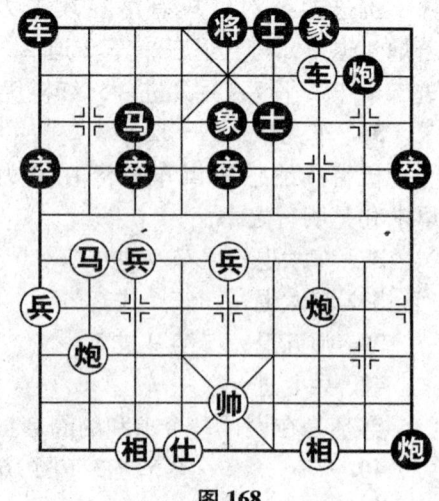

图168

第5章 中炮过河车对盘河马右象

24. 车一平二　炮4退4
25. 车二进三　炮4平2
26. 车二平四　车1进1
27. 炮八平三　士6进5

似应车1平8，后炮进七，象5退7，车四平七，车8进7，帅五退一，车8平7，炮三平五，车7进1，帅五进一，炮2平5，炮五进三，车7平3，车七退一，车3退3，兵七进一，炮5退1，黑棋优势。

28. 车四退二　……

似应车四退一为佳。

28. ……　　　炮2平5
29. 前炮进四　士5进4
30. 车四退一　卒5进1
31. 车四进一　车1平8
32. 车四平五　车8进1

倘若炮5平6，后炮平五，车8进7，帅五退一，将5平4，车五平六，炮6退3，炮三退一，红棋有攻势。

33. 前炮平六　……

似应前炮退三，炮5平6，车五进一，红棋尚可一战。

33. ……　　　车8进6
34. 帅五退一　车8平7
35. 炮三平四　车7进1
36. 帅五进一　车7退1
37. 帅五退一　车7进1
38. 帅五进一　车7退1
39. 帅五退一　车7退1（图169）

杨官璘把红帅打入底线再捉炮，运子井然有序。

40. 炮四进五　车7平5
41. 帅五平四　车5平6
42. 帅四平五　炮5平9
43. 炮四平二　车6平8
44. 炮二平四　车8退4
45. 炮六退二　车8平5

老练细腻！兑车后成必胜之势。

46. 车五进一　马3进5
47. 炮六平五　将5平4
48. 炮四退一　卒3进1
49. 相七进九　卒3进1
50. 相九进七　马5退3
51. 炮四退一　炮9平7（黑胜）

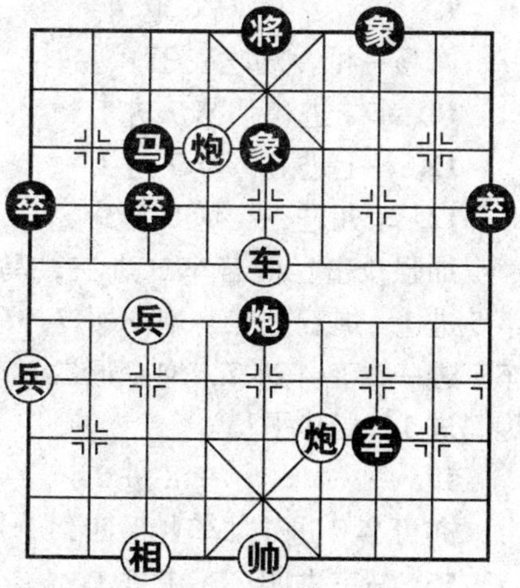

图169

点评："高左车"的攻守性能良好，也许是"分车链炮"战术逐渐退出江湖的原因。

第52局　中炮冲中兵退车捉马对退马捉车

陈孝堃　负　陈新全

（1976年6月25日弈于兰州全国象棋个人赛预赛）

1. 炮二平五　马8进7
2. 马二进三　车9平8
3. 车一平二　卒7进1
4. 车二进六　马2进3
5. 兵七进一　马7进6
6. 马八进七　象3进5
7. 兵五进一　卒7进1
8. 车二退一（图170）……

象棋大师陈孝堃首创退车捉马的最新布局飞刀！

8. ……　　　卒7进1
9. 兵五进一　……

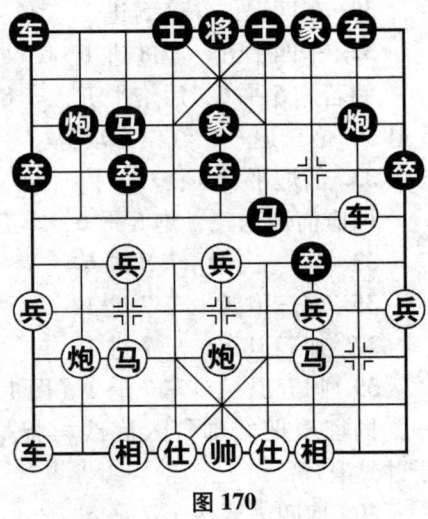

图170

中兵突进，演绎弃子抢先之战。倘若车二平四，卒7进1，又殊途同归，回到兵五进一或车四平二两种变化。

9. ……　　　马6退7

回马一枪，劫吃一子。

10. 车二进一　卒7进1
11. 马七进五　卒7进1
12. 车九进一　炮8平9　13. 车二平三　……

加强攻击！倘若车二进三，马7退8，车九平三，士4进5，车三进五，卒5进1，炮五进三，炮9平7，马五进四，车1平4，马四进三，马8进7，车三进一，车4进7，炮八退二，车4退3，炮五退三，马3进5，车三退一，炮2进1，局势平稳。

13. ……　　　车8进2　14. 马五进三　炮2进1

亦可卒7进1，车九平四，士4进5，仕四进五，炮2退1，黑棋亦优势。

15. 马三进四　车1进1　16. 车三退五　车8进1
17. 兵五平四　马7进6

飞马踏兵佳着！

18. 马四进三　车1平7　19. 车三进七　士4进5
20. 车三退四　炮9平6　21. 炮八进三　……

倘若兵九进一，车8平6，仕四进五，炮2进2，车三退二，马6退4，炮

第5章 中炮过河车对盘河马右象

五平四，马4进3，黑棋优势。

21. ……　　车8进3
22. 车九平六　车8平2
23. 兵七进一　马6进5
24. 车三平六　卒3进1
25. 后车进二（图171）　车2进2

计算深远。倘若车2退2，后车平五，炮2平3，相七进九，车2进3，炮五进四，马3进5，车五进三，炮3退3，黑棋虽然优势但不如实战。

26. 后车平五　炮2平3

弃子抢攻是既定战术。

27. 炮八退二　炮3进6
28. 仕六进五　炮6进6

运子佳着！倘若急于展开攻势而走炮3平1，仕五进四，黑棋无趣。

29. 车六退二　炮3平1
30. 仕五进四　车2进1
31. 帅五进一　车2退1

强行跳马蹬车，精彩！

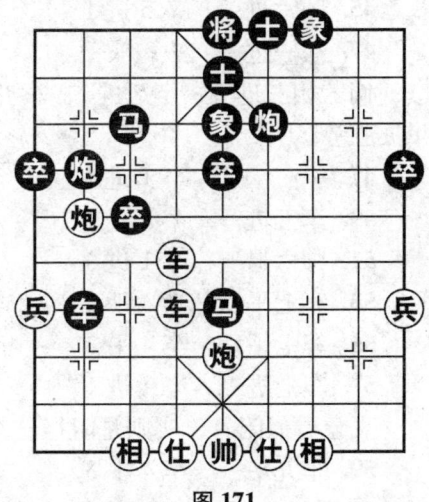

图171

32. 帅五退一　马3进4
33. 车五平三　……

倘若车五进三，车2退2，车五平六，车2进3，帅五进一，车2退1，帅五退一，炮6平3，后车平九，炮1平2，车九退二，马4进3，黑棋胜势。

33. ……　　马4进6
34. 车六平九　车2进1
35. 帅五进一　车2退1
36. 帅五退一　马6进5
37. 车九平五　炮6平3
38. 车五平九　炮1退1

黑棋的攻势如潮，相当精彩。

39. 仕四退五　炮3进1
40. 帅五平六　炮3平1
41. 车九平七　前炮平2（图172）

精妙漂亮！

42. 车七平九　炮2退3

巧妙劫吃一子，黑棋胜势。

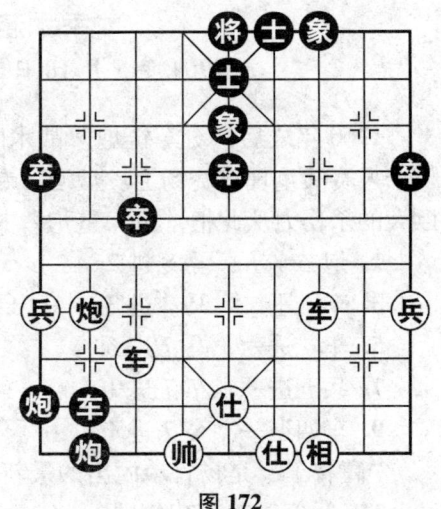

图172

· 143 ·

43. 车九退一 ……

一车换双是最顽强的选择。

43. ……　　　车2平1　　　44. 车三平八　车1进1
45. 帅六进一　卒5进1　　　46. 车八平五　卒3进1
47. 兵一进一　……

倘若相三进五，卒5进1，车五进一，卒3进1，车五平八，卒3进1，黑棋亦胜势。

47. ……　　　卒1进1　　　48. 相三进五　卒5进1
49. 车五进一　卒3进1　　　50. 车五平七　车1退3
51. 帅六退一　车1进3　　　52. 帅六进一　卒3平4
53. 车七平六　卒4平3　　　54. 车六平七　卒4平3
55. 车七平六　卒4平3　　　56. 车六平七　卒4平3
57. 车七进二　卒1进1　　　58. 车七平九　象5进3

飞象看似闲着，实则是阻拦红车退守的佳着。

59. 车九平一　卒4平3　　　60. 车一平九　卒3平4
61. 相五进七　士5退4　　　62. 车九平五　士6进5
63. 车五平八　卒1进1（黑胜）

点评："弃子抢先"的攻势较弱，红棋为此付出昂贵代价，重演此阵红棋没便宜。

第53局　中炮分车链炮对盘河马高右车

季本涵　负　杨官璘

（1964年5月18日弈于杭州全国象棋个人赛）

1960年之后"分车链炮"战术的耀眼光芒逐渐消失之后，1964年全国象棋个人赛又重现在赛场上。盘河马专家杨官璘又抛出重磅改进型布局新武器。巨大的杀伤力从此把"分车链炮"打进九层地狱。

1. 炮二平五　马8进7　　　2. 马二进三　车9平8
3. 车一平二　马2进3　　　4. 兵七进一　卒7进1
5. 车二进六　马7进6　　　6. 马八进七　象3进5
7. 兵五进一　卒7进1　　　8. 车二平四　卒7进1
9. 车四退一　卒7进1　　　10. 车四平二　车1进1（图173）

"高右车"是杨官璘抛出的最新布局飞刀！

11. 兵五进一　卒5进1　　　12. 车二平五　……

第5章 中炮过河车对盘河马右象

似应马七进五，车1平8，炮八平三，炮8平7，炮三进七，象5退7，马五进六，士6进5，车二平五，炮7平5，马六进七，前车进3，车五进一，后车进3，车九平八，后车平5，马七退五，车8平5，局势平稳。

12. ……　　　士4进5
13. 马七进五　炮8平7
14. 相三进一　卒7进1
15. 车九进一　车8进8
16. 炮八退一　车8退2
17. 炮八进二　车8进2
18. 车五平四　……

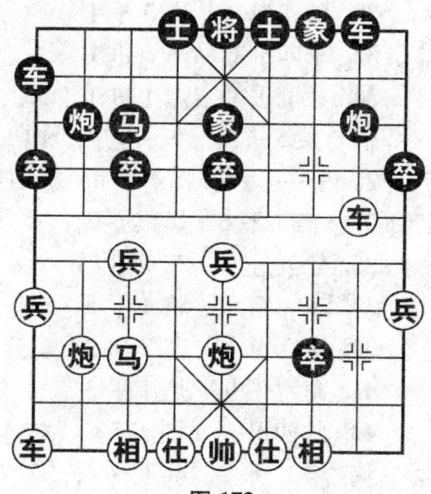

图173

倘若炮五退一，卒7进1，车九平六，卒7平6，帅五平四，车8进1，帅四进一，炮7平6，车六进一，炮2平1，马五进三，车8退3，炮五进二，车8进2，帅四退一，车1平2，炮八进二，炮1进4，黑棋优势。

18. ……　　　车1平4
19. 马五进六（图174）　车8退2

错失良机！似应卒7平6，炮八平三，马3进5，红棋难以招架。

20. 炮八退三　……

倘若车九平三，车8平2，车三进六，车2平4，车三进二，炮2退2，车三退二，后车进3，车四平六，车4退2，车三平五，车4退2，车五退四，将5平4，仕四进五，黑棋优势。

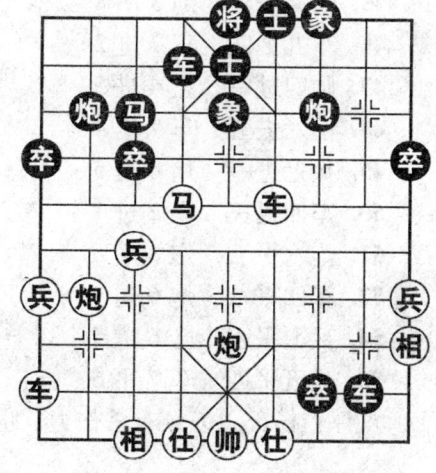

图174

20. ……　　　车8平7
21. 仕四进五　炮2进5
22. 马六进七　炮7平3
23. 车九平八　炮2平9

炮轰边相是攻守两利的好棋。

24. 车八进八　车4退1
25. 帅五平四　卒7进1
26. 帅四进一　车7平2
27. 帅四进一　炮9平5
28. 车八平六　将5平4
29. 相七进五　车7退1

30. 帅四退一	炮3平1	31. 车四进一　炮1进4
32. 车四平七	卒1进1	33. 车七平一　卒1进1
34. 兵七进一	炮1进1	

倘若象5进3，车一退二，炮1进2，仕五进六，车7进1，帅四进一，车7退2，车一平六，将4平5，帅四退一，卒1进1，车六平三，车7平6，帅四平五，卒7平6，黑棋亦优。

35. 仕五进六　车7进1		36. 帅四进一　车7退2
37. 车一平六　将4平5		38. 帅四退一　卒1平2
39. 车六退二　车7进2		40. 帅四进一　卒2进1
41. 车六平九　炮1平3		42. 车九退二　车7退2
43. 帅四退一（图175）　炮3平5		

倘若卒2平3，兵七平六，车7进2，帅四进一，车7退4，帅四退一，车7平4，炮八平三，车4进3，车九进一，车4退1，黑亦胜势。

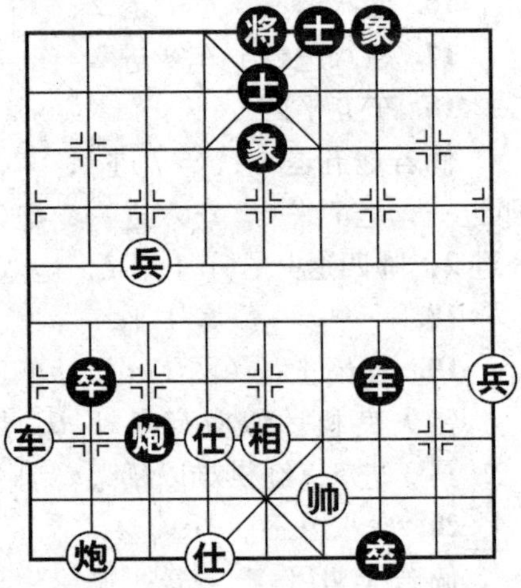

44. 车九进七　士5退4		
45. 车九退三　炮5平8		
46. 车九平四　车7进2		
47. 帅四进一　士4进5		
48. 仕六进五　车7退4		
49. 兵七进一　炮8退5		
50. 车四退三　卒2进1		
51. 炮八平五　炮8平6		
52. 车四平八　炮6退1		
53. 车八进六　士5退4		
54. 兵七平六　士6进5		
55. 兵六平五　士5进6		
56. 兵五平四　车7平6		
57. 帅四平五　车6退1（黑胜）		

图175

点评：杨氏飞刀颇有杀伤力，也许是"分车链炮"战术短命的原因。

第54局　中炮冲中兵对盘河马踩三兵

沈志弈　胜　刘忆慈

（时间地点不详）

当盘河马冲卒逐车战术亮相之后，遭到过河车肋捉马的攻击，从而产生冲卒捉马、马踩三兵两种分支战术，而后者逐渐成为炮马争斗主战场上的重磅

第5章 中炮过河车对盘河马右象

武器。

这盘棋大约是20世纪50年代末,两位近代象棋名家中炮与盘河马争斗的精彩战局,展示了这一战术的最新阵式,其历史价值相当高。

沈志弈(1916~1988),温州人,幼聪慧,自学弈,棋艺水平高超,在20世纪50年代曾有众多顶级棋手败在他的马下。因神思泉涌,常有惊天怪着、妙着,令人目瞪口呆,从而被誉称温州怪杰。

1. 炮二平五　　马8进7　　2. 马二进三　　马2进3
3. 车一平二　　车9平8　　4. 兵七进一　　卒7进1
5. 车二进六　　马7进6　　6. 马八进七　　象3进5
7. 兵五进一　　卒7进1　　8. 车二平四　　马6进7
9. 兵五进一　　卒5进1(图176)

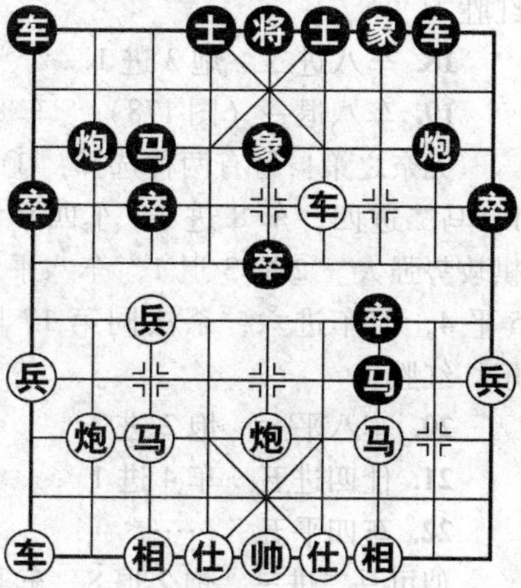

"中卒吃兵"因中路空虚,容易遭到攻击。

10. 马三进五　　……

飞马盘中,势在必然。

10. ……　　　　卒5进1

冲卒逼马是强硬之策。

11. 马五进三　　炮8进5

进炮打串,看似凶悍,却是导致失败的错着。

12. 车四退三　　……

退车捉马是扩大优势的佳着。

12. ……　　　　马7进8

为什么不炮8平3打马交换?车四平三,士4进5,马三进四,炮2退1,车三平八,炮2平1,车八进五,车8进1,马四退六,马3退4,车八平六,红棋优势。

13. 炮八进二　　……

弃马争先是颇有气魄的佳着!

13. ……　　　　炮8平3　　14. 炮八平五　　士4进5
15. 车九平八(图177)　马8退6

难道是大名鼎鼎的"刘仙人"看走眼了吗?怎么不逃炮反而白送马呢?原来倘若接走车1平2,马三进四,马8退6,车四退一,炮3平6,车八进七,将5平4,车八平七,车8进3,车七退一,红棋胜势。

16. 马三退四　　车1平2　　17. 马四进二　　……

图176

看似简单的避免兑子交换，实则暗藏得子凶着。

17. ……　　　　车8进4

倘若车8进5，马二进四，车8退2，车八进二，炮3进1，车八退一，炮3平8，马四进二，车8进1，车八平四，将5平4，前车进六，将4进1，后车平六，士5进4，车四退一，将4退1，前炮平六，车8平4，车六平三，象7进9，车四进一，将4进1，车三进七，绝杀红胜。

18. 车八进二　　炮3进1

19. 车八退一（图178）　车8平4

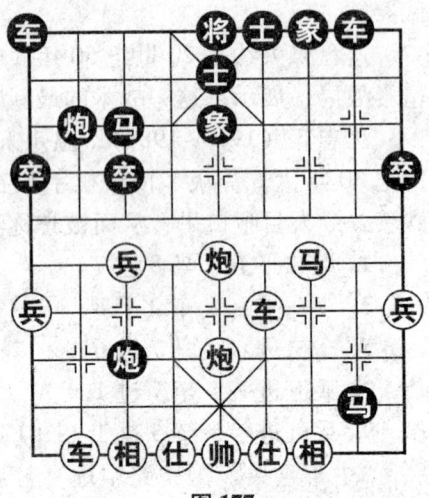

图177

无奈之策！另有两种选择：①车8进1，马二进四，车8进3，车四平六，红棋攻势强大。②炮3退1，车八平四，将5平4，前车进六，杀法同第17回合注解，红胜。

20. 车八平七　　炮2进7
21. 仕四进五　　车4进1
22. 车四平五　　……

似可马二进三，炮2退8，车七平八，炮2平4，车八进八，马3退2，车四平八，马2进3，车八进四，红棋胜势。

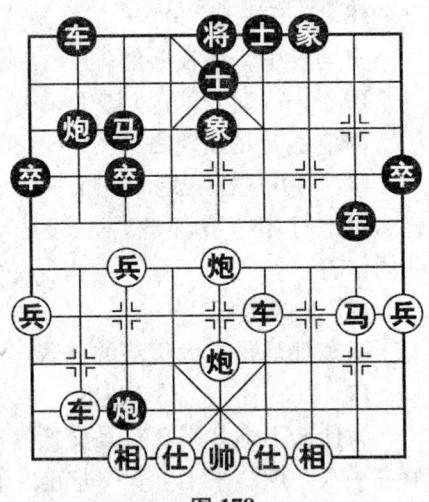

图178

22. ……　　　　车2进4
23. 后炮平三　　车5平5
24. 马二退四　　车5平6
26. 炮三平六　　将4平5
28. 马三进二　　……

25. 马四进三　　将5平4
27. 车七平八　　车6进1

亦可相三进五，车4平5，车五进一，车6平5，车八退一，红棋亦胜势。

28. ……　　　　车4退2
30. 车五平三　　炮2平1
32. 车八进七　　马3退4

29. 马二进三　　车6退4
31. 车八退一　　炮1退1
33. 炮六进七　　将5平4

倘若车4退3，车八平五，红棋亦胜

第5章 中炮过河车对盘河马右象

34. 车八进二　将4进1　　35. 炮五平二（红胜）

点评："小卒吃兵"是早期战术，倘若重演此阵容易遭到攻击。

第55局　中炮冲中兵对盘河马中卒吃兵

1960年，岭南两大高手杨官璘、陈松顺在沪穗象棋名手友谊赛与上海著名棋手朱剑秋、何顺安展开一场布局大战。

陈松顺首创先平7路炮、后进8路车捉马的新着，与朱剑秋平分秋色而拉开序幕，接着朱剑秋反借陈氏飞刀斗杨官璘，结果失利。

1. 炮二平五　马8进7　　2. 马二进三　车9平8
3. 车一平二　卒7进1　　4. 车二进六　马2进3
5. 兵七进一　马7进6　　6. 马八进七　象3进5
7. 兵五进一　卒7进1　　8. 车二平四　马6进7
9. 兵五进一　卒5进1

"中卒吃兵"容易造成中路空虚，是早期冷门战术。

10. 马三进五　卒5进1
11. 马五进三　炮8平7（图179）

上局因炮8进5而受挫，陈松顺首创"平7路炮"的最新布局飞刀！

12. 车四退三　车8进5
13. 炮五平三　……

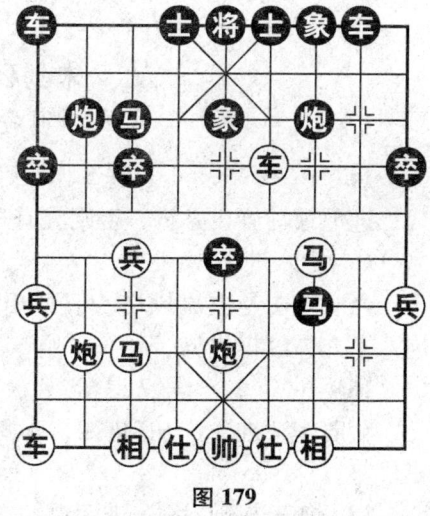

图179

为什么不马三进四？炮7进7，仕四进五，车8进4，车九进一，士4进5，车四平三，炮7平4，仕五退四，炮4平6，车九平三，炮6平3，帅五进一，炮2退1，前车平六，车1平4，车六进六，将5平4，车三进二，车8退1，帅五退一，卒5平4，炮五平六，将4平5，马七进六，红棋优势。

13. ……　　　卒5平6

弃卒引车颇为深远！

14. 车四进一（图180）　……

图180形势下，黑棋有士4进5与炮2进2两种选择。

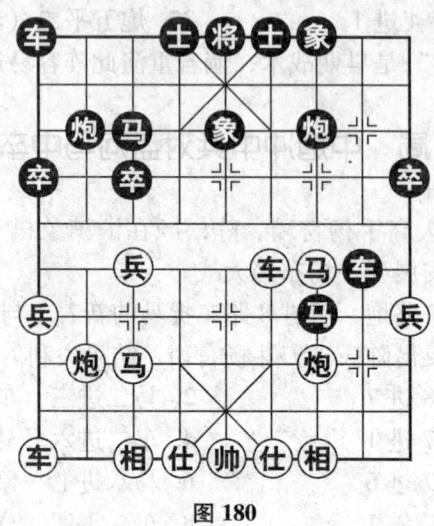

图 180

（甲）士4进5

朱剑秋 和 陈松顺

（1960年12月25日弈于广州沪穗象棋名手友谊赛）

14. ……　　　士4进5　　　15. 车四退一　炮7进2

进炮顶马势在必行，否则红有进马卧槽，黑有丢子之虞。

16. 炮八进一　……

当时攻击是主流风格。似可相七进五，车1平4，仕六进五，马3进5，炮八平九，红棋优势。

16. ……　　　马7退9　　　17. 炮八进一　马9退8

倘若炮7进3，马三进四，车8退4，炮八平一，车1平4，车九平八，红棋优势。

18. 炮三进三　象5进7

似可马8进7，车四平三，车8退1，炮八平三，车8平7，车九平八，炮2退2，车八进七，马3进5，相三进五，马5进6，车三平五，炮2平4，局势平稳。

19. 马三进五　车8进2　　　20. 相七进五　马8退7

21. 兵七进一　……

追求攻击速度，但弃兵损失太大。似可炮八退一，车8退2，炮八平五，车8平5，车九平八，马3进5，马五进七，炮2平5，车八进六，马5进6，前马进五，象7退5，车八平一，红棋优势。

第5章 中炮过河车对盘河马右象

21. ……　　　　卒3进1　　　22. 炮八平五　车8退4

车守卒林，是顽强防御的好棋。

23. 车九平八　炮2进2　　　24. 马五进七　象7退5
25. 后马进六　卒3进1　　　26. 炮五平七　炮2平4
27. 马七退五　车8平5　　　28. 马五退三　……

陈松顺防御功夫高深强大，使朱剑秋的猛烈攻势一无所获。

28. ……　　　　车1平2　　　29. 车八进九　马3退2
30. 车四平八　马2进3　　　31. 车八进四　马3退4
32. 马六进四　炮4平3　　　33. 炮七退三　炮3平5
34. 仕四进五　炮5平3　　　35. 兵九进一　象7进9
36. 车八退四　象9进7（余略，终局和棋）

点评：黑棋一直遭到攻击，布局也很不理想，和棋不易。

（乙）炮2进2

20世纪70年代作者曾对这个布局进行过研究，认为黑棋巡河炮可抵挡红棋的攻势。

14. ……　　　　炮2进2（图181）

"巡河炮"有沿河八打之妙，是阻击红棋攻势的好棋。

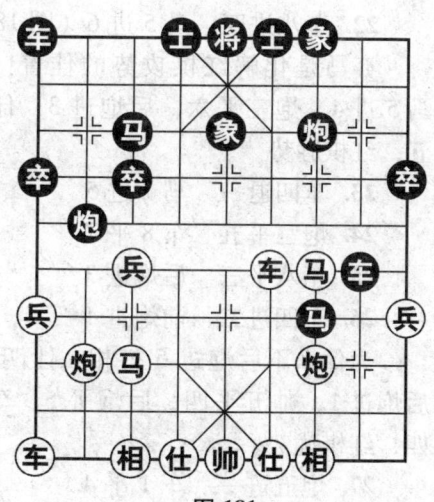

图181

倘若马3进5，车四退一，炮2进2，炮八进二，车8进2，炮三平五，士4进5，马七进五，炮2平8，炮五进四，炮8进2，马五退四，以下黑棋有两种选择：①车8平2，车四进二，马7进6，马三进二，车1进2，车四退四，车2退2，车四进二，炮8退2，车四进二，炮8进1，马二进三，将5平4，炮五平六，炮8平4，车九进二，车2进1，车九平六，车2平7，相三进一，炮4平5，车四平五，炮7平8，马三退四，炮8进7，相一退三，将4平5，车五退一，车7进3，车六平四，车1平2，相七进五，车7退3，仕四进五，士5进6，车五平二，炮8平9，马四退五，车7进3，车四退二，车7退4，车四进四，红棋优势。②车8平3，车四进一，马7进6，马三进二，马6退4，帅五进一，车3进1，帅五进一，车3退3，车四平七，马4退3，车九平八，炮8平4，相七进九，车1平2，相九进七，车2

进4，车八进三，炮4退5，炮五退二，红棋优势。

15. 车四进一　……

倘若相七进五，炮2平7，仕六进五，车1平2，马七进五，士4进5，平稳之势。

15. ……　　　卒3进1　　　　**16.** 车四退二　马3进5

倘若卒3进1，马三进四，炮7平6，炮三进七，士6进5，车四平三，炮2平5，炮三平一，炮5退1，车三进六，士5退6，车三退二，士6进5，炮八进五，马3进4，炮八平四，士5进6，车三进二，将5进1，车三退四，马4退6，车三平四，车1进2，车四进一，炮5进1，车四退一，炮5退1，车九平八，红棋优势。

17. 兵七进一　马5进3　　　　**18.** 马七进六　炮2平1

倘若炮2退2，马六进四，车8退4，马四进六，红棋优势。

19. 车九平八　士4进5　　　　**20.** 炮八平五　马3进5

21. 马六进七　炮1平7

22. 车八进四　马5进6（图182）

弃马是化解红棋攻势的佳着！倘若马5进4，炮三平六，后炮进3，仕四进五，红棋胜势。

23. 车四退一　马7进5

24. 炮三平五　车8平7

25. 车八平三　后炮进3

26. 车四进二　前炮进1

为什么不后炮进5打相？仕四进五，后炮进1，帅五平四，后炮平5，车四进四，红棋优势。

27. 炮五进一　车1平4

28. 车四平三　车4进3

弃炮求和是明智之策！

29. 车三进一　车4平3　　　　**30.** 车三退二　车3进3（和棋之势）

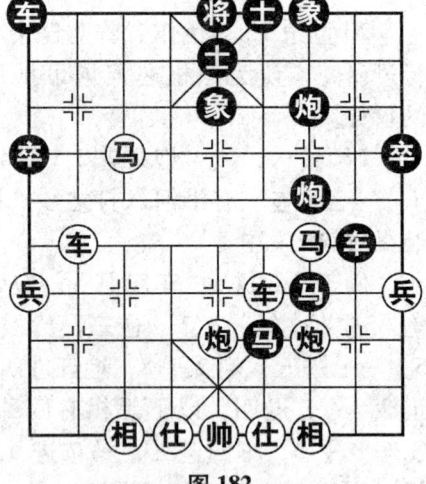

图182

点评："中卒吃兵"战术反击力较弱，呈现被淘汰之势，几十年来已很少在大型比赛中出现。

第 5 章 中炮过河车对盘河马右象

第 56 局　中炮冲中兵对盘河马中卒吃兵

杨官璘 胜 朱剑秋

（1960 年 12 月 28 日弈于广州沪穗象棋名手友谊赛）

朱剑秋与陈松顺在沪穗象棋名手友谊赛交战之后，朱剑秋再战杨官璘时，借陈氏防御盾牌应战，并有布局飞刀出鞘，从而为这一战术增添了新的内容。

1. 炮二平五　马 8 进 7
2. 马二进三　卒 7 进 1
3. 车一平二　车 9 平 8
4. 车二进六　马 2 进 3
5. 兵七进一　马 7 进 6
6. 马八进七　象 3 进 5
7. 兵五进一　卒 7 进 1
8. 车二平四　马 6 进 7
9. 兵五进一　卒 5 进 1
10. 马三进五　卒 5 进 1
11. 马五进三　炮 8 平 7
12. 车四退三　士 4 进 5（图 183）

"补右士"是上海著名前辈象棋大师朱剑秋首创最新稳健型布局飞刀！

13. 炮八进二　车 8 进 5

倘若车 8 进 8，炮八平五，马 7 进 6，仕四进五，炮 7 进 7，马三进五，炮 7 退 8，帅五平四，车 1 平 4，车四进五，车 4 进 3，车四平三，车 4 平 6，车三退八，马 6 退 8，帅四平五，马 8 退 6，前炮进三，炮 2 平 5，炮五进五，象 7 进 5，马五退四，车 6 进 3，马七进六，车 6 退 3，车九进二，平稳之势。

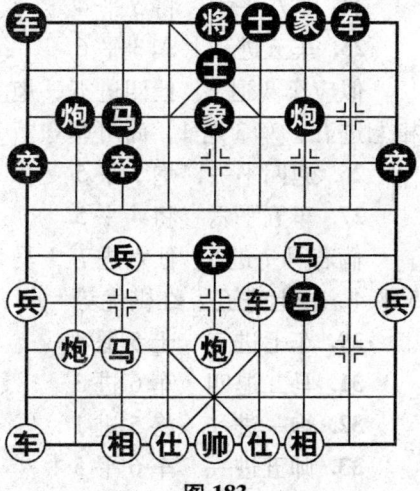

图 183

14. 炮五平三　车 8 进 2
15. 炮三平五　卒 5 平 6

弃卒为 3 路马盘中开辟通道。

16. 炮八平四　马 3 进 5
17. 炮四进四　车 1 平 4

决战之心强烈！似应车 8 退 2，炮五进五，士 5 退 4，马三进四，炮 7 进 7，仕四进五，马 7 进 9，车九平八，车 8 进 4，炮四平五，象 7 进 5，炮五退二，士 4 进 5，车八进一，炮 7 退 7，仕五退四，炮 7 平 6，马四退五，车 1 平 4，车四退一，车 8 退 6，炮五平九，卒 3 进 1，炮九进一，车 8 平 5，车四平一，车 5 进 2，车八平五，车 5 进 3，仕四进五，炮 2 退 1，炮九平四，士 5 进 6，车一平四，士 6 进 5，黑可坚守。

18. 炮五进五 ……

炮轰中象，势在必行。

18. ……　　　士5进6
19. 炮五平三　炮2平7
20. 车四平五　车4进3
21. 车九平八　……

弃马取势。

21. ……　　　车8平3
22. 马三进二　士6退5
23. 车八进九（图184）　车4退3

倘若士5退4，马二进四，炮7进7，仕四进五，车4退1，车五进三，士6进5，炮四进一，车4平6，炮四平六，红棋胜势。

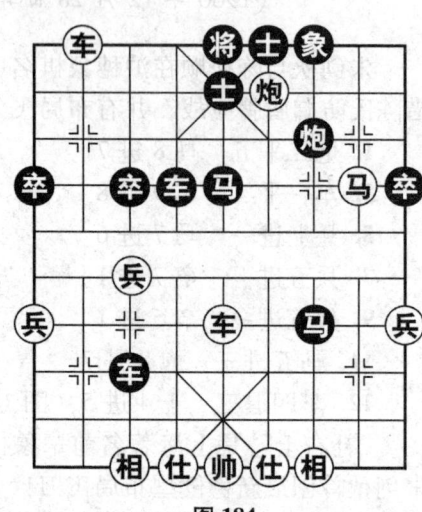

图184

24. 车八平六　将5平4
25. 车五进三　车3平6

似应车3退2，仕四进五，炮7平4，相七进五，车3退1，尚可坚守。

26. 炮四平一　炮7平5
27. 车五平六　将4平5

倘若马7进5，仕六进五，马5退4，仕五进四，马4退3，帅五平六，炮5平4，相七进五，红棋优势。

28. 车六平七　车6退6
29. 车七进三　士5退4
30. 车七退二　马7退6
31. 马二退四　车6进3
32. 炮一进一　将5进1
33. 帅五进一　车6平7
34. 帅五平四　车5平6
35. 帅四平五　车6平7
36. 车七进一　将5退1
37. 车七退二　卒9进1
38. 车七平三　……

杨官璘残局功夫强大，弃兵捉象是取胜关键。

38. ……　　　车6平5
39. 帅五平四（图185）　炮5平6

为什么不车5平3吃兵？车三进三，

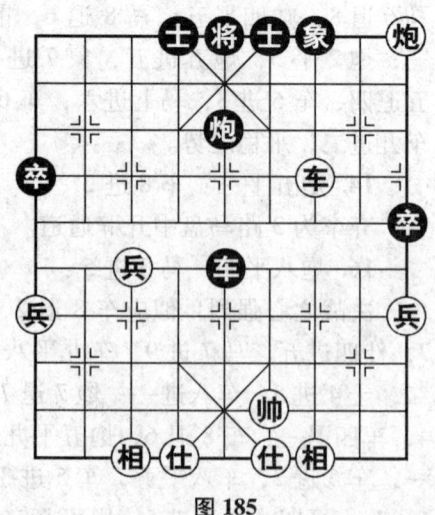

图185

第5章 中炮过河车对盘河马右象

车3平6，帅四平五，车6退3，车三平二，卒1进1，车二平三，车6平9，炮一平四，红棋胜势。

40. 相七进五	车5进2	41. 车三进三	车5平8
42. 车三退三	士6进5	43. 帅四平五	将5平6
44. 车三平九	……		

净多双兵，红棋胜势。

44. ……	车8平6	45. 车九平五	炮6平8
46. 兵七进一	车6进1	47. 帅五退一	车6进1
48. 帅五进一	车6退1	49. 帅五退一	将6进1
50. 车五平二	炮8平5	51. 车二进二	将6退1
52. 车二退一	车6进1	53. 帅五进一	炮5平4

倘若炮5进1，车二退二，红棋亦胜势。

54. 炮一平六 ……

彻底摧毁黑棋防线，红棋胜势。

54. ……	士5进6	55. 车二进二	将6进1
56. 车二退一	将6退1	57. 兵七进一	车6退3
58. 车二进一	将6进1	59. 车二平五	炮4退1
60. 兵七进一	车6平1	61. 兵七平六	炮4平2
62. 炮六退一	车1进2	63. 帅五进一	（红胜）

点评：黑棋平7路炮增加反击性能，但只能被动防御，重演此阵还是小心为佳。

第57局　中炮冲中兵对盘河马中卒吃兵

许银川　胜　卜凤波

（1990年10月21日弈于杭州全国象棋个人赛）

当"盘河马中卒吃兵"战术自20世纪60年代面世之后，由于遭到毁灭性打击使后来者退避三舍，在大型比赛中很少出现。但是在1990年全国象棋个人赛，辽东大将卜凤波以"盘河马中卒吃兵"向岭南小将许银川发出挑战，并有飞刀亮相……

1. 炮二平五	马8进7	2. 马二进三	车9平8
3. 车一平二	马2进3	4. 兵七进一	卒7进1
5. 车二进六	马7进6	6. 马八进七	象3进5
7. 兵五进一	卒7进1	8. 车二平四	马6进7

9. 兵五进一　卒5进1
10. 马三进五　卒7平6（图186）

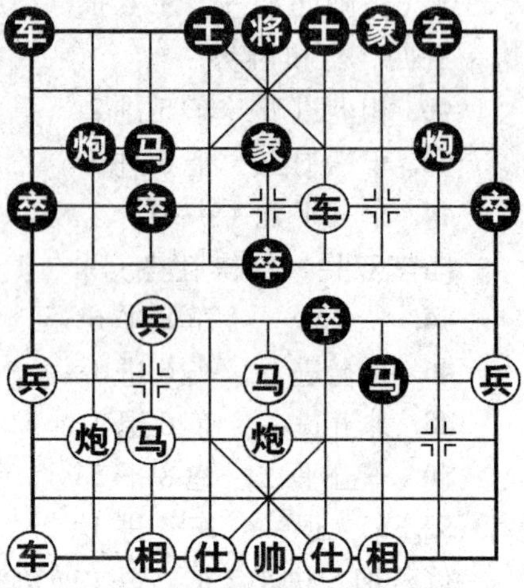

"献卒"新颖，卜凤波抛出怪异型最新布局飞刀！

11. 炮五进三　士4进5
12. 车四退二　车1平4
13. 车九进一　……

攻守兼备的佳着！

13. ……　　　　炮8进7

沉底炮稍显急躁，似应炮8平9为宜。

14. 车九平三　炮2进4

倘若车8进4，炮五进三，士6进5，车三进二，红棋优势。

15. 马五进三　车4进6

后院危险，别无良策。

16. 马三进四　炮2退5
17. 炮五退二　马7进8

倘若马8退9，车四平六，车4进2，车三平六，车8进3，马四进六，炮2平4，马六退五，车8进1，马五进七，红棋优势。

18. 车四退三　车4平3
19. 车四平七　……

精妙的顿挫，少年"姜太公"老谋深算。

19. ……　　　　马3进5

中飞刀也无奈！倘若车3退1，马四退六，马3退1，炮八退二，炮2平3，车七平八，车3平5，车八进七，炮3进6，车八平九，炮3平2，炮五退一，车8进3，马六进七，车8平4，车三平二，红棋胜势。

20. 车三平二　车8进8
21. 车七平二　炮8平9（图187）
22. 车二进一　……

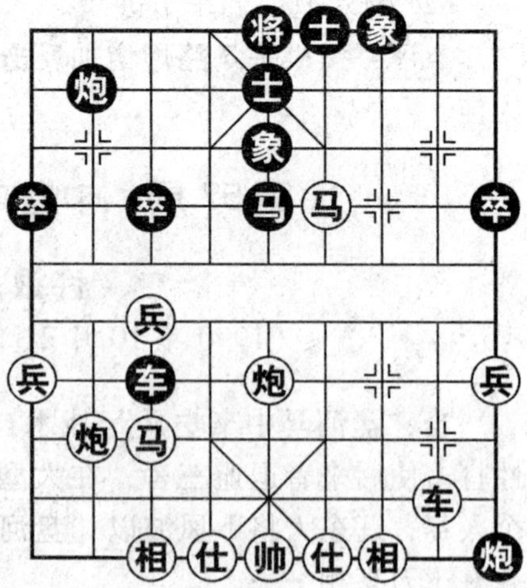

似应车二平六，车3进1，车六进七，车3平7，车六平八，车7进2，帅五进一，车7退1，帅五进一，将5平4，车八进一，将4进1，炮八平六，炮9退2，炮六平一，马5进6，炮五平四，车7退1，帅五退一，车7平9，帅

图186

图187

第5章 中炮过河车对盘河马右象

五退一，车9退1，炮四退二，车9平4，仕四进五，马6进8，车八退三，红棋胜势。

22. …… 马5进4　　23. 马四退五　车3进1
24. 车二平七　马4进3　　25. 炮五平七　炮9平8

卜凤波中局功夫强大，在摇摇欲坠的形势下竟然逃脱许仙魔掌。

26. 马五进六　卒9进1　　27. 炮七进三　马3退4
28. 马六进七　将5平4　　29. 炮七平六　炮8退8
30. 马七退八　卒1进1　　31. 炮八平九　……

无车棋中，兵卒的多少是决定胜负的主要因素之一，现在平炮打卒势在必行。

31. …… 马4进6
32. 仕六进五　将4平5
33. 炮九进三（图188）……

净多双兵，物质优势明显。

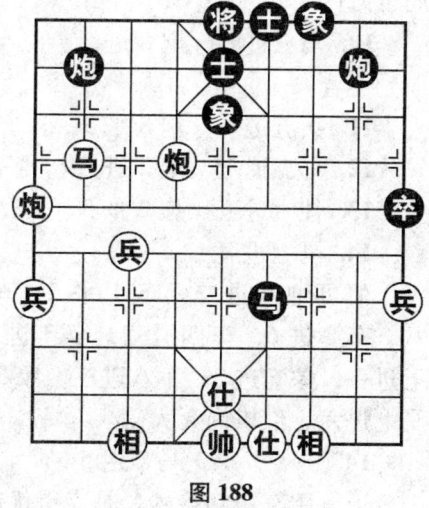

图188

33. …… 炮2平4
34. 炮六退五　炮8平9
35. 炮九进三　……

控制局势的佳着！

35. …… 炮9进5

失误丢子！似应马6进8为宜。

36. 马八进七　炮9平7　　37. 仕五进六　……

精巧！双打之势，黑棋必丢一子。

37. …… 炮7退5　　38. 炮九平六　炮7平4
39. 炮六进七　马6进4　　40. 帅五进一　马4退6
41. 帅五平六　士5进4　　42. 炮六平四（红胜）

点评：黑棋"献卒"飞刀的反击效果较差，尤其在名人效应影响之下仅此一局，从此"中卒吃兵"彻底告别大型比赛主战场。

第58局　中炮冲中兵对盘河马右士过河炮

何顺安　负　陈松顺

（1960年12月28日弈于广州沪穗象棋名手友谊赛）

1960年沪穗象棋名手友谊赛，简直成为"中炮对盘河马"新战术的试验地。当陈松顺与何顺安狭路相逢之后，又祭出"盘河马右士"新战术，从而掀起一场激烈争夺的布局大战！

1. 炮二平五　马8进7　　2. 马二进三　车9平8
3. 车一平二　卒7进1　　4. 车二进六　马2进3
5. 兵七进一　马7进6　　6. 马八进七　象3进5
7. 兵五进一　卒7进1　　8. 车二平四　马6进7
9. 兵五进一　士4进5（图189）

陈松顺再度抛出最新"补士"的布局飞刀！

10. 马三进五　炮8进5

佳着。

11. 兵五进一　炮8平3
12. 马五退七　炮2进1
13. 仕六进五　炮2平5
14. 马七进五　……

似可炮八进二，车1平2，车九平八，车8进6，车四退三，卒3进1，兵七进一，象5进3，车八进三，象3退5，马七进六，红棋尚无大碍。

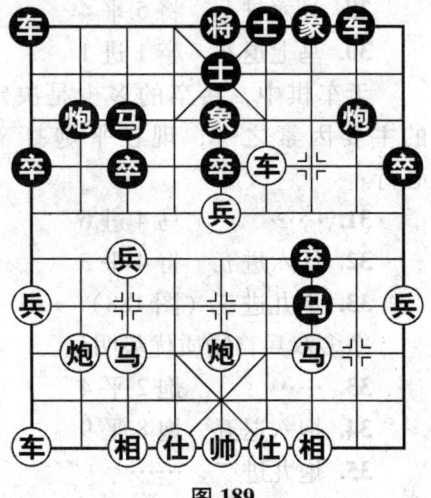

图189

14. ……　　　马7退5

退马蹬车精巧绝妙！是夺得优势的佳着。

15. 炮五进二　炮5进3
16. 相七进五　车1平2
17. 炮八进二　车8进6
18. 车九平六　……

为什么不车四平七吃卒捉马？炮5平3，车七平四，马3进4，车四平六，马4进2，车九平八，炮3平2，相五进三，卒9进1，相三退五，车8平9，黑棋优势。

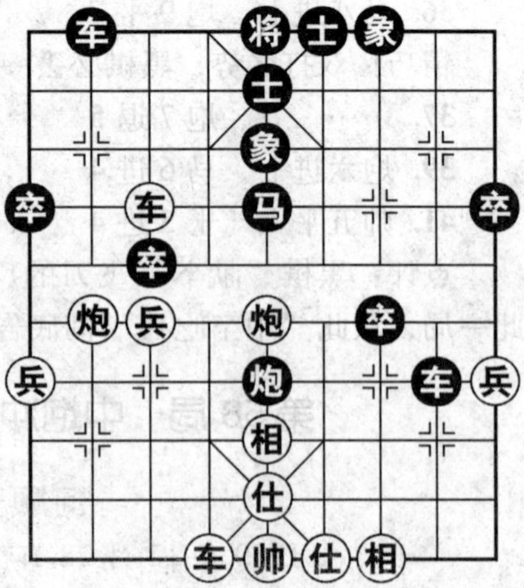

18. ……　　　卒3进1
19. 车四平七　马3进5（图190）

红棋陷入进退两难的尴尬境地。

20. 车六进三　　……

图190

第5章 中炮过河车对盘河马右象

败着。似可炮八进二，马5进7，炮五进一，卒7进1，兵七进一，马7进6，车六进五，马6退5，车六平五，卒7进1，车五平六，黑棋虽然稍优，但红棋尚可坚守。

| 20. …… | 卒7平6 | 21. 车七平五 | 炮5退3 |
| 22. 车六平二 | 卒3进1 | 23. 车二进三 | …… |

倘若炮五进三，象7进5，车二平五，炮5进4，相三进五，卒3平2，车五进三，卒9进1，车五平九，卒2进1，车九退一，卒2平3，车九平一，卒6进1，黑棋亦胜势。

| 23. …… | 车2进3 | 24. 相五进七 | 卒6平5 |
| 25. 车二平一 | 将5平4 | 26. 炮八退二 | …… |

倘若炮八进一，象5进3，炮八退三，卒5进1，车一平四，车2进4，车四平五，车2进2，仕五退六，车2平4，帅五进一，卒5平6，车五平四，红棋优势。

26. ……	卒1进1	27. 车一平四	车2进4
28. 车四平五	车2进2	29. 仕五退六	车2平4
30. 帅五进一	卒5平6	31. 帅五平四	……

倘若车五平四，车4平6，黑棋亦胜势。

31. ……	车4退3	32. 车五退四	车4平1
33. 车五平四	卒6平5	34. 车四平六	将4平5
35. 帅四平五	车1平6		
36. 帅五退一	卒1进1（图191）		

双卒渡河，形成必胜残局。

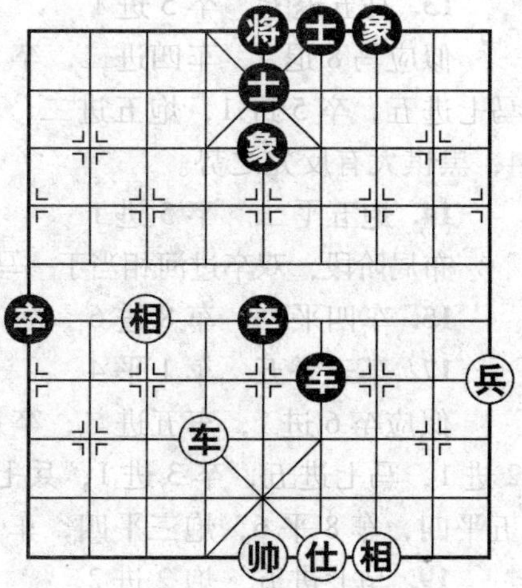

37. 兵一进一	卒1平2
38. 相七退九	车6平7
39. 车六平二	卒2进1
40. 相三进五	卒2进3
41. 兵一进一	卒3进1
42. 相五退七	车7平3
43. 仕四进五	卒3进1
44. 车二平六	卒3退2
45. 兵一进一	车3退1
46. 车六平五	卒5平4
47. 车五平四	卒6平5	48. 仕五退四	车3平4

好棋！红棋难以抗御。

图191

49. 帅五进一　卒3平4　　　50. 帅五平四　车4平9（黑胜）

点评："陈氏飞刀"一炮打响，从而成为主流战术。

第59局　中炮冲中兵对盘河马右士过河炮

陈德源　和　朱剑秋

（1962年5月19日弈于成都四川—上海友谊象棋赛）

1. 炮二平五　马8进7　　　2. 马二进三　卒7进1
3. 车一平二　车9平8　　　4. 车二进六　马2进3
5. 兵七进一　马7进6　　　6. 马八进七　象3进5
7. 兵五进一　卒7进1　　　8. 车二平四　马6进7
9. 兵五进一　士4进5　　　10. 马三进五　炮8进5
11. 车四退四（图192）……

四川著名棋手陈德源抛出最新布局飞刀！

11. ……　　　马7进8
12. 车四退一　……

退车捉马是早期采取忍让策略。

12. ……　　　炮8平3
13. 马五退七　卒5进1

似应马8退7，车四进二，卒5进1，马七进五，卒5进1，炮五进二，车1平4，黑棋大有反先之势。

14. 炮五平二　卒5进1

布局阶段，双卒过河相当于一马价值。

15. 车四平二　车8进6　　　16. 车二平三　卒5平6
17. 车三平五　车1平4　　　18. 车五进二　车8平5

似应卒6进1，车五进二，卒6进1，炮二平一，卒6进1，仕六进五，炮2进1，马七进五，卒3进1，兵七进一，炮2平7，炮一平三，卒6进1，帅五平四，车8平6，炮三平四，车4进6，黑棋有攻势。

19. 马七进五　炮2进2

倘若卒6进1，马五进四，车4平4，马四进二，将5平4，相七进五，车4平8，马二进三，炮2退1，马三退四，车8平6，马四进二，车6退2，马二进一，车6平9，捉死红马黑棋优势。

第5章　中炮过河车对盘河马右象

20. 兵七进一　……

弃兵拦炮损失较大，似应相七进五坚守为宜。

20. ……　卒3进1　21. 炮八平七　马3进4

似可车4进6，炮七进五，车4平5，仕六进五，卒3进1，车九平八，炮2平5，车八进九，士5退4，相七进五，车5平8，炮二平一，车8平9，炮七平九，黑棋多卒优势。

22. 马五进四　马4退6

稳健。倘若马4进5，马四进二，车4进3，马二进三，将5平4，相七进五，马5进3，炮二平七，卒3进1，车九平八，炮2平5，仕四进五，卒3进1，炮七平九，卒3平2，帅五平四，车4平7，马三进一，炮5平9，马一退二，车7平8，马二进四，车8平2，虽然黑棋优势，不如实战锋锐。

23. 马四进二　炮2退1　24. 炮七平四　炮2平8

25. 炮四进四　车4进3

26. 炮四进二　炮8平5（图193）

以上黑棋攻势一气呵成，颇为精彩！中炮镇顶，形成黑云压顶之势！

27. 车九平八　车4进4

似可车4进3，车八进九，士5退4，车八退三，炮5进2，车八平五，将5进1，炮四平一，卒3进1，黑棋优势。

28. 车八进六　炮5进2

29. 炮二退一　卒3进1

30. 车八平九　卒3进1

31. 炮二进五　卒3进1

32. 炮二平五　车4退7

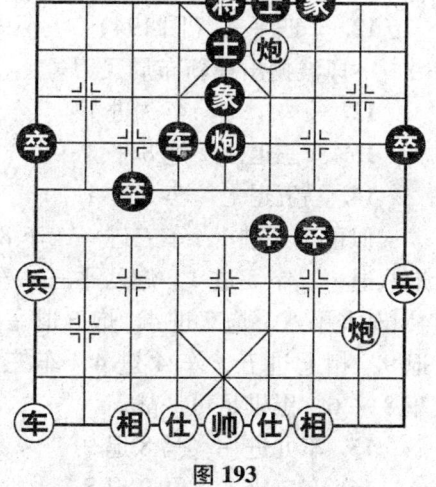

图193

避免兑车。倘若卒6进1，车九进三，车4退7，车九平六，将5平4，炮五平六，卒3平4，黑棋亦优势。

33. 炮四平二　卒3平4　34. 炮二进一　卒4进1

35. 车九退一　……

形成相互牵制的精妙和棋。

35. ……　车4进3　36. 车九进四　车4退3

37. 车九退一　车4进6　38. 车九进一　车4退6（和棋）

点评：黑棋弃子形成庞大"卒团"，反击力强大，重演红棋没便宜。

第60局 中炮冲中兵对盘河马右士过河炮

卜凤波 和 洪智

（2000年11月12日弈于蚌埠全国象棋个人赛）

1. 炮二平五　马8进7　　2. 马二进三　车9平8
3. 车一平二　马2进3　　4. 兵七进一　卒7进1
5. 车二进六　马7进6　　6. 马八进七　象3进5
7. 兵五进一　卒7进1
8. 车二平四　马6进7
9. 兵五进一　士4进5
10. 马三进五　炮8进5
11. 车四退四　马7进8
12. 车四平三（图194）……

卜凤波抛出最新布局飞刀。

12. ……　　　　卒7进1
13. 车三退一　炮8平3
14. 马五退七　卒5进1

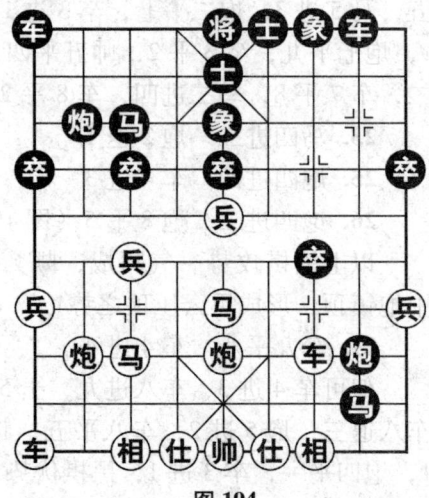

图194

似可卒7进1，车三进一，车8进6，炮八退一，卒5进1，炮八平三，车1平4，车九平八，炮2进4，炮五退一，马8退9，相七进五，车4进4，车三进五，车8平6，黑棋足可一战。

15. 车九进一　马8退9
16. 车三进二　马9退8
17. 车三平二　马8退7
18. 车二进六　马7退8
19. 车九平二　马8进7
20. 车二进五　马7进6

跳马突围反击是好棋，否则被红车压制陷入被动。

21. 车二平四　马6进7
22. 车四平七　车1平3
23. 马七进五（图195）　马3退4

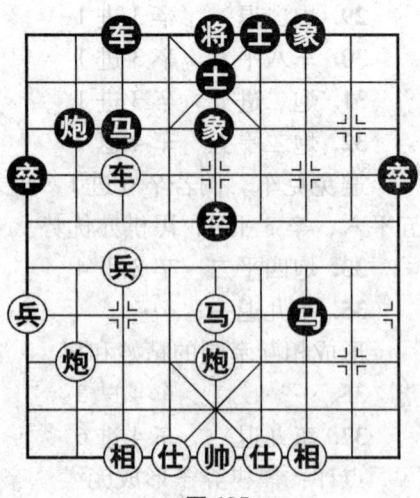

图195

第 5 章 中炮过河车对盘河马右象

倘若卒 5 进 1，马五进三，象 5 进 7，炮八进二，红棋有攻势。

24. 车七进三　象 5 退 3　　25. 炮五进三　炮 2 平 5
26. 仕六进五　马 4 进 3　　27. 兵七进一　马 7 退 5
28. 兵七进一　马 3 进 5　　29. 炮五进二　象 3 进 5
30. 炮八平九　前马退 3　　31. 帅五平六　……

倘若马五进四，马 3 进 2，炮九进四，马 5 进 4，马四进二，马 4 退 3，亦是和棋之势。

31. ……　　　　象 5 进 7　　32. 相三进五　象 7 进 5
33. 相五进七　马 5 进 6　　34. 马五退七　马 6 退 5
35. 兵七平八　马 5 退 3（红棋稍优，余略，第 90 回合和棋）

点评："卜氏飞刀"一直小优势在握，基本令人满意。黑棋第 15 回合改走卒 7 进 1 尚可抗衡。

第 61 局　中炮冲中兵对盘河马右士过河炮

柳大华 和 黄少龙

（1975 年 6 月 14 日弈于上海第三届全运会象棋赛）

1975 年中华人民共和国第三届运动会象棋赛，天津著名棋手黄少龙首创抵抗中炮的新式布局武器。其优良防御性能，令棋界震惊。

对这盘棋"虎口献马"的佳作，著名象棋大师陈孝堃曾评曰："佳妙！虎口喂马，一举扭转局势，弈至中局形势乍看真是眼花缭乱，令人目不暇接。黄少龙这手回马枪对本路棋贡献不小，从此中炮方用急进中兵数量锐减（对左马盘河）。"

1. 炮二平五　马 8 进 7　　2. 马二进三　卒 7 进 1
3. 兵七进一　马 2 进 3　　4. 车一平二　车 9 平 8
5. 车二进六　马 7 进 6　　6. 马八进七　象 3 进 5
7. 兵五进一　卒 7 进 1　　8. 车二平四　马 6 进 7
9. 兵五进一　士 4 进 5　　10. 马三进五　炮 8 进 5

伸炮是一步牵制功能极强的佳着！倘若炮 8 进 7，车九进一，车 1 平 4，兵五平六，炮 2 平 1，炮五平六，车 4 平 2，炮八进二，车 8 进 7，炮六平三，卒 7 进 8，兵六进一，车 2 进 4，兵六平七，马 3 退 2，车四退四，车 8 退 1，车九平六，红棋优势。

11. 兵五进一　炮 2 进 1（图 196）

象棋大师黄少龙抛出最新布局飞刀！

高炮链车兵是最佳防御手段。如炮8平3，兵五进一，炮3退1，兵五进一，马3退5，车四进二，马7进5，相七进五，炮2退1，车四退七，卒7进1，车九平七，炮3平4，炮八进三，红棋虽然少子但有攻势。

12. 兵七进一 ……

倘若马五进六，炮2平5，马七进五，炮8平2，车九平八，炮5进4，车八进二，车1平2，车八进七，马3退2，相七进五，车8进4，相五进三，马7退5，车四平五，车8平4，车五退二，车4进2，兵九进一，平淡之势。

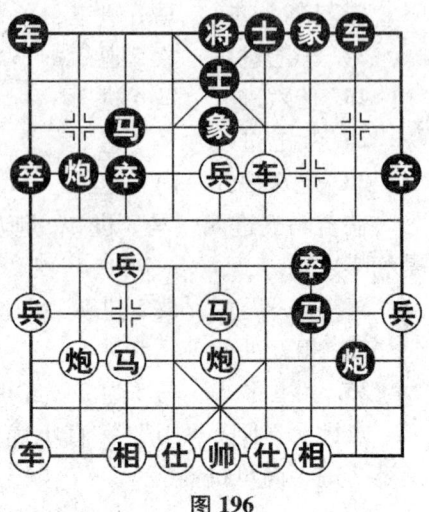

图196

12. …… 炮8平3

为什么不象5进3吃兵？兵五平六，炮8平3，马五退七，象7进5，马七进五，马7进5，相七进五，车1平4，马五进四，红棋优势。

13. 兵七进一 马7退5（图197）

"虎口献马"解围是20世纪70年代推出的经典战术之一，著名象棋大师黄少龙首创。

后来黄少龙曾对这步棋作出精彩的自我点评："此时红方双兵渡河，来势汹汹，黑方却把双炮双马卒五个子同时置于虎口之下任吃，这种罕见的奇特局面反映了巧妙的构思，把局势引向一个崭新的境界。"

14. 炮五进二 炮2平5
15. 兵七进一 炮5进3
16. 车四退三 炮3退4

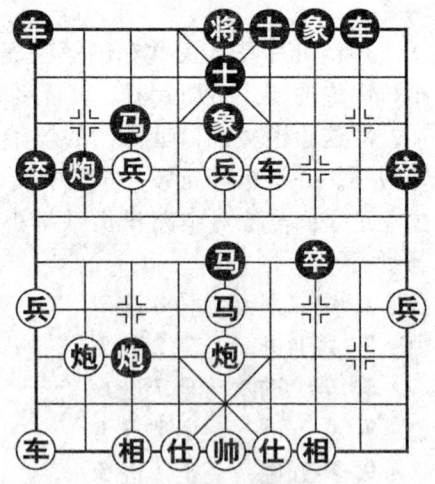

图197

1998年12月9日深圳全国象棋个人赛，张石对金松之战：炮3退3，炮五进一，炮5退1，车九进一，车8进4，炮八进三，炮3进2，车四平七，车8平5，炮八退一，车1平4，车九平八，车4进7，炮八进五，车4平5，车八平五，前车平2，车七平五，卒7平6，炮八平九，车5平4，相七进五，车2进2，黑胜。

第5章 中炮过河车对盘河马右象

17. 车四平五　炮3平5
18. 车五退二　炮5进5
19. 仕六进五　卒7平6
20. 炮五平七　车8进6（图198）
21. 炮八进二　……

巡河炮打卒是争取和棋的佳着。

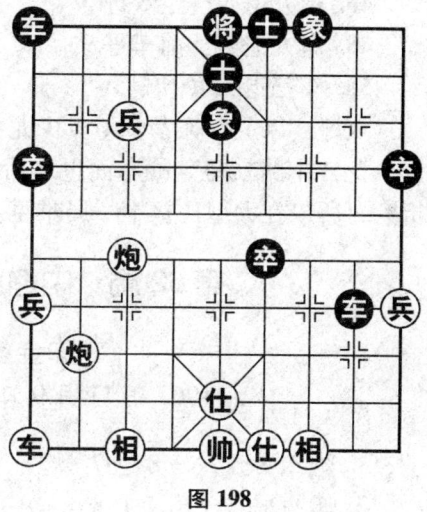

图198

图198形势下，红棋要想赢似乎有点异想天开。可是作者朦胧记得有名手走独角龙在边线爬行，竟然奇迹般地赢了：兵一进一，车1平2？炮八进五，车8平3？相七进五，卒6平5，车九平八，士5进6，车八进六！卒5平4？炮七进二，象5退3？兵九进一！卒4进1，兵七进一，象7进5（应车2进2，一车换双和棋）炮八进一，士6退5，车八平九，红胜。

21. ……　　　　　车1进2

倘若卒6进1，车九平八，车8退2，炮八进五，卒1进1，车八进七，车8平3，相三进五，卒1进1，兵九进一，车1进5，车八退四，车3退2，车八平四，车3平2，车四进三，亦是和棋之势。

22. 相七进五　　……

老练！倘若炮八进三，卒1进1，车九平八，车8退3，相七进五，车8平3，红棋无趣。

22. ……	车1平3	23. 炮八平四	车8平9
24. 兵九进一	车9平4	25. 炮七退四	车3进2
26. 炮四退二	卒9进1	27. 炮七平六	卒9进1
28. 车九平八	车4退1	29. 车八平九	车4进1
30. 车九平八	车4平1	31. 车八进四	卒9进1
32. 炮四进四	车3退1	33. 炮四退二	卒9平8
34. 炮四平五	车3平5	35. 炮五平七	士5退4
36. 炮七进四	车1平3	37. 炮七平八	卒8平7
38. 炮八进一	象5退3	39. 炮八平九	象7进5
40. 车八平六	士6进5	41. 车六平一	车5平2
42. 车一进五	士5退6	43. 车一退一	车3平1
44. 兵九进一	车1平2	45. 车一平九	卒1进1

46. 炮九退四　士6进5　　47. 炮九平一　卒7进1
48. 车九退四　前车平9　　49. 车九平三　车9退2
50. 车三退二（和棋）

点评：以上有陈孝堃与黄少龙两位大师精辟的见解，作者无须再作评论。黄少龙"中路献马"战术面世之后，中炮急进中兵的战术要遭到黑棋小优势折磨，所以在大型比赛中一局难见。

第62局　中炮冲中兵对盘河马巡河炮

陈金盛 负 季本涵
（1962年11月9日弈于合肥全国象棋个人赛）

1. 炮二平五　马8进7　　2. 马二进三　马2进3
3. 车一平二　车9平8　　4. 兵七进一　卒7进1
5. 车二进六　马7进6　　6. 马八进七　象3进5
7. 兵五进一　卒7进1　　8. 车二平四　马6进7
9. 兵五进一　士4进5
10. 车四平二（图199）　……

湖北著名棋手陈金盛首创分车链炮的最新布局飞刀！

10. ……　　　　炮2进2

巡河炮构思新颖！

11. 马三进五　……

为什么不兵五进一？炮2退1，马三进五，车1平4，相互对攻，各有顾忌。

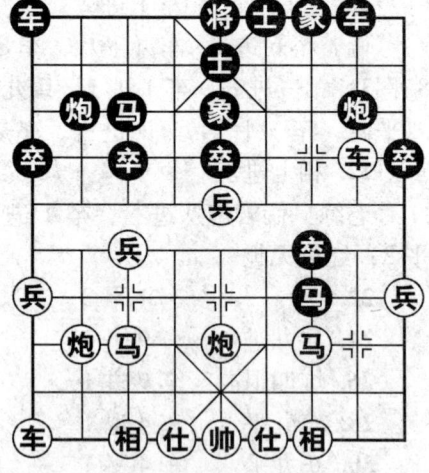

图199

11. ……　　　　车1平4
12. 马五进三　卒3进1
13. 车二退三　……

似应兵七进一，炮2平5，马三进五，卒5进1，兵七进一，马3退2，车九平八，红棋优势。

13. ……　　　　车4进6　　14. 车九进一　车4平3
15. 马七进五　马7进5　　16. 相七进五　卒3进1
17. 车二进一　……

看似呆板却是好棋。倘若车二进三，炮2退1，车二退一，黑棋借打车之机封锁跳马卧槽通道。

第5章　中炮过河车对盘河马右象

17. ……　　　　卒3平4　　　18. 车九平六　……

似应马三进四，士5进6，马五进三，炮8退1，车二进三，士6进5，车九平六，卒4进1，炮八退二，红棋不差。

18. ……　　　　卒4进1　　　19. 马五进六　……

似应马三进四，士5进6，马五进三，红棋尚无大碍。

19. ……　　　　马3进4　　　20. 兵五平六　车3进1
21. 炮八退二　卒4进1　　　22. 车六平八　炮2进5
23. 车八退一　象5进7

飞象顶马，势在必行。否则马三进四卧槽，黑棋崩溃。

24. 车八进七　……

逼黑飞象无趣，似应马三退四为佳。

24. ……　　　　象7进5　　　25. 车八退一　卒4平5
26. 车八平五　卒5平4（图200）
27. 马三退五　……

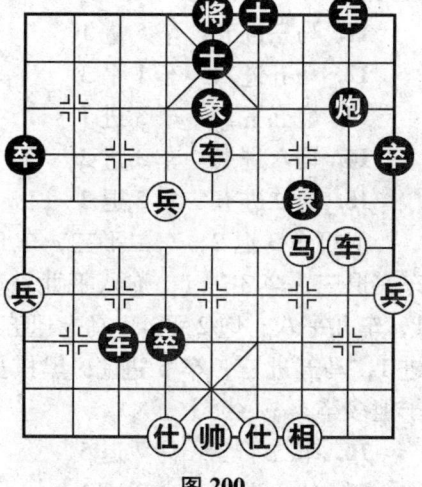

图200

倘若车五平二，车3退2，相三进一，炮8进3，车二进三，车3平5，仕四进五，炮8进1，车二退六，车5平7，车二平六，车7平8，车六退一，和棋之势。

27. ……　　　　车3退1
28. 车二进二　……

似应仕四进五，象5退7，车二平七，车3退1，马五进七，卒4进1，马七进八，红棋足可抵挡。

28. ……　　　　象5退7
29. 马五进四　……

自毁长城！似应兵六进一，坚守为宜。

29. ……　　　　炮8平2　　　30. 车五平八　车8进3
31. 车八进一　车8平5　　　32. 仕四进五　卒4进1（黑胜）

点评：黑棋"巡河炮"出其不意，虽然最后获胜并不表示反击性能优良，重演此阵请谨慎为宜。

第63局　中炮冲中兵对盘河马右士

牛清源　胜　王伟

（2006年4月7日弈于济南全国象棋团体赛）

1. 炮二平五　马8进7
2. 马二进三　车9平8
3. 车一平二　马2进3
4. 兵七进一　卒7进1
5. 车二进六　马7进6
6. 马八进七　象3进5
7. 兵五进一　卒7进1
8. 车二平四　马6进7
9. 兵五进一　士4进5
10. 车四平二　卒7平6（图201）

山东名手王伟抛出探索型最新布局飞刀！

11. 马三进五　卒5进1
12. 马五进六　车1平3
13. 炮五平二　卒3进1
14. 马六进七　车3进2
15. 炮二进五　象5退3

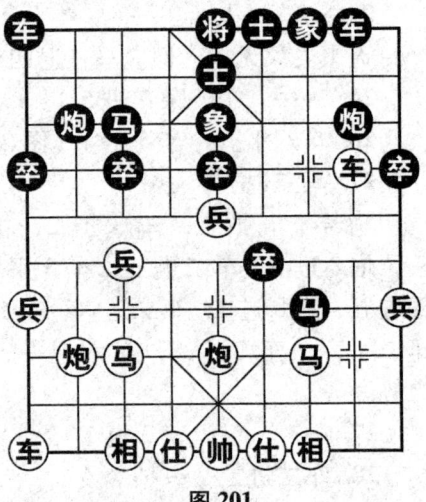

图201

似可车3退2，车二平三，车8进2，车三退三，卒3进1，炮八平九，车8进1，车九平八，炮2平4，马七退五，卒3进1，马五进三，卒5进1，黑棋虽然少子但多卒。

16. 车二平三　马7退5
17. 炮二退一　卒3进1
18. 仕六进五　卒3进1
19. 马七退六　卒3进1
20. 炮八平九　卒3平4

有稍急之嫌。应马5退3，炮九进四，卒5进1，黑棋攻势强大。

21. 车三平六　象3进5

似应马5退3，车九平八，车3平4，车六进一，士5进4，炮二平七，炮2进4，仕五进六，车8进3，炮七进二，车8平2，黑棋尚可一战。

22. 车九平八　卒4进1

倘若炮2平1，车八进九，车3退2，车八平七，象5退3，炮二平五，象3进5，仕五进六，红棋优势。

23. 炮九平二（图202）　车8进3

第5章 中炮过河车对盘河马右象

弃车砍炮无可奈何！倘若卒 4 进 1，帅五平六，车 8 平 9，前炮平五，车 3 退 2，车八进七，红棋胜势。

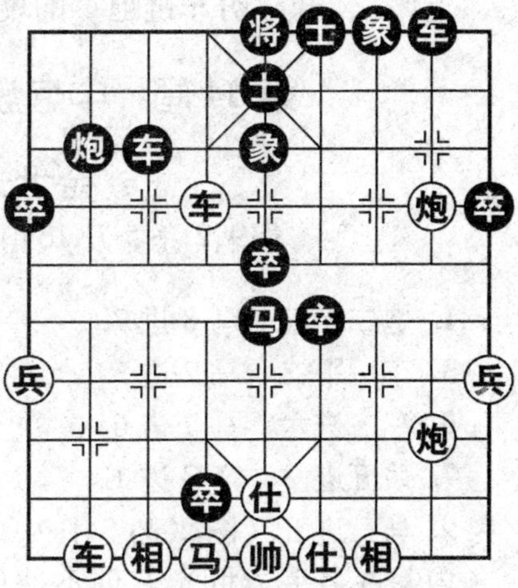

24. 车六平二　车 3 平 4
25. 炮二退一　卒 4 进 1
26. 仕五退六　炮 2 进 4
27. 仕四进五　车 4 进 4
28. 兵一进一　车 4 平 7
29. 相三进五　马 5 退 3
30. 车二平一　车 7 平 8
31. 炮二平三　炮 2 平 5
32. 车一平三　炮 5 退 1
33. 兵一进一　马 3 进 4
34. 帅五平四　士 5 退 4
35. 车八进三　士 6 进 5
36. 车三平六　车 8 平 6
37. 炮三平四　车 6 平 9
38. 炮四平三　车 9 进 3
39. 炮三退一　马 4 退 3
40. 车八平三　车 9 退 5
41. 车六平四　象 7 进 9

图 202

似可车 9 进 1，炮三进九，卒 6 进 1，车三退三，炮 5 平 6，帅四平五，马 3 进 4，车四平六，马 4 进 3，车六退五，马 3 退 2，炮三退八，卒 6 平 5，黑棋尚可一战。

42. 车四退二　……

拔去"眼中钉"，红棋稳占优势。

42. ……　　　卒 1 进 1
43. 车三进四　车 9 进 2

似应象 9 进 7，车三平二，车 9 退 4，坚守为宜。

44. 车四进四　……

进车点穴，黑棋难以抵抗。

44. ……　　　炮 5 进 1
45. 车三平二　车 9 平 7
46. 车二平一　车 7 退 6

忍痛丢象，别无良策退敌。

47. 炮三进六　车 7 平 6

兑车简明，红棋胜势。

48. ……　　　士 5 退 4
48. 车四进一　……
49. 炮三平二　马 3 进 4
50. 炮二退三　炮 5 退 1
51. 车一平四　士 6 进 5
52. 车四退四　马 4 退 3
53. 炮二进二　炮 5 平 4（红胜）

点评：红棋"分车链炮"的攻击性能较弱，重演此阵没便宜。

第64局　中炮盘头马对盘河马左炮过河

金世光　胜　陈汉华

（1992年5月13日弈于抚州全国象棋团体赛）

1. 炮二平五　马8进7　　　2. 马二进三　车9平8
3. 车一平二　马2进3　　　4. 兵七进一　卒7进1
5. 车二进六　马7进6　　　6. 马八进七　象3进5
7. 兵五进一　卒7进1　　　8. 车二平四　马6进7
9. 马三进五（图203）　……

内蒙古名手金世光首创不冲中兵而"盘头马"最新布局飞刀！

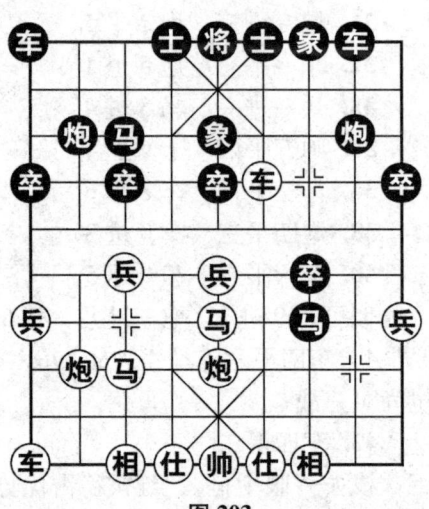

图203

9. ……　　　　　炮8进5

倘若炮8进7沉底炮怎样呢？兵五进一，炮8平9，马五进三，车8进9，炮五进四，马3进5，相七进五，马7进5，炮八平五，车8平7，炮五进四，士4进5，炮五平一，炮9退6，马三退四，车7退2，马七进五，车7退1，马五进四，车7平9，后马进三，车9进1，车九平八，炮2平4，车四平七，象5进7，兵七进一，车1平4，兵七平六，红棋优势。

10. 车四退四　……

倘若兵五进一，士4进5，车四退四，马7进8，车四平三，重返过去的老战术。

10. ……　　　　马7进8　　11. 车四平三　卒7进1
12. 车三退一　炮8平3　　13. 车九进一　炮3退1
14. 马五进三　……

倘若兵五进一，卒7平6，马五进六，炮3平5，马六退五，卒6平5，炮五退一，马8退9，黑棋优势。

14. ……　　　　马8退9　　15. 马三进四　炮3平5
16. 仕六进五　卒7进1　　17. 马四进三　将5进1
18. 车三平四　……

第 5 章 中炮过河车对盘河马右象

倘若炮八平三，炮2进7，相七进九，车1平2，黑棋优势。

18. ……　　　炮5平7　　　19. 马三退四　将5退1

20. 相三进一（图204）　马9退8

错失良机！似应车1进1，车四进二，炮7平8，兵五进一，卒5进1，相一退三，车1平4，马四退三，卒5进1，马三退一，卒7进1，炮五平二，炮8平7，车四平三，车8进7，相七进五，车8退6，炮八进二，卒5平4，黑棋优势。

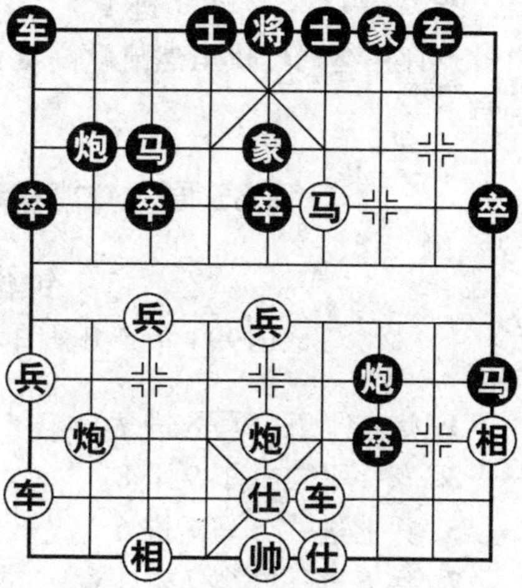

21. 马四进三　将5进1
22. 车四进八　炮2退2
23. 炮五进四　……

再弃一子，凶悍！

23. ……　　　象5进3

炮轰中卒产生极大的威慑力，在如此复杂形势下如何决策颇费神思。倘若马3进5，车四平六，马5退7，车九平六，车1进1，前车平五，将5平6，车六进二，炮2进4，兵七进一，象5进3，车六平四，马7进6，兵五进一，炮2平5，车五退四，马8进7，炮八进二，炮7退5，炮八平四，马6退5，车五进二，车8进6，车四退二，车8进2，车五平三，车8平6，车三进一，将6退1，车三进一，将6进1，炮四平九，车1进1，炮九进三，象3退1，平淡之势。

24. 车四退六　车8进1

倘若马3进5，兵五进一，马5进7，炮八平五，象7进5，兵五平四，象5退3，马三退五，将5进1，车四平五，将5平6，兵四平三，红棋胜势。

25. 炮八平五　车8平7
26. 兵五进一　马3进5（图205）

加速失败！倘若炮2进9，相七进九，炮7退1，车九平八，车1平2，车八进八，马3退2，车四平八，将5平6，车八退三，炮7平8，车八进八，士4进5，前炮平九，红棋亦优。

图204

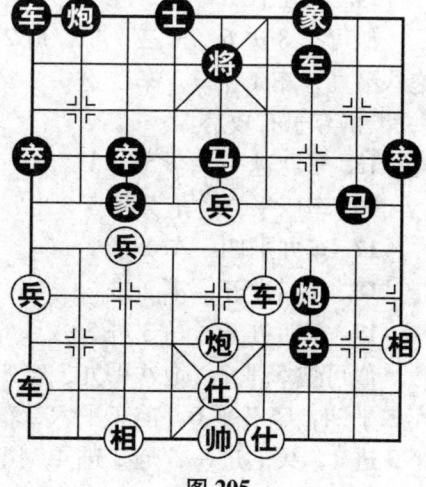

图205

27. 兵五进一　象3退5　　　　28. 车九平八 ……

兵在精而不在多。黑棋虽然净多两子，但在红棋强大攻势面前束手无策。

28. ……　　　车1进1　　　　29. 车八进六（红胜）

点评：终局红棋虽然凯歌高奏，但是黑棋的反击不可小觑，重演此阵小心为宜。

第65局　中炮盘头马对盘河马左炮过河

钟俊　胜　周飞

（1993年5月4日弈于南京全国象棋团体赛）

1. 炮二平五　马8进7	2. 马二进三　卒7进1
3. 车一平二　车9平8	4. 车二进六　马2进3
5. 兵七进一　马7进6	6. 马八进七　象3进5
7. 兵五进一　卒7进1	8. 车二平四　马6进7
9. 马三进五　炮8进5	10. 车四退四　马7进8
11. 车四平三　卒7进1	12. 车三退一　炮8平3

13. 马五退七（图206）……

贵州名手钟俊抛出最新布局飞刀！

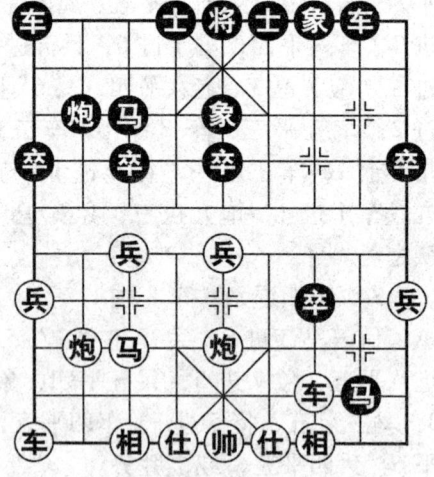

图206

13. ……　　　炮2退1

14. 炮五平二　卒5进1

似可车8进6，车三平二，炮2平7，炮八平九，车1平2，车二退一，卒5进1，黑棋弃子有攻势。

15. 车九进一　卒5进1

16. 车三平二　炮2平5

17. 车九平四　车1平2

18. 仕四进五　车2进6

19. 车四进五　马3进5

似可炮5平3，炮八平九，车8进6，车二平四，卒7平6，前车平六，车2平3，车六进二，炮3退1，车六退六，卒3进1，兵七进一，炮3进4，黑棋足可一战。

| 20. 车二平四　马5进4 | 21. 炮二平四　象7进9 |
| 22. 炮四平五　车8进2 | 23. 炮八平九　卒7平6 |

倘若车2平3，炮九进四，象5退3，炮九退二，炮5进6，相七进五，车

第5章 中炮过河车对盘河马右象

8平5，马七退八，卒7平6，后车平二，车3平1，炮九平八，车1平2，马八进九，车2进1，相五退七，卒6进1，虽然红棋仍优，黑棋比实战要好。

24. 炮九进四　象5退3
25. 炮五进六　士6进5
26. 炮九退二（图207）……

佳着！红棋亮剑，由此渐入佳境。

26. ……　　　车8平5
27. 后车平二　士5退6
28. 马七进六　卒5平4
29. 车四退二　卒4平3（红胜）

点评：为什么黑棋不再继续战斗了呢？因红可接走车二进五，亦胜势。总之红棋"盘头马"的攻势不够锋锐，重演此阵没便宜。

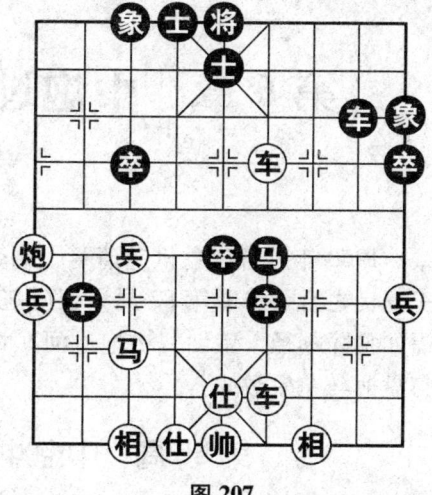

图 207

第6章　中炮过河车对盘河马左象

1960年五省市象棋邀请赛，胡荣华以"盘河马左象"战胜三届全国亚军王嘉良之后（参看第87局）仅隔三天，又与广东小霸王蔡福如狭路相逢。蔡福如独辟蹊径，首创"中炮过河车冲中兵"新着亮相，从而引发一场过河车与盘河马左象激战。

第66局　中炮冲中兵对盘河马左象右士

蔡福如　负　胡荣华

（1960年6月23日弈于杭州五省市象棋邀请赛）

1. 炮二平五　马8进7
2. 马二进三　卒7进1
3. 车一平二　车9平8
4. 车二进六　马2进3
5. 兵七进一　马7进6
6. 马八进七　象7进5

盘河马"左象"是1958年为反击过河车出现的重磅武器！

7. 兵五进一（图208）……

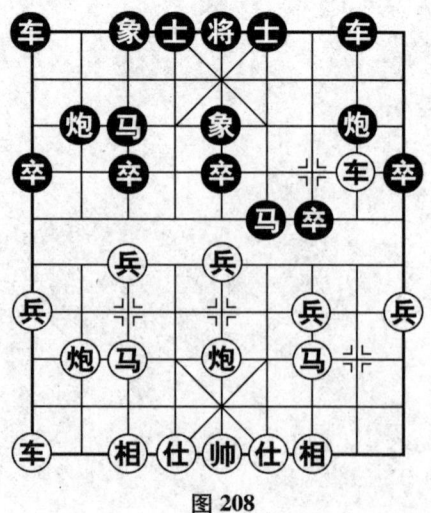

图208

冲中兵是广东小霸王蔡福如首创最新探索型布局飞刀！

7. ……　　　卒7进1

冲卒逐车势在必行！是不是有点似曾相识的感觉，只是"象"的方向不同。

8. 车二平四　马6进7
9. 兵五进一　士4进5
10. 马三进五　炮8进5
11. 兵五进一　炮2进1
12. 兵七进一　炮8平3
13. 兵七进一　车8进6

第6章 中炮过河车对盘河马左象

倘若马7退5，炮五进二，炮2平5，兵七进一，炮5进3，车四退三，炮3退3，车四平五，炮3平5，车五退二，炮5进4，仕六进五，卒7平6，炮五平九，车1平2，炮八进五，车8进5，车九平八，象5退7，炮九平八，车2平1，前炮进二，车1平2，炮八平五，卒6平5，车八进九，象7进5，平淡之势。

14. 马五退七　炮2平5
15. 仕六进五　马7退5（图209）
16. 车四退一　……

图209 形势相当复杂！退车这步棋值得商榷。似应车四平三，车1平2，车九平八，马5进6，帅五平六，车8平3，兵七进一，车3平4，炮五平六，炮5平4，车三平六，车4退3，仕五进四，车2进3，帅六平五，红棋多子虽然不一定能赢棋，但和棋还是有望。

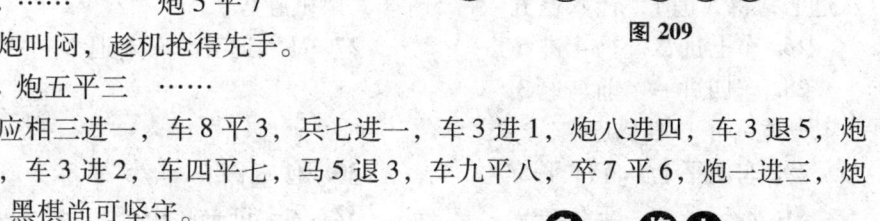

图209

16. ……　　　炮5平7

分炮叫闷，趁机抢得先手。

17. 炮五平三　……

似应相三进一，车8平3，兵七进一，车3进1，炮八进四，车3退5，炮八平一，车3进2，车四平七，马5退3，车九平八，卒7平6，炮一进三，炮7退3，黑棋尚可坚守。

17. ……　　　炮7进4
18. 炮八平三　马3进5
19. 马七进八　车1平2
20. 马八进六　……

似应委屈一点而马八退九为宜。

20. ……　　　后马进4

跳马抽车凶悍！红棋很难招架。

21. 车四退四　……

倘若马六进七，马4进2，车四平六，车2进4，车六退四，车8平3，炮三平八，车2平3，相七进九，后车退1，马七进九，象3进1，黑棋优势。

21. ……　　　车2进8
22. 车九进二（图210）　车8平3

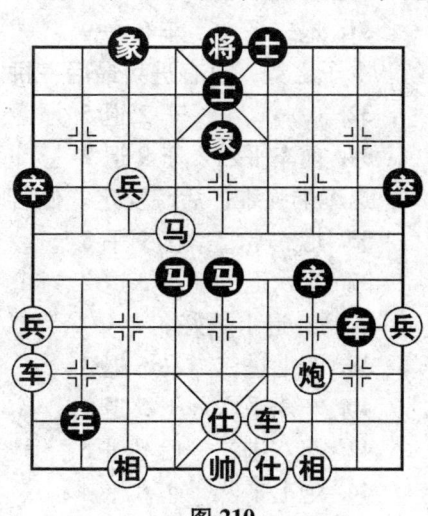

图210

似可马4进2，车四进四，车8平4，炮三退一，马5进4，车九平六，马2进4，仕五进六，车2平7，黑棋胜势。

23. 相七进五　车3平4　　　　24. 车九平七　……

倘若车九平八，车2平1，车八平九，车1退1，炮三平九，马4进2，炮九平八，车4退2，黑棋胜势。

24. ……　　　　车2进1

亦可车4平1，车七退二，马4进5，马六进八，车1平4，马八进七，将5平4，车四进七，前马进3，车七退一，车2平1，仕五退六，车4进3，帅五进一，车4平5，帅五平四，车5平6，帅四平五，车2平5，绝杀黑胜。

25. 相五退七　……

倘若车七退二，马4进2，仕五退六，车2平3，相五退七，马2进4，车四平六，马5进6，黑胜。

25. ……　　　　车4进2

倘若车4平7，车七退二，车7进1，车七平六，马5进4，仕五进六，车2平3，帅五进一，车3退1，帅五退一，车3平6，马六进八，士5退4，马八进七，将5进1，仕六退五，将5平6，黑棋胜势。

26. 车七进二　马4进5　　　　27. 马六退五　车4退2
28. 车四进一　前马退3

劫吃一子，胜势已定。

29. 车四平七　车4平5　　　　30. 炮三平二　车5平8
31. 炮二平一　车8平9　　　　32. 兵七进一　……

少子之势，只有进兵最后一拼。

32. ……　　　　车2退5　　　　33. 兵七进一　车2平3
34. 前车平六　车9退2

退车加强维护后院安定。倘若马3退1，车七进三，马1退3，黑亦胜势。

35. 炮一平二　车9平8　　　　36. 兵七平六　卒7平6
37. 车六退一　马3退2

若马3退1更好。

38. 车七进三　马5退3　　　　39. 车六退一　马2进3
40. 车六平八　士5退4　　　　41. 炮二平七　象3进1
42. 车八进二　后马进5　　　　43. 车八进三　象1进3
44. 炮七平八　车8平4　　　　45. 车八退一　象3退1
46. 车八平七　车4平2　　　　47. 炮八平二　车2进5（图211）

车捉底相，红棋崩溃。

第6章 中炮过河车对盘河马左象

48. 相三进五　……
别无良策！

48. ……　　　马3进5
49. 车七退六　前马进7
50. 帅五平六　士6进5
51. 帅六进一　车2退3
52. 车七平三　车2进2
53. 帅六退一　车2进1
54. 车三平七　车2退5
55. 车七平三　车2平7（黑胜）

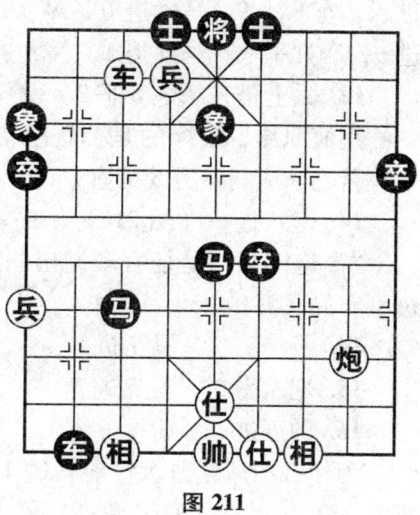

图211

点评：最新布局飞刀折断，留下令人却步的恐惧。那么如何应对呢？请看下局。

第67局　中炮冲中兵对盘河马左象右士

杨官璘 胜 赵明

（1964年5月1日弈于杭州全国象棋个人赛）

赵明，1937年出生，大学教授，吉林省著名棋手，棋艺精湛，中残局功夫深厚，多次代表吉林省参加全国比赛，曾战胜过王嘉良等名将。并于1964年全国象棋个人赛创出"实战杀局胜似排局"的杀棋，被赛会评为"最佳杀局"。

20世纪60年代业余棋手与专业棋手最大差距是"布局"。这盘棋是赵明借用胡荣华上局老式武器与岭南"魔叔"杨官璘开战，结果误落陷阱。

1. 炮二平五　马8进7　　2. 马二进三　卒7进1
3. 兵七进一　马2进3　　4. 车一平二　车9平8
5. 马八进七　象7进5　　6. 车二进六　马7进6
7. 兵五进一　卒7进1　　8. 车二平四　马6进7
9. 马三进五　炮8进5

"进炮牵链"颇有力度，是抵抗盘河马重要的战术之一。

10. 兵五进一　士4进5　　11. 兵五进一　炮2进1

1983年兰州敦煌杯特级大师象棋赛，刘殿中与吕钦之战：炮8平3，兵五进一，炮2平5，炮五进五，象3进5，马五退七，马7退5，车四平七，车1平2，炮八平九，马3退4，仕六进五，车8进6，炮九进四，卒9进1，马七

177

进六，车8平9，马六进五，卒7进1，车九进二，卒7平6，炮九退二，马5进3，车九平七，马3退1，兵九进一，余略，红棋优势。

12. 兵七进一　炮8平3　　　13. 兵七进一　车8进6

重演旧局，演绎的是孙悟空借假扇，自找苦吃。应马7退5为宜，请看上局。

14. 炮八进一（图212）……

"高炮链马"是杨官璘抛出的最新改进型布局飞刀！

14. ……　　　马7进5

15. 炮八平二　马5进3

16. 帅五进一　……

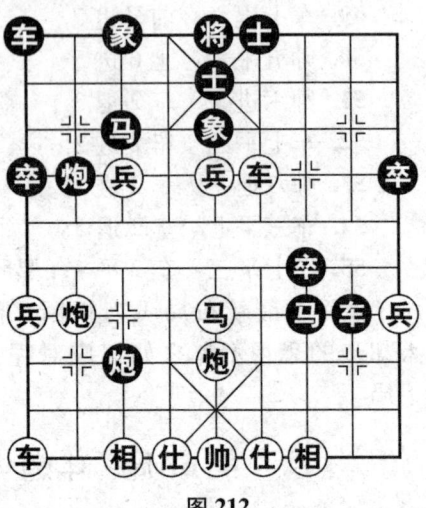

图212

为什么不马五退六？前马进1，炮二进六，象5退7，车四平三，象3进5，兵七平八，马3进5，车三平五，马1退3，车五进一，炮3进2，仕六进五，车1平4，仕五进六，车4进1，兵八平九，将5平4，仕四进五，车4平2，前兵进一，红棋虽然优势却不如实战。

16. ……　　　炮2进5

倘若前马进1吃车怎样呢？炮二进六，象5退7，兵七平八，车1进2，兵五平六，炮3进1，马五进三，将5平4，兵六平七，炮3平2，车四平六，将4平5，帅五平六，马1退3，帅六进一，前马退2，帅六退一，炮2退5，兵七平八，马3进2，车六退三，前马退3，车六平五，车1平8，炮二平一，车8平7，相三进一，车7平4，黑棋尚可坚守。

17. 马五退六　车1平2

倘若卒7平8，车九平八，车1平2，炮二退二，红棋优势。

18. 兵五进一　卒7平8

19. 炮二平七　……

打双精妙！

19. ……　　　炮2退5（图213）

倘若炮2平4，炮七退二，车2进8，车四平六，车2平3，车六退五，车3平4，帅五平六，红棋胜势。

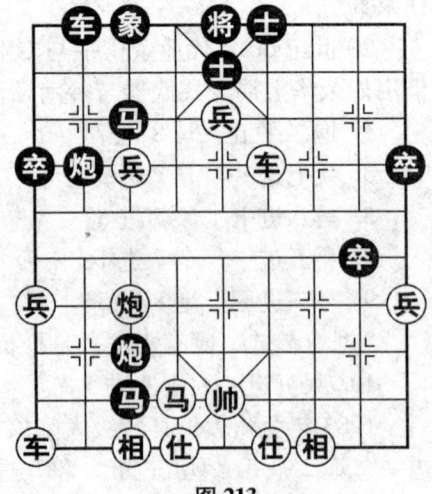

图213

第6章 中炮过河车对盘河马左象

20. 兵五进一 ……

似应兵七进一，马3进1，兵五进一，士6进5，炮七平五，士5进6，车四平五，将5平6，炮五平四，士6退5，马六进五，将6平5，马五进六，红棋胜势。

20. ……　　　士6进5

倘若后马退5，车九平八，红棋胜势。

21. 炮七平五　象3进5　　22. 兵七进一　马3进1
23. 帅五平四　将5平4　　24. 车四平六　将4平5
25. 车六平一　……

一着制胜！

25. ……　　　炮2平5　　26. 车一进三（红胜）

点评：杨官璘所创"高炮链马"的杀伤力颇为强大，切勿重演黑阵。

第68局　中炮冲中兵对盘河马左象右士

胡荣华　胜　吕钦

（1984年2月18日弈于昆山昆化杯象棋大师邀请赛）

由于盘河马反击性能不断提高，并取得可和棋的秘诀，这就给执先者出了一道难题。但是胡荣华坚持创新，开发一种新的布局战术。

1. 炮二平五　马8进7　　2. 兵七进一　卒7进1
3. 马八进七　马2进3　　4. 马二进三　象7进5
5. 车一平二　车9平8
6. 车二进六　马7进6
7. 兵五进一　卒7进1
8. 车二平四　马6进7
9. 兵五进一　士4进5
10. 马三进五　炮8进5
11. 车四退四（图214）……

胡荣华抛出最新布局飞刀！

11. ……　　　马7进8
12. 车四平三　卒7进1
13. 车三退一　炮8平3
14. 车九进一　……

以上似曾相识，因在飞右象形势下

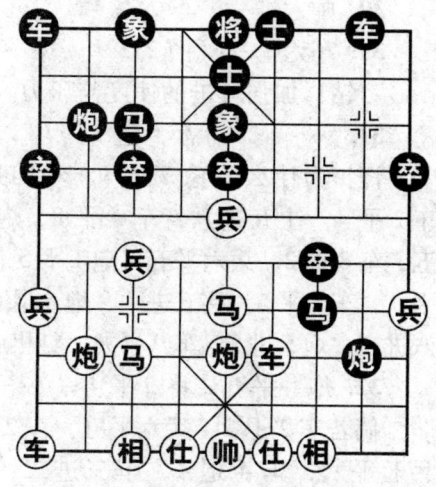

图214

常见，现在飞左象会怎么样呢？

14. ……　　　卒7平6
15. 马五退七　马8退7
16. 车九平六　车8平7

倘若车8进5，车六进三，车8平4，马七进六，卒5进1，马六退四，炮2进4，炮五退一，炮2平5，炮八平五，卒5进1，炮五进二，卒5进1，车三进二，卒5平6，车三平四，马3进5，车四平三，车1进2，炮五平二，象5退7，车三进六，车1平7，车三平一，马5进7，仕六进五，象3进5，黑棋尚可坚守。

17. 兵五平六　卒6进1
18. 车六进二　马7进5
19. 车三进八　象5退7

倘若马5进3，车六退二，象5退7，车六平七，炮2平1，炮八平四，车1平2，兵六进一，红棋优势。

20. 相三进五　象3进5
21. 马七进五　卒6平5
22. 相七进五　车1平4
23. 炮八平七　……

似应马五进四，炮2退1，马四进二，卒5进1，车六平八，炮2平1，车八进四，红棋优势。

23. ……　　　炮2进7
24. 仕六进五　车4平2
25. 马五进四　象5进7
26. 兵七进一　……

优势扩大。

26. ……　　　马3退4
27. 炮七进四　马4进5
28. 炮七平一　炮2平1
29. 帅五平六　车2进9
30. 帅六进一　车2退4
31. 车六平三（图215）　……

刁钻！加强攻击的速度与压力。

31. ……　　　卒5进1

怪！为什么不象7退9？马四进二，车2平4，仕五进六，车4平8，炮一平五，车8退2，兵六平五，炮1平5，车三平八，车8平5，兵五进一，炮5退6，车八进三，炮5进3，车八平九，红棋胜势。

32. 炮一平五　将5平4

倘若车2退2，兵六平五，车2平4，兵七平六，车4退1，车三进二，红棋胜势。

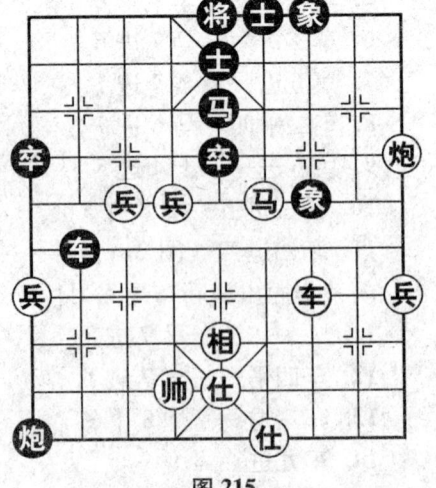

图215

第6章 中炮过河车对盘河马左象

33. 车三平六　卒5进1　　　34. 兵六进一　车2退3
35. 兵六平七　车2平4　　　36. 马四进六　马5进7
37. 前兵进一　卒5进1　　　38. 车六进一（红胜）

点评："胡氏飞刀"使后来者望而却步，重演黑阵还是小心为佳。

第69局　中炮冲中兵对盘河马左象右士

钟小羊 负 何顺安

（1961年9月12日弈于上海市象棋赛）

1961年，上海象棋赛少年棋手钟小羊与大名鼎鼎全国亚军何顺安相遇。钟小羊首创"分车链炮"新着，几乎可轻松获胜，但是终局令人意外……

1. 炮二平五　马8进7　　　2. 马二进三　车9平8
3. 车一平二　马2进3　　　4. 兵七进一　卒7进1
5. 车二进六　马7进6　　　6. 马八进七　象7进5
7. 兵五进一　卒7进1　　　8. 车二平四　马6进7
9. 兵五进一　士4进5
10. 车四平二　卒5进1（图216）

"分车链炮"，钟小羊抛出最新布局飞刀。

11. 马三进五　卒5进1
12. 马五进三　车8平7
13. 马三进五　……

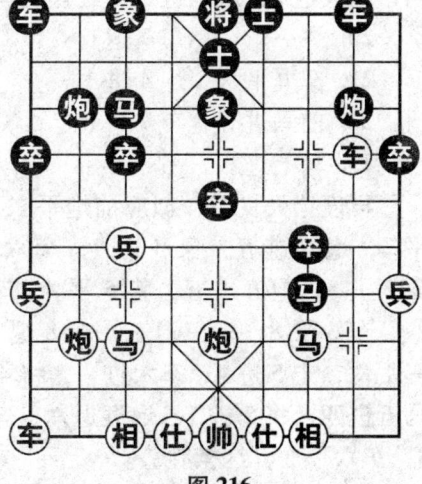

图216

运子次序颠倒。似应炮五平三，炮8平7，车二平七，炮2退1，马三进五，炮2平3，车七平三，马7退6，炮三进五，车7进2，车三进一，马6退7，马七进八，马7进5，相七进五，马5进7，相五进三，红棋尚可一战。

13. ……　　　　　　炮8平7　　　14. 车二平三　炮2进1

钟小羊是小毛孩，何顺安难免大意而走出欺着！现在进炮打车，虽然一车换双多得一相，但是被红巡河炮打中卒而攻势强大，大有得不偿失之感。

似应炮2进4，相三进一，炮2平5，马七进五，马7进5，相七进五，卒5进1，相五进三，炮7平8，车三平二，车7进4，马五进七，炮8平6，炮八平三，车7平6，仕六进五，车1平2，各有千秋。

15. 车三退三 ……

一车换双,势在必行。

15. ……　　　炮7进7　　　16. 车三退三　车7进9

17. 炮八进二　卒3进1

倘若卒5进1,马七进五,卒3进1,兵七进一,炮2平5,炮八平五,车7退3,前炮进二,马3进5,后马进四,车7退2,炮五进四,车7平6,兵七平六,车1平2,车九进二,车2进4,车九平七,象3进1,车七平六,车6退1,炮五平六,车2进2,黑棋稍优。

18. 炮八平五　卒3进1

19. 车九进一　炮2平4(图217)

20. 马五退七 ……

功亏一篑!似应车九平六,炮4进1,马七进五,车1进1,前炮进三,象3进5,后马进六,马3进4,马五进四,将5平4,车六进四,车1平4,炮五平六,士5进6,炮六进六,红棋胜势。

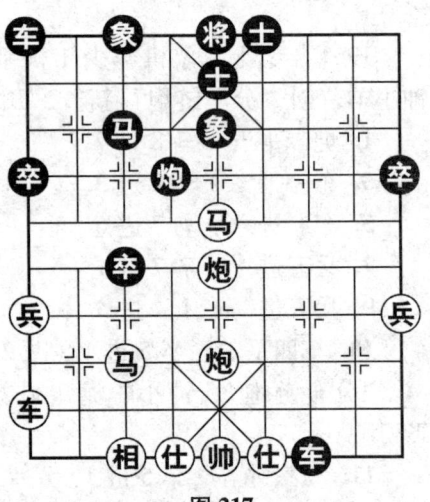

图217

20. ……　　　车7退6

21. 车九平六　炮4进1

22. 前马进五　车7平6

23. 马七进八 ……

再度错失良机!似应前炮平二,车1平2,炮二进五,象5退7,车六平三,象3进5,炮五进五,将5平4,车三进八,车6平8,车三退三,车8退3,车三平六,士5进4,车六进一,将4平5,马五进四,将5进1,炮五退六,车8进8,车六平七,红棋胜势。

23. ……　　　炮4退1(图218)

24. 马五退七 ……

三度与赢棋告别!似应马八进六,将5平4(如炮4进5,马六进七,红棋胜势)前炮平六,车1进1,炮六进二,车6平4,炮五平六,车1平4,炮六进四,车4进2,马六退五,车4进5,后

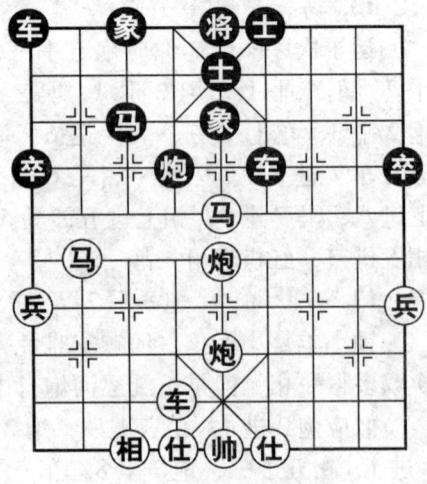

图218

第6章 中炮过河车对盘河马左象

马退六，红棋胜势。

24. ……　　　炮4进1　　　25. 前炮平二　车6平5
26. 车六进三　……

四度与胜利失之交臂！似应炮二进五，象5退7，车六平四，象3进5，马八进七，车1平2，前马退五，炮4平3，炮五进四，炮3进5，仕六进五，马3进5，车四进一，红棋多子胜势。

26. ……　　　车1平2　　　27. 马七进六　……

五度失去获胜机会！似应炮二进五，象5退7，马七进六，车2进3，马六进七，将5平4，马八进六，车2平4，仕四进五，车5平8，炮五平六，车8进6，仕五退四，车8退2，炮六进一，车8平4，马六退八，后车退2，仕四进五，前车退1，车六退一，红棋胜势。

27. ……　　　将5平4　　　28. 马六进七　……

最后的败着。似应炮二进五，将4进1，马八进六，车5平4，炮五平六，车2进7，炮六进一，士5进4，车六平八，车4平5，马六退五，士4退5，车八退二，车5进3，仕四进五，车5平4，车八进六，将4进1，炮二退一，士5进6，车八退一，车4平3，炮二平七，红棋胜势。

28. ……　　　炮4退3
29. 仕四进五　车2进3（图219）
30. 车六进四　……

弃车自毁佳局！屡攻不下，心情烦躁，在时间恐慌之下做出错误决策。似应车六平七，士5进4，炮二进五，士6进5，炮二平七，车2退2，车七平二，车5平7，炮七退二，车2平3，炮七平五，士5退6，车二进五，车7平6，前炮平一，炮4平9，车二退二，车6平4，车二平四，士6进5，车四进一，红棋有可为。

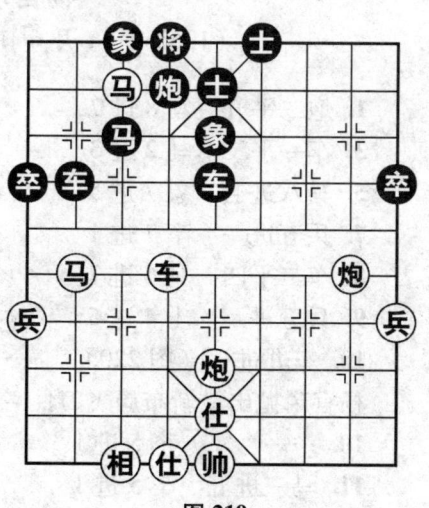

图219

30. ……　　　将4进1
31. 炮二平六　士5进6　　　32. 马八进六　车2平4

黑棋弃车拦挡，终于如释重负！

33. 炮五平六　将4平5　　　34. 前炮进二　马3进4
35. 后炮平八　将5平6　　　36. 炮六平一　士6退5

老练！倘若车5平9，炮八进六，士6进5，马七退五，士5进4，马五退六,尚有一线和棋之望。

37. 炮一退二　车5平3　　38. 炮八平四　士5进4
39. 炮一平四　将6平5　　40. 前炮平五　象5退7
41. 炮四平五　将5平6　　42. 马七进九　……

徒呼奈何。

42. ……　　　　车3进6

有车杀无车,黑棋胜势。

43. 后炮平九　车3退4　　44. 炮五平一　车3退2
45. 兵九进一　将6平5　　46. 炮一平五　马4进3(黑胜)

点评:这盘棋在《象棋》杂志上发表,引起较大轰动,使这一布局蒙上一层神秘面纱。

红棋布局飞刀虽然取得极大成功,但造成黑棋差一点败局的原因是何顺安大意。从布局角度来看,"分车链炮"没什么便宜,重演此阵请谨慎为宜。

第70局　中炮冲中兵对盘河马左象右士

杨官璘　胜　陈新全

(1962年11月6日弈于合肥全国象棋个人赛)

1. 炮二平五　马8进7　　2. 马二进三　车9平8
3. 车一平二　马2进3　　4. 兵七进一　卒7进1
5. 马八进七　象7进5　　6. 车二进六　马7进6
7. 兵五进一　卒7进1
8. 车二平四　马6进7
9. 兵五进一　士4进5
10. 车九进一 (图220)　……

杨官璘抛出最新布局飞刀!

10. ……　　　　卒5进1
11. 马三进五　卒5进1
12. 马五进三　车8平7

这步棋值得商榷。似应炮2进2,车九平六,车8平7,炮五平三,炮2平7,炮八进二,卒3进1,兵七进一,象5进3,黑棋足可一战。

13. 炮五平三　炮2进1

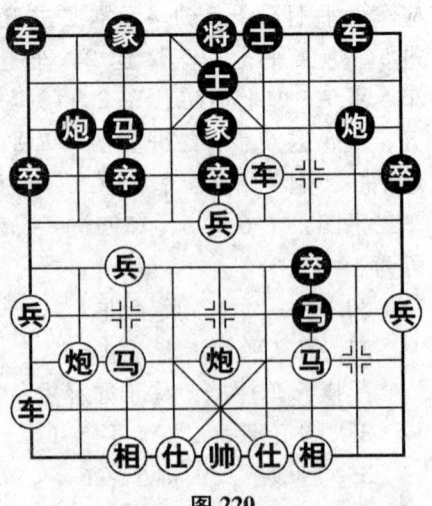

图220

第6章 中炮过河车对盘河马左象

高炮引车不如炮2进2为佳。

14. 车四平七　车7进4

先弃后取是既定策略。

15. 车九平二　炮8平7

倘若炮2退2，车二平三，炮2平3，车七平八，炮7进3，炮三进二，卒5平6，马七进五，卒6平7，车三进一，车7平5，车八退三，红棋优势。

16. 车二进二　炮7进3
17. 车二平三　炮7平3
18. 车三进二　炮3进4
19. 仕六进五　炮3退6
20. 炮三平二（图221）　炮3平8

拦炮丢子无奈，否则左翼要遭到攻击。倘若将5平4，炮二进七，将4进1，车三平六，士5进4，帅五平六，炮2退1，车六进一，红棋胜势。

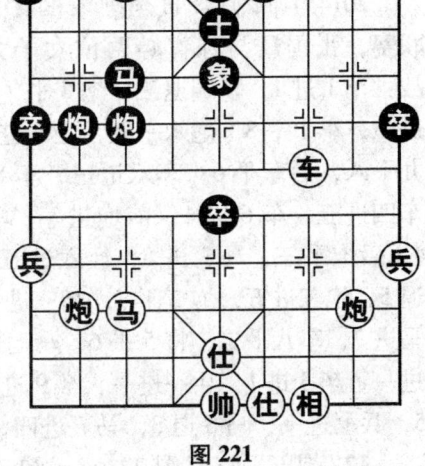

图 221

21. 车三进一　炮2平5
22. 车三平二　车1平2
23. 车二平三　士5进6
24. 炮八退二　车2进8
25. 炮八平六　车2平3
26. 马七进八　士6进5
27. 炮二进四　……

倘若马八进九，马3进1，车三平五，马1进3，车五平一，红棋亦优。

27. ……　　　　车3退3
28. 炮二平五　马3进5
29. 车三平五　车3平2
30. 车五平九　卒9进1
31. 炮六进六　卒5进1
32. 炮六平五　车2平5

倘若卒9进1，兵一进一，车2平9，车九平七，将5平4，车七退三，车9平2，炮五平六，红棋亦胜势。

33. 车九平七　象3进1
34. 车七平九　象1退3
35. 炮五平八　车5平2
36. 兵九进一　士5退4
37. 兵九进一（余略，至第74回合红胜）

点评："杨氏飞刀"虽然有较佳的攻击力，但黑棋如正确应对尚可抗御。

第71局　中炮冲中兵对盘河马左象中卒吃兵

1. 炮二平五　马8进7
2. 马二进三　车9平8

3. 车一平二　马2进3
5. 车二进六　马7进6
7. 兵五进一　卒7进1
9. 兵五进一　卒5进1（图222）

4. 兵七进一　卒7进1
6. 马八进七　象3进5
8. 车二平四　马6进7

"中卒吃兵"是象棋大师朱永康于1963年首创最新布局飞刀！

10. 马三进五　卒5进1
11. 马五进三　车8平7

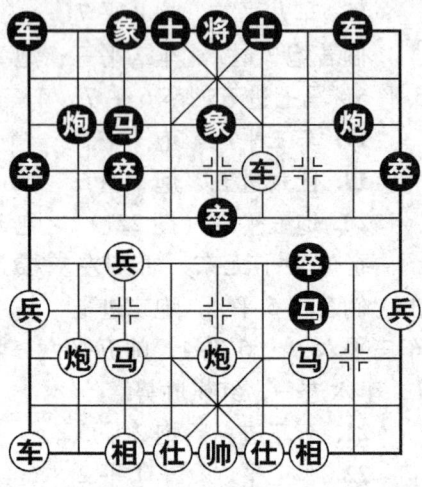

图222

2014年12月2日全国象棋女子甲级联赛，张国凤与陈青婷两位女子大师之战：车1进1，车四退三，炮8平7，炮八进二，车1平8，炮八平五，士6进5，车九平八，后车平6，车八进三，车8平6，车四进五，车6进1，前炮进一，车6平4，后炮平三，马3进5，仕六进五，马7退5，炮三进五，炮2平7，相三进五，后马进7，车八平二，将5平6，马七进五，车6退2，兵一进一，炮7退2，兵九进一，卒3进1，兵一进一，卒9进1，炮五平一，车6平9，炮一退二，将6平5，兵七进一，马5退3，马五进四，马3进1，马四进三，局势平稳。

12. 炮五平三（图223）　　炮2退1

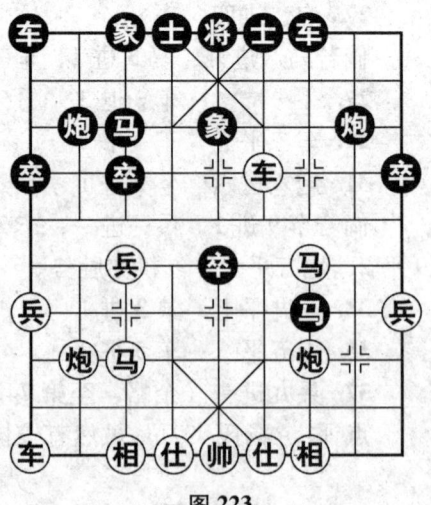

图223

2006年11月4日第14届亚洲象棋锦标赛，越南吴兰香与中国台湾高懿屏之战：车7进4，车四退三，炮8平7，相三进一，卒5平6，车四进一，炮2进2，仕四进五，炮7进3，相一进三，车7平8，兵七进一，卒3进1，车四退一，卒3进1，车四平三，车8进5，炮三退二，卒3进1，马七进五，炮2进2，马五退四，炮2平7，炮八平五，士6进5，马四退二，车1平2，车九进二，车2进4，炮五平二，车2平8，马二进一，炮7平5，帅五平四，马3进1，车九平四，马5进3，炮三平二，车8平7，相三退五，炮5退2，车四进一，卒3平4，前炮平四，车7平8，炮二进三，红胜。

186

第6章 中炮过河车对盘河马左象

13. 车四退三 ……

倘若马三进五，炮8平7，车四平三，马7退8，炮八进二，马3进5，炮八平五，炮2平5，炮三进五，车7进2，车三进一，马8退7，马七进六，卒3进1，车九平八，车1进1，马六进五，炮5进2，炮五进二，马7进5，车八进六，马5进7，车八平三，马7进5，仕四进五，卒3进1，马五退七，马5退7，和棋之势。

13. ……　炮8平7

2012年1月3日古韩杯迎新春全国象棋擂台赛，唐丹与山西名将赵顺心之战：车九进一，炮2平5，马三进四，炮7进5，炮八平三，马7退8，马四进六，炮5平4，炮三平五，士4进5，马六退五，炮4进2，车九平六，炮4平5，车六进五，车7进4，马五进七，马8退7，炮五进四，马7进5，相七进五，车1平2，前马退八，车7平2，车四进三，卒9进1，兵七进一，前车平3，马八进九，马3进1，车六平五，和棋。

14. ……　炮2平5（图224）

图224形势之下红棋有马三进四与炮八进一两种选择。

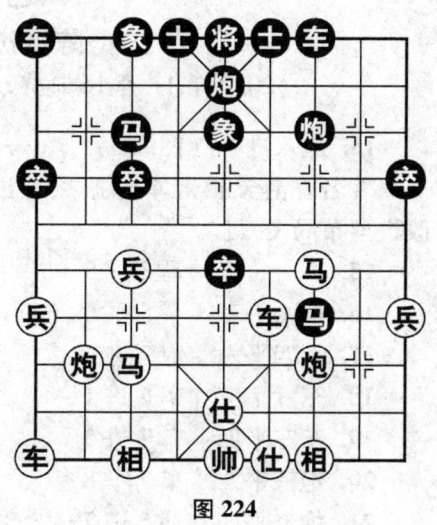

图224

（甲）马三进四

陈柏祥 和 朱永康

（1963年12月21日弈于上海—广东象棋友谊对抗赛）

| 15. 马三进四　炮7进5 | 16. 炮八平三　马7退8 |
| 17. 马四进六　炮5平4 | 18. 炮三平六　士6进5 |

经过大量兑子局势趋于平稳。倘若车1进1，车四进四，车7进2，车四平三，马8退7，车九平八，士4进5，马六退五，马3进5，马五进七，局势平稳。

| 19. 炮六进六　士5进4 | 20. 车九平八　车1进1 |
| 21. 炮六平八　士4退5 |

稳健。倘若车7进9，炮八退四，车1平7，炮八平五，士4退5，炮五进一，前车退3，车八进三，后车进4，相七进五，前车平6，车八平四，车7平

5，车四平五，车5进1，马七进五，马8进9，亦是和棋之势。

22. 炮八退四　马3进5　　　23. 炮八平五　马5进7
24. 车四平五　马7进5　　　25. 车五进一　车7进9
26. 车五平二　马8退7　　　27. 车八进六（余略，终局和棋）

点评：20世纪60年代"盘河马中卒吃兵"属于冷门战术，具有较强的反击性能。

（乙）炮八进一
陈振杰　负　吴贵临

(2010年11月16日弈于广州第16届亚运会象棋比赛)

15. 炮八进一（图225）　……

著名香港象棋冠军陈振杰抛出最新改进型布局飞刀！

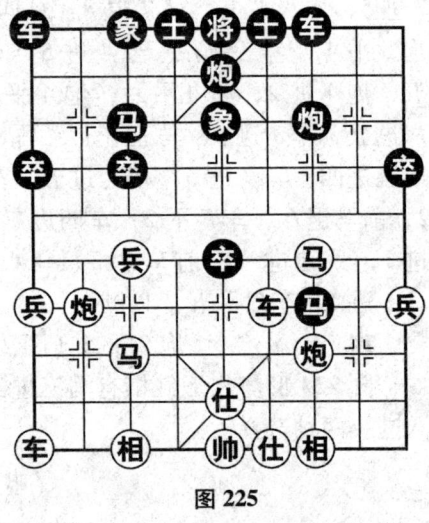

图225

15. ……　　　　马3进5
16. 炮八平三　　卒5平6
17. 车四平六　　炮7进4
18. 车六平三　　卒6进1
19. 车三平四　　车7进5
20. 炮三平二　　车7平8
21. 炮二平四　　马5进7
22. 车四平六　　炮5平7
23. 相七进五　　车1平2

倘若车8平3，车九平六，士6进5，黑棋稍优。

24. 马七进六　　……

运子次序颠倒。似应车九平六，士6进5，前车进三，局势平稳。

24. ……　　　　车8进1（图226）　25. 炮四进一　……

似应车九平六，炮7平4，前车平二，马7进8，马六退四，马8进7，炮四退一，炮4平7，马四退二，炮7平5，车六进六，车2进9，仕五退六，车2退3，车六平三，象5进7，仕四进五，象3进5，黑棋虽然稍优，红棋尚可坚守。

25. ……　　　　车2进4　　　　26. 兵九进一　车2平4
27. 炮四平五　　士6进5

似可炮7平5，炮五平三，炮5平4，车九进三，炮4进4，黑棋胜势。

28. 车九进三　　车8退1　　　　29. 炮五平三　炮7进5

第6章 中炮过河车对盘河马左象

30. 车六平三　车8平4
31. 车九平八　前车进3
32. 车八进三　前车平1
33. 仕五退六　车1平6

"点眼"尽显高手风范！倘若车1退3，车八平七，卒1进1，黑棋胜势，但不如实战精彩。

34. 车八退三　……

无奈而退车。

34. ……　　　车4平5
35. 车八平五　车5进2
36. 车三平五　车6退2（黑胜）

点评：红棋为改革战术而付出高昂代价，重演红阵请小心为宜。

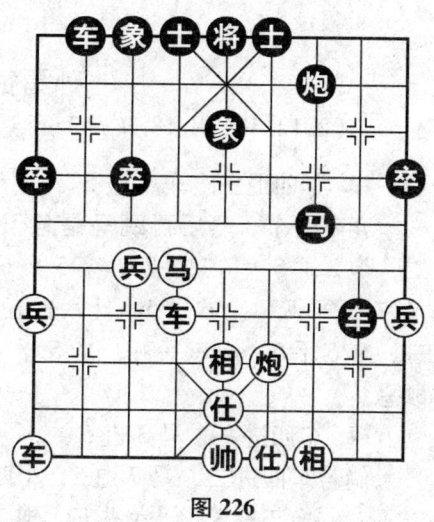

图226

第72局　中炮冲中兵对盘河马左象中卒吃兵

1. 炮二平五　马8进7
2. 马二进三　车9平8
3. 车一平二　马2进3
4. 兵七进一　卒7进1
5. 车二进六　马7进6
6. 马八进七　象7进5
7. 兵五进一　卒7进1
8. 车二平四　马6进7
9. 兵五进一　卒5进1
10. 马三进五　卒5进1
11. 马五进三　炮8平7（图227）

图227形势之下红棋有车四退三与车九进一两种选择。

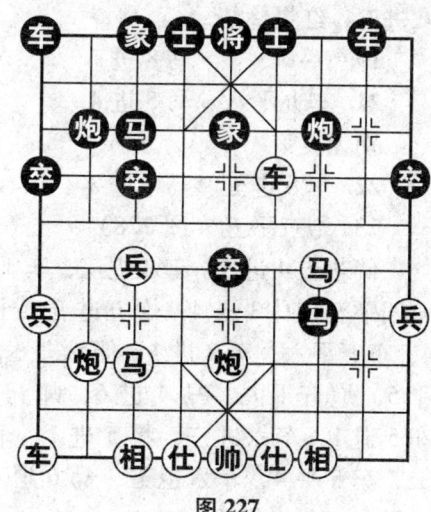

图227

（甲）车四退三
孙勇征 胜 赵鑫鑫
（2012年6月18日弈于第4届句容茅山杯全国象棋冠军邀请赛）

12. 车四退三　　车8进5　　　**13.** 炮五平三　　卒5平6

弃卒引车，然后再跳马是急于反击的激进战术。倘若炮2退1，炮八进二，炮2平5，马三进四，卒5平6，马四进五，卒6进1，炮八平二，象5进7，车九平八，士6进5，仕六进五，炮7平5，相七进五，卒6进1，炮三进三，卒6平5，炮三平五，卒5平4，马七进六，卒4进1，相互对攻，各有顾忌。

14. 车四进一　　马3进5　　　**15.** 车四退一　　……

倘若车四进二，马7退5，车四平五，炮2退1，相三进五，炮2平5，车五平三，炮7进3，仕六进五，炮7退1，红棋也没什么便宜。

15. ……　　　　车1进1　　　**16.** 车九进一　　马7退9
17. 相三进一　　炮7进5　　　**18.** 炮八平三　　马9退8
19. 车四进三　　……

亦可炮三平五，马8进7，相一进三，士4进5，车九平八，车1平2，车八进五，红棋优势。

19. ……　　　　马8进7　　　**20.** 相一进三　　炮2进1
21. 车九平八　　马5进4

别无良策。

22. 车八进五　　马4进3
23. 炮三平五（图228）　　士6进5

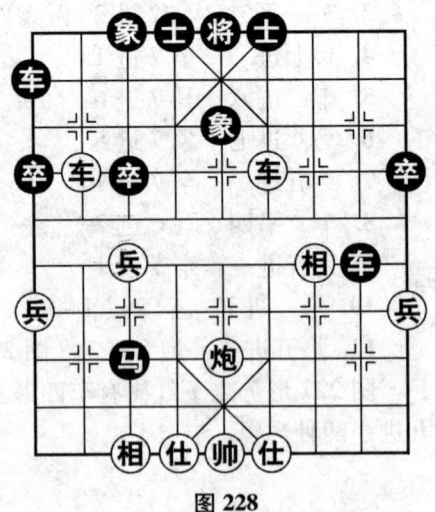

图228

倘若士4进5，车八进三，车1平3，车四平五，马3退4，炮五进五，士5退4，车五平六，车8进1，仕六进五，车8平5，炮五平九，马4进6，帅五平六，车5退1，车六进三，将5进1，车八退二，车5平4，车六退五，马6退4，车八平二，红棋优势。

24. 车四平一　　车8退5
25. 仕六进五　　……

倘若车一平六，黑棋很难下。

25. ……　　　　马3退4　　　**26.** 炮五进二　　车1平4

第6章 中炮过河车对盘河马左象

27. 车八退三　车4进1

倘若车8平6，车八平六，卒3进1，兵七进一，马4退3，车六进五，马3退4，兵七平六，红棋优势。

28. 车八平六　象3进1　　**29.** 炮五退二　车8平6

30. 相三退一　……

精细老练！

30. ……　　卒3进1　　**31.** 兵七进一　车4退1

无奈的顽强抵抗。

32. 兵七平八　象1退3　　**33.** 兵九进一　车6进4

34. 车一进三　车6退4　　**35.** 车一退三　车6进4

36. 车一进三　车6退4　　**37.** 车一平四　……

简明！兑车得子必胜。

37. ……　　将5平6　　**38.** 炮五平六　车4平2

39. 车六进一　车2进3　　**40.** 炮六平九（余略，终局红胜）

点评：红棋的小优势竟然转化成为胜势，可谓神奇，重演黑阵请小心为宜。

（乙）车九进一

马仲威　和　吴贵临

（2014年8月31日弈于台湾启泰杯棋王争霸赛）

2014年台湾启泰杯棋王争霸赛由马仲威与吴贵临两高手进行四局冠亚军争夺战。马仲威中炮开战，吴贵临则以镇山宝"盘河马左象"应战。

12. 车九进一（图229）　……

台湾马仲威抛出最新布局飞刀！

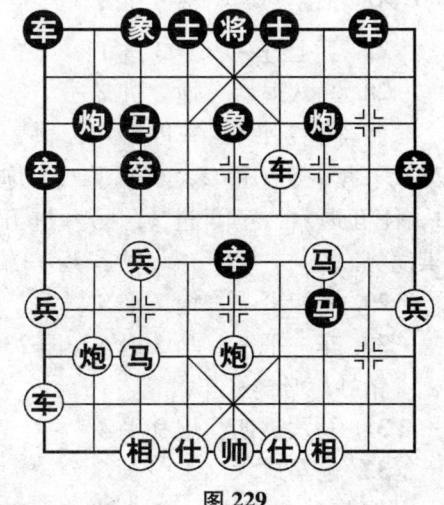

图229

12. ……　　车1进1

针锋相对！吴贵临也开出横车。

13. 车九平六　车1平8

14. 炮五平二　前车进6

一车换双强硬！倘若后车平7则稳健。

15. 炮八平二　车8进7

16. 马七进八　……

错失良机！似应车六平八，马3进

5，车四平五，车8平3，车五平三，士4进5，马三进二，马7退6，马二进三，将5平4，车八进四，卒3进1，相三进五，炮7平6，车三平四，马6进4，车八进一，红棋优势。

16. ……　　　炮2进2

似应车8退2为佳。

17. 车六进七　士6进5　　18. 相三进五　炮7进2
19. 仕六进五　……

似应车六平八，卒3进1，兵七进一，象5进3，车八退一，车8退5，车四退四，红棋优势。

19. ……　　　车8退5　　20. 车六平七　卒5平6
21. 车四退二　……

似可车七退一，卒6平7，车七退一，红棋优势。

21. ……　　　马3进5　　22. 车四进二　马5进4
23. 车七平六　马4进5　　24. 相七进五　马7进5
25. 车六退六　……

似应车四平一，炮7退4，帅五平六，炮2平7，车一进三，车8平6，车六退六，车6进7，帅六进一，车6平7，车六平五，车7退4，车一退五，车7进1，马八进七，红棋优势。

25. ……　　　车8进3　　26. 马三退四　……

似应车六平五，车8平7，仕五退六，车7平3，马八退九，风雨过后前景光明。

26. ……　　　炮7进3
27. 兵七进一　卒3进1
28. 马八退六　炮2进2

倘若炮7平9，车四平八，炮2平1，车八平九，炮1平2，车九平八，炮2平1，仕五退六，卒3进1，马六进五，红棋优势。

29. 车四平一　炮7平9
30. 车一平三　马5退6（图230）

精妙！必擒一车。

31. 马六进四　炮9平4
32. 前马进六　……

倘若车三退二，车8进2，车三退

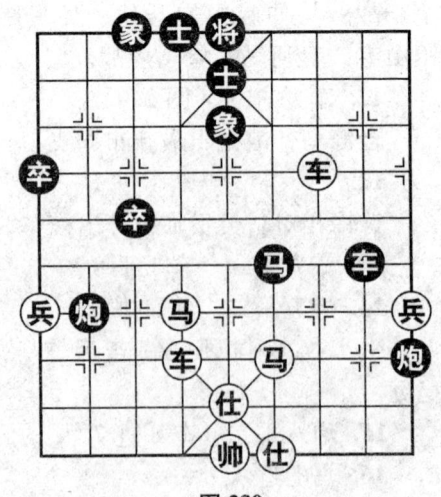

图230

第6章 中炮过河车对盘河马左象

一，炮2退4，后马进五，炮4平1，马五进四，炮2进7，帅五平六，车8平3，前马进三，将5平6，马四退五，士5进6，车三平八，炮1进2，帅六进一，炮2退2，黑棋胜势。

32. ……	炮4平5	33. 仕五进六	车8平4
34. 车三退三	车4退1	35. 车三平八	车4进3

黑棋以必胜之势进入最后残局争斗。

36. 车八平五	车4平1	37. 马四进三	炮5平9
38. 车五平二	车1进2	39. 帅五进一	车1平6
40. 马三进五	炮9平7	41. 车二平三	车6退5
42. 马五进七	车6退1	43. 马七进六	炮7平4
44. 车三平五	车6平4	45. 马六退五	卒3进1

小卒渡河威力倍增，红棋进不能攻，退不能守，无可奈何。

46. 马五退四	车4平6	47. 马四进六	车6进1
48. 马六进八	卒3平4	49. 马八进七	将5平6
50. 兵一进一	炮4平3	51. 兵一进一	车6退1
52. 兵一平二	炮3退5	53. 兵九进一	车6进2
54. 帅五退一	车6平5（和棋）		

点评：兑车后黑棋必胜之势。因和棋吴贵临即登上冠军宝座，所以放弃续战。

马仲威飞刀出鞘颇有攻击力，差一点把老棋王吴贵临拉下马。倘若黑棋重演一车换双，请小心为妙！

第73局　中炮冲中兵对盘河马左象中卒吃兵

李鹏　胜　肖革联

（2000年11月12日弈于蚌埠全国象棋个人赛）

1. 炮二平五	马2进3	2. 马二进三	马8进7
3. 车一平二	车9平8	4. 兵七进一	卒7进1
5. 车二进六	马7进6	6. 马八进七	象7进5
7. 兵五进一	卒7进1	8. 车二平四	马6进7
9. 兵五进一	卒5进1	10. 马三进五	车8平7（图231）

"分车保卒"是象棋大师肖革联抛出的最新布局飞刀！

11. 炮五进三	士4进5	12. 相七进五	卒7平6

弃卒引车相当刁钻！看来肖大师赛前有所准备。

13. 车四退二　　车7进4
14. 车四平三　　……

倘若炮八进一，马7进9，相三进一，车7平5，仕六进五，马3进5，车四进二，卒3进1，车九平六，卒3进1，相五进七，马5进3，黑可抗衡。

14. ……　　　车7平5
15. 车三退一　　卒3进1
16. 炮八退一　　……

2009年3月21日第3届芳庄旅游杯越南象棋公开赛，越南范启源与台湾吴贵临之战：仕六进五，马3进2，马五进三，车5平7，炮八进五，炮8平2，兵七进一，车7平3，马七进六，车3平4，马六进八，车4平2，余略，终局和棋。

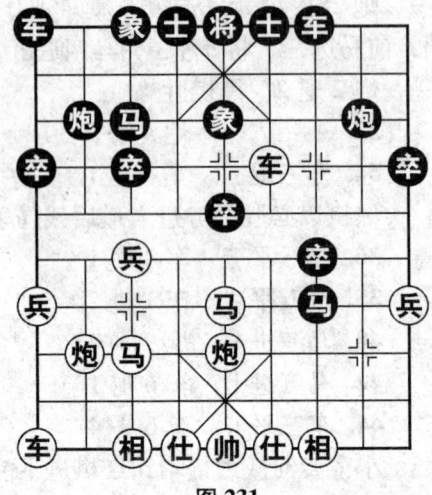

图231

16. ……　　　卒3进1　　　17. 马五进七　　车5退1
18. 炮八平五　　车5平6　　　19. 车三平二　　马3进2
20. 后马进五　　……

倘若车二进二，马2退4，后马进五，马4进3，马五进七，车1进1，局势平稳。

20. ……　　　车1进1　　　21. 马五进六　　车6进1
22. 马七进八　　炮8进2

似应马2进4，车九平七，马4进6，车二平三，马6进5，仕六进五，炮8进2，马六退五，车6退1，马八退六，车6平4，局势平淡。

23. 马六进五　　象3进5
24. 炮五进六　　士5退4
25. 车九平七　　车1平4
26. 车二平三　　将5进1
27. 仕六进五　　将5平6
28. 车五平三　　车4进7

反击欲望强烈！其后果相当令人恐怖。似应炮8平7拦挡为佳。

29. 车三进五　　将6进1（图232）　　30. 车三退一　　……

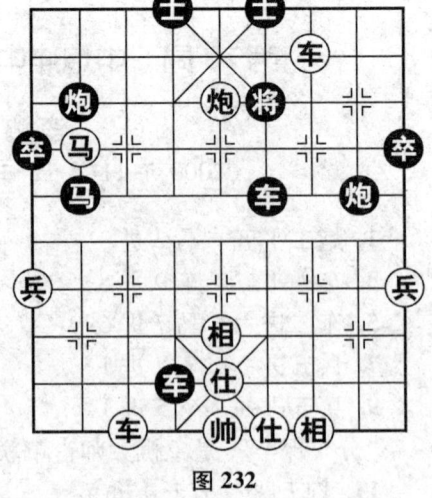

图232

第6章 中炮过河车对盘河马左象

另有两种杀法：①车七进八，士6进5，炮五平七，将6平5，车三退一，士5进6，炮七退七，士4进5，车七退一，士5进4，车七退一，车4退5，车七平六，马2退4，车三退一，将5退1，车三平五，将5平4，车五平六，炮8退2，炮七平六，红棋胜势。②炮五平七，将6平5，炮七进一，炮2平4，炮七平八，红棋胜势。

30. ……　　将6退1　　　　31. 车三进一　将6进1
32. 车三平二　士6进5　　　　33. 炮五平七　将6平5
34. 炮七进二　……

似应车二退一，士5进6，炮七进二，炮2平4，车七进七，红棋胜势。

34. ……　　炮8退2　　　　35. 炮七平九　炮2平1
36. 马八进七　将5平6　　　　37. 炮九退一　炮1平3
38. 车七进六　车4平2　　　　39. 马七退九　车2进1
40. 相五退七（图233）　炮3平5

倘若马2退1，车二平四，将6平5，车七平五，将5平4，车五平六，将4平5，车四退三，车2平3，车六退六，车3平4，帅五平六，红棋胜势。

41. 仕五进四　车6平5
42. 帅五平六　车5平4
43. 帅六平五　车4平5
44. 帅五平六　车2平3

暂解燃眉之急。

45. 车七退六　炮5平2
46. 车七进六　马2进4
47. 车二退一　……

精妙！弃车连杀。

47. ……　　炮2平8　　　　48. 车七平四（红胜）

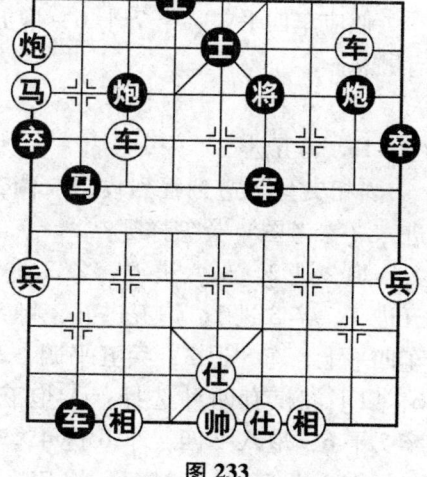

图233

点评：黑棋"分车保卒"飞刀战术虽然受挫，其防御性能还是有可圈可点之处。

第74局　中炮冲中兵对盘河马左象冲卒换马

戴荣光　负　徐和良

(1962年11月11日弈于合肥全国象棋个人赛)

1962年全国象棋个人赛"盘河马左象冲卒换马"战术横空出世，堪称神奇。

1. 炮二平五　马8进7　　2. 马二进三　卒7进1
3. 车一平二　车9平8　　4. 车二进六　马2进3
5. 兵七进一　马7进6　　6. 马八进七　象7进5
7. 兵五进一　卒7进1　　8. 车二平四　卒7进1
9. 车四退一　卒7进1　　10. 兵五进一　士4进5
11. 马七进五　……

似应车四平二，卒7平6，炮五进一，卒6进1，兵五平六，相互对攻各有顾忌。

11. ……　　　炮8平7　　12. 相三进一　车8进6

13. 马五进三　……

"相尖马"遭到强烈攻击。倘若马五进六（参考图）会怎样呢？

炮2进2，马六进五，象3进5，兵五进一，卒3进1，炮五进五，将5平4，车四平七，车8退3，兵五平四，车8平6，以下红棋有两种选择：①炮五退五，卒7平6，炮八平四，车6进4，车七进二，炮2平5，仕六进五，炮7进5，相一退三，炮7平5，相七进五，车6退1，黑棋优势。②炮五退三，车6平5，炮五退二，炮7平5，仕六进五，炮5平4，车七平五，马3进5，炮八平六，车4进4，车五进一，车4退5，兵七进一，炮2进3，车九平八，车1平2，兵七进一，车2进6，兵七平六，车4平2，黑棋优势。

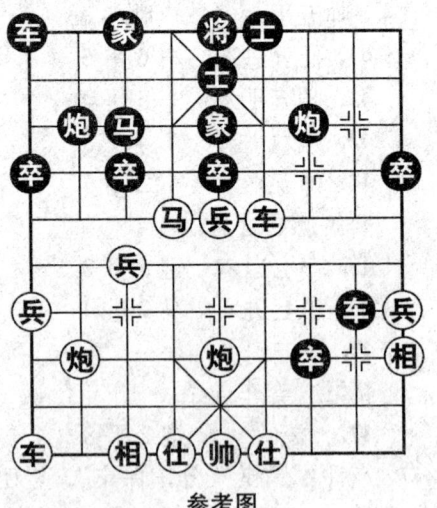
参考图

13. ……　　　炮2进3

颇有攻击力的佳着！

14. 兵七进一　……

第6章 中炮过河车对盘河马左象

倘若马三进四，炮7平6，马四退二，卒7平7，炮八平四，炮6进5，兵五进一，马3进5，车九平八，炮6退2，仕六进五，炮6平8，马二进四，车8平7，车四平二，车1进2，黑棋优势。

14. ……　　　卒3进1
15. 兵五进一　炮2平5
16. 仕六进五　车1平2
17. 炮八平六　马3进5
18. 马三进四　炮7平6
19. 车四平五（图234）……

倘若车四平二，车8退2，马四退二，卒7进1，黑棋优势。

19. ……　　　炮5进3

"弃炮轰仕"是摧毁红棋防线的佳着！

20. 帅五进一　……

倘若炮五进四，炮5平9，黑棋胜势。

20. ……　　　车8平6
21. 马四退三　车6进3

步步摧杀，红棋难以抵挡。

22. 车九进一　卒7平6
23. 炮五进四　……

倘若炮六平四，车6退1，帅五退一，车6平2，炮五进四，车1平4，炮四退二，车2进3，黑棋优势。

23. ……　　　车6退1
24. 帅五退一　车6平1
25. 马三进二　炮6退1
26. 炮五平一　士5进4
27. 炮一进三　士6进5
28. 马二进一　车1平8（图235）

解抽还杀，一剑封喉！

29. 马一退三　车8进1
30. 帅五进一　车2进8
31. 炮六退一　卒6进1（黑胜）

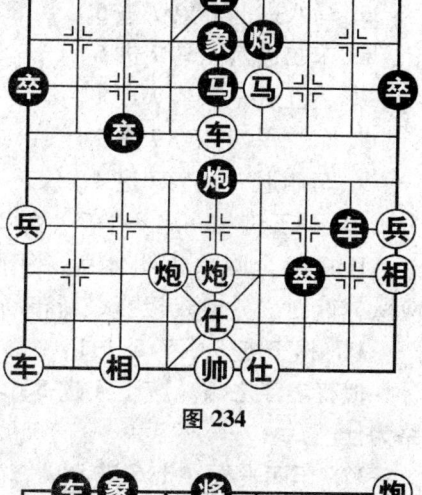

图234

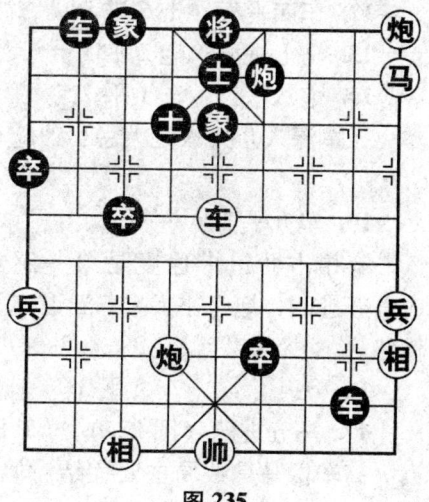

图235

点评："相尖马"成为黑棋攻击的靶点，重演此阵请小心为佳。

第75局　中炮冲中兵对盘河马左象冲卒换马

蔡忠诚　胜　应跃林

（1992年5月22日弈于抚州全国象棋团体赛）

1. 炮二平五　马8进7
2. 兵七进一　卒7进1
3. 马二进三　马2进3
4. 车一平二　车9平8
5. 马八进七　象7进5
6. 车二进六　马7进6
7. 兵五进一　卒7进1
8. 车二平四　卒7进1
9. 车四退一　卒7进1
10. 兵五进一　炮8平7（图236）

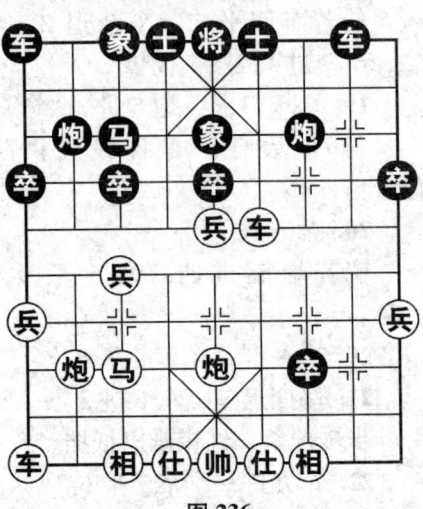

图236

1992年全国象棋团体赛，江西名手应跃林首创"分炮轰相"最新布局飞刀！

11. 相三进一　卒5进1

似有虚浮之嫌。应士4进5，巩固中路为佳。

12. 车四平五　士6进5
13. 马七进五　炮2平1
14. 炮八平三　车1平2

孤军深入乃兵家之大忌！似应车2进6为宜。

15. 车九进一　车2进9
16. 车九平四　……

弃相占肋追求速度是第一感觉。似应马五进四，炮7平6，车五退二，红棋优势。

16. ……　车2平3
17. 马五进四（图237）　车8进2

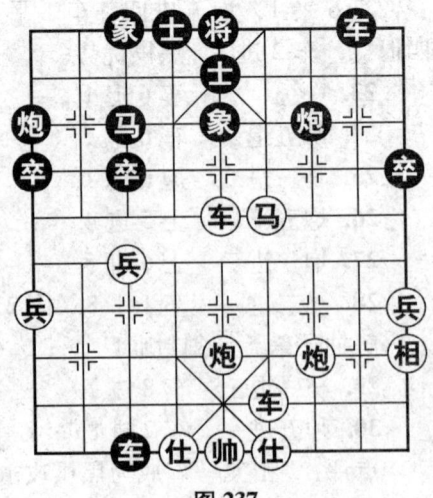

图237

高车保马是败局主要症结。似应炮7平6，马四进五，象3进5，炮五进五，炮1平5，车五进二，车3退2，以下红棋有两种选择：①车五平四，车3平7，前车平七，车7平5，车四平五，车5进

第6章 中炮过河车对盘河马左象

1，仕六进五，和棋。②炮三平五，车8平6，炮五退一，车3平9，车五平七，炮6平5，炮五平八，车9平2，车四进八，将5平6，车七平五，车2进1，车五退一，车2退2，和棋。

18. 车五退二 ……

退车为马开路是扩大优势的佳着！

18. ……　　　车3平2
19. 马四进六（图238）……

"卧槽挂角"，左右逢源，黑棋崩溃。

19. ……　　　车2退8
20. 马六进四　士5进6
21. 车五平二 ……

弃马抽车，红棋胜势。

21. ……　　　士4进5
22. 车二进四　炮7退2
23. 车二平四　马3进5
24. 前车退一　炮1进4
25. 前车平五　炮1进3
26. 仕六进五　车2进8
27. 仕五退六　卒3进1
28. 车四进五　炮7进6
29. 炮五进一　车2退2
30. 帅五进一　车2平7
31. 炮五进四（红胜）

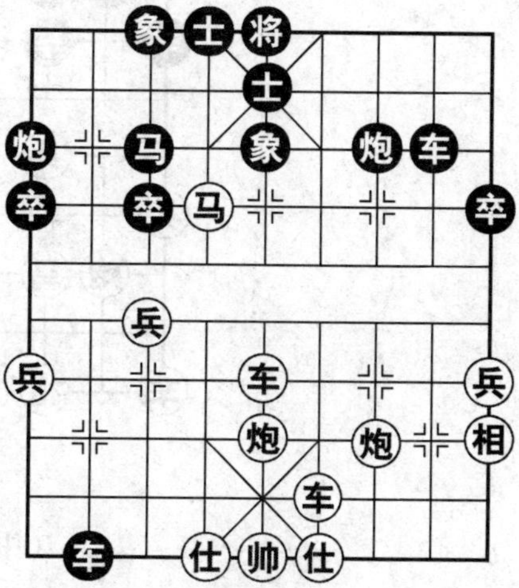

图238

点评：红棋攻势锐利，重演黑阵请谨慎为佳。

第76局　中炮盘头马对盘河马沉底炮

1. 炮二平五　马8进7
2. 马二进三　车9平8
3. 车一平二　马2进3
4. 兵七进一　卒7进1
5. 车二进六　象7进5
6. 马八进七　马7进6
7. 兵五进一　卒7进1
8. 车二平四　马6进7
9. 马三进五 ……

象棋大师金启昌抛出中炮盘头马的最新布局飞刀！

9. ……　　　炮8进7

特级大师杨官璘开创"沉底炮"抵抗盘头马的新战术。

10. 马五进三　车8进5（图239）

图239形势下红棋有马七进五与炮五平三两种选择。

199

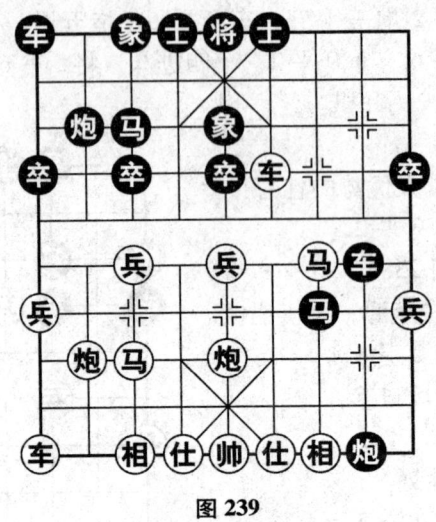

图 239

(甲) 马七进五

金启昌 负 杨官璘

(1964年4月26日弈于杭州全国象棋个人赛)

| 11. 马七进五 | 车1进1 | 12. 炮八进一 | 马7进5 |
| 13. 相七进五 | 炮2进3 | 14. 兵五进一 | 车1平4 |

15. 兵五平六 ……

似佳实劣。似应仕六进五，车4进5，炮八退一，炮2平7，马五进三，车4平2，炮八平七，车2平3，车九平七，卒5进1，车四平七，红棋优势。

15. …… 炮2平7   16. 相五进三

倘若马五进三，车4进3，仕六进五，车4进2，炮八退一，车4平2，炮八平六，士4进5，黑棋优势。

| 16. …… | 炮8平9 | 17. 车九平八 | 车8进4 |
| 18. 相三退五 | 车8退2 | 19. 车八进二 | 车4平7 |

杨官璘这几步棋相当生动有力！

20. 炮八进三 ……

败着，似应车八平七生根，坚守为宜。

| 20. …… | 车7进5 | 21. 马五进四 | 车7进3 |

高！彻底摧毁红棋防线。

22. 相五退三　车8平2（图240）　23. 马四进二　……

弃炮强攻，不甘忍受攻击炮火的洗礼。似应炮八平五，马3进5，车四平

第6章 中炮过河车对盘河马左象

五，车2平6，兵六平五，车6进2，帅五进一，车6平5，帅五平四，车5平7，车五平七，红棋尚可一战。

23. ……　　士4进5

死子不急吃！体现杨官璘精湛的中残功夫。

24. 兵六平五　车2退4
25. 兵五进一　卒3进1
26. 马二进三　将5平4
27. 车四退三　……

如兵五平六，马3进4，车四平二，卒3进1，兵六平七，车2退1，黑棋胜势。

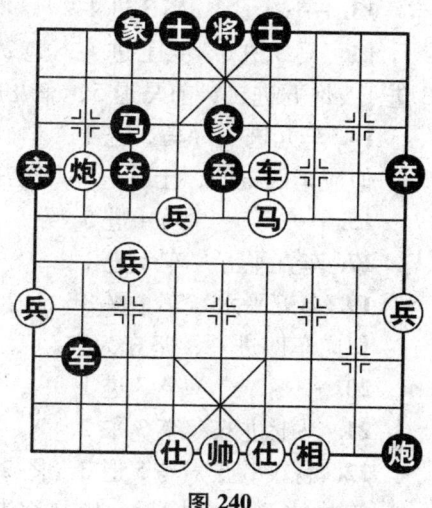

图240

27. ……　　车2平5　　**28. 仕六进五　将4进1（黑胜）**

点评：杨官璘的"沉底炮"轻松地把金启昌大师拉下马，是快速制胜的法宝。倘若重演黑阵，请参看局中评析为宜。

（乙）炮五平三
王建鸣 胜 袁福来

(2013年9月22日弈于池州安徽甬商投资杯象棋名人赛)

11. 炮五平三（图241）　……

"分炮保马"是安徽王建鸣首创最新布局飞刀！

11. ……　　马7退5
12. 车四退二　……

倘若车四平三，炮2进4，马三退五，炮2平9，黑棋优势。

12. ……　　炮2进3

妙着迭出耐人寻味！

13. 马七进五　……

为什么不马七进八？车8平7，车四平三，马5进6，帅五进一，马6退7，车九进一，马7退5，帅五退一，炮8退4，黑棋优势。

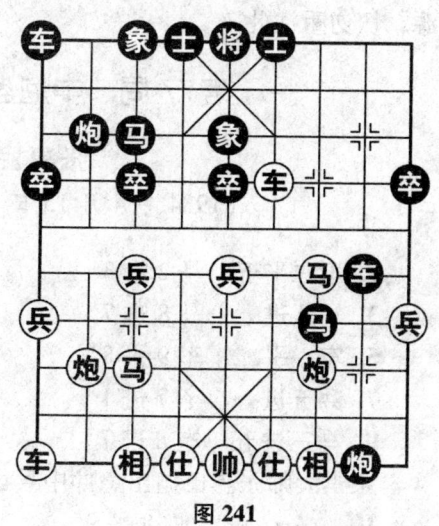

图241

13. ……　　　卒3进1

似可马5进3，兵七进一，炮2平5，炮八平五，车8进1，车四退二，卒3进1，炮五进二，前马退5，车九进一，马3进4，黑棋优势。

14. 车九进一　马3进4　　　15. 车四退三　……

似应车四进四，士6进5，炮三平五，相互对攻与牵制，红棋尚可一战。

15. ……　　　马4进5　　　16. 马三退五　车8进1
17. 车九平五　车1进1　　　18. 炮八进一　车8退2
19. 车五平六　车1平8　　　20. 马五退七　……

似应车四进一，坚守为宜。

20. ……　　　卒3进1
21. 马七进八　卒3平2
22. 炮八平五　马5退3（图242）

简单的子力交换后，黑棋多卒优势一目了然。

23. 车四进二　士6进5
24. 车六进七　士5进4

兑车精妙！

25. 车六平二　车8退3
26. 相七进五　车8进6（黑胜）

点评："分炮保马"是导致劣势的根源，切勿重演此阵。

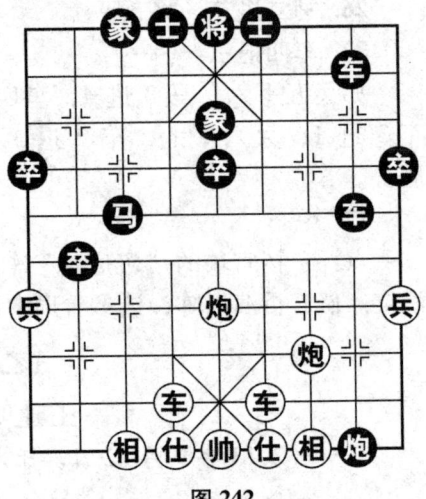

图242

第77局　中炮盘头马对盘河马沉底炮

张惠民　负　李来群

（1984年4月15日弈于合肥全国象棋团体赛）

1. 炮二平五　马2进3　　　2. 兵七进一　卒7进1
3. 马八进七　马8进7　　　4. 马二进三　象7进5
5. 车一平二　车9平8　　　6. 车二进六　马7进6
7. 兵五进一　卒7进1　　　8. 车二平四　马6进7
9. 马三进五　炮8进7　　　10. 兵五进一（图243）　……

象棋大师张惠民抛出急冲中兵最新布局飞刀！

10. ……　　　炮8平9

开边炮是针封相对的搏杀佳着！

第6章 中炮过河车对盘河马左象

11. 兵五进一 ……

似可炮五平二拦挡则稳健。

11. …… 车8进9

12. 炮八退一 ……

似应车九进一，炮9平7，仕四进五，士4进5，炮八进四，炮2平1，兵五平六，车8退3，马五退三，炮7平9，帅五平四，马7退5，车四退一，卒7进1，马三进五，马5进3，兵六平七，车1平2，车九平八，鹿死谁手尚难预料。

12. …… 炮9平7

13. 帅五进一 炮2进1

14. 兵五平六 士4进5

15. 炮五平三 ……

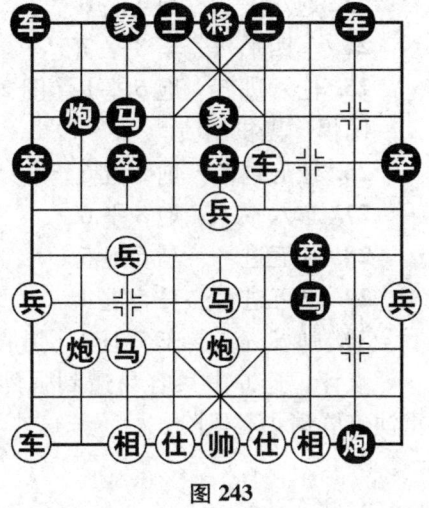

图243

卸中炮导致中路漏防。似应车九进二对攻为佳，红棋尚可一战。

15. …… 马7退5

退马踏双，黑棋扩大优势。

16. 车四退一 炮2平4

消灭渡河小兵，黑棋无后顾之忧。

17. 相七进五 车1平2

18. 车九平八 卒7进1

19. 炮三退一 ……

倘若相五退三，卒7进1，炮八进三，马5进3，帅五退一，炮4平5，仕六进五，卒7进1，炮八进四，卒7进1，帅五平六，卒7平6，车四退五，车8退4，黑棋优势。

19. …… 马5退7

20. 相五退三 马7进6（图244）

21. 帅五退一 ……

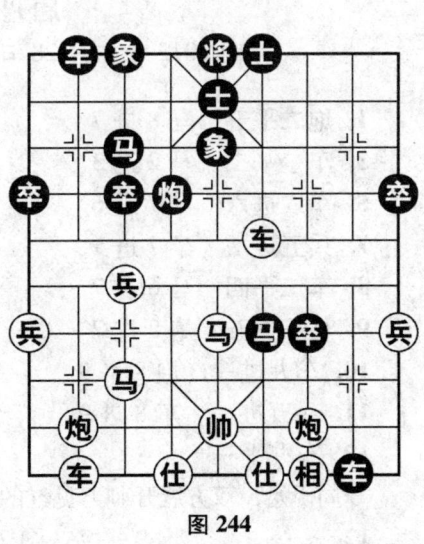

图244

倘若帅五平四，车8退1，炮八平九，车2进9，马七退八，炮4平8，车四进一，卒7进1，仕四进五，车8平7，帅四退一，车7进1，帅四进一，车7平8，黑棋胜势。

21. …… 马6进7 22. 车四退四 马7退6

23. 炮八进二　炮4平6
24. 车四平六　车8平7
25. 仕六进五　炮6平8（图245）

凶悍！黑棋崩溃。

26. 仕五进四　炮8进6
27. 车六平二　炮8平6
28. 帅五进一　马6退5
29. 马五进六　马5进4
30. 帅五进一　车7退2（黑胜）

点评：连冲中兵容易遭到强烈反击，重演红阵请小心风险。

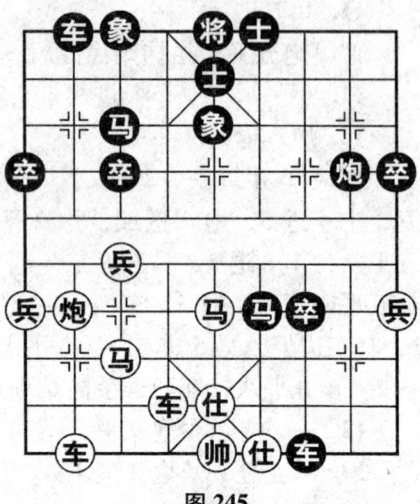

图245

第78局　中炮盘头马对盘河马沉底炮

唐丹　胜　陈青婷

（2012年3月28日弈于大连全国象棋团体赛）

1. 炮二平五　马8进7　　2. 马二进三　车9平8
3. 车一平二　马2进3　　4. 兵七进一　卒7进1
5. 车二进六　马7进6　　6. 马八进七　象7进5
7. 兵五进一　卒7进1
8. 车二平四　马6进7
9. 马三进五　炮8进7
10. 车九进一　炮8平9
11. 兵五进一　车8进9
12. 车九平三　……

开局伊始，双方展开刺刀见红的搏杀。

12. ……　　炮9平7（图246）

象棋大师陈青婷抛出最新布局飞刀！

2009年6月22日全国象棋甲级联赛，葛维蒲与蒋川两位大师之战：炮2进1，兵五进一，马7进5，炮八平五，士4进5，马七退五，车8退3，前马进六，

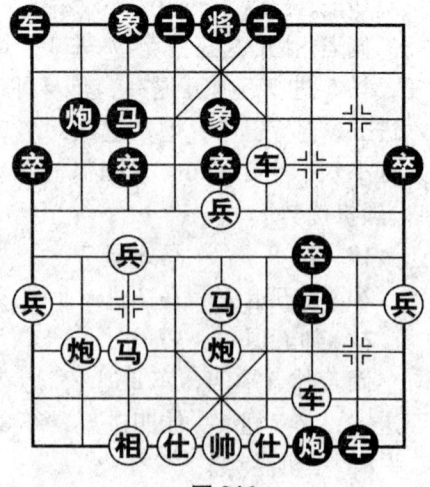

图246

第6章 中炮过河车对盘河马左象

炮2平5，车三进三，车1进2，车三平五，炮5进4，车五退二，车8平4，车五平一，车4退2，车一退二，卒3进1，余略，和棋。

13. 帅五进一　……

倘若仕四进五，车1进1，兵五进一，车1平8，兵五进一，炮2平5，相互对攻，各有顾忌。

13. ……　　　车1进1　　14. 马五进六　车1平8

15. 炮五平三　……

倘若兵五进一，后车进7，兵五进一，马3进5，炮八退一，后车平7，炮八平三，车8退1，炮三平四，士6进5，炮五平三，车8退4，车四平五，车8平4，兵五进一，士4进5，车五进二，将5平4，车五进一，将4进1，车五退三，胜负难料。

15. ……　　　前车退1

似可炮7退2，车三进一，马3退5，马七进五，马5进7，马五进三，后马进8，车四退三，后车平7，炮八进二，卒5进1，帅五退一，士6进5，黑棋尚无大碍。

16. 车四退五　前车平7　　17. 车四平三　炮7平9
18. 炮三进二　卒5进1

倘若马3退5，马六进八，红棋优势。

19. 马六进七　马7退5

似应马7进8，炮三平一，炮9平8，炮八退一，马8退9，黑棋尚可一战。

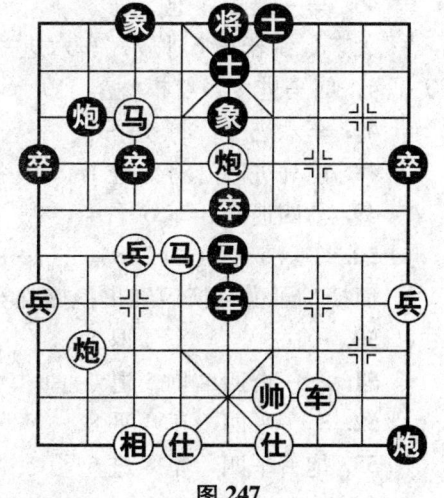

图247

20. 炮三进二　马5退7
21. 后马进六　车8进5
22. 炮三平四　车8平5
23. 帅五平四　马7进5
24. 炮四平五　士4进5（图247）
25. 车三进五　……

似可马七进五，马5进7，车三进一，车5平4，马五退七，士6进5，马六进四，车4平6，炮八平四，车6退2，车三进一，红棋胜势。

25. ……　　　车5平6　　26. 帅四平五　车6平5
27. 炮八平五　车5平8　　28. 后炮进三　马5进7
29. 帅五平六　……

似可马六退四，炮9平7，车三平四，红棋亦胜势。

29. ……　　　炮9退1　　　30. 前炮平一　马7进8

先弃后取，别无良策。

31. 炮一退五　车8平4　　　32. 帅六平五　车4平5

33. 马六退五　……

似应相七进五，车5退2，车三退五，车5平8，帅五退一，红棋优势。

33. ……　　　车5退2　　　34. 车三退五　……

似应车三平七，炮2进4，车七平六，红棋亦胜势。

34. ……　　　车5平8　　　35. 帅五退一　车8进2

36. 马七退五　炮2进2　　　37. 前马退四　炮2平5

38. 仕四进五　炮8平6　　　39. 马四进三　车6退3

40. 马三进一　马8退9　　　41. 车三进二　……

进车捉马，黑棋难以抵抗。

41. ……　　　象5退7　　　42. 车三进六　将5平4

43. 车三退三　……

似可车三退四，炮5退2，车三平六，炮5平4，炮一平三，红棋胜势。

43. ……　　　车6退1　　　44. 车三平六　士5进4

45. 马一退三　炮5进2　　　46. 马三退五　车6进2

无奈！倘若车6平7，车六进一，车7平4，前马进六，红棋胜势。

47. 车六进一　将4平5

48. 前马进四　将5进1

49. 马四退六　车6平4

50. 车六平一（图248）　……

简捷！子力交换后红棋稳操胜券。

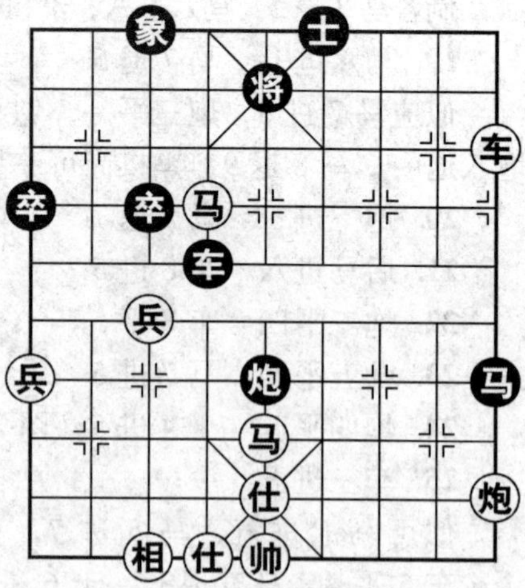

50. ……　　　车4退1

51. 车一退四　炮5退4

52. 车一平四　车4平8

53. 炮一平四　车8进6

54. 炮四退一　车8退4

55. 车四平五　车8平3

56. 马五进三　车3进1　　　57. 马三进四　车3平1

58. 车五进三　车1平3　　　59. 炮四进二（红胜）

点评：唐丹首创急冲中兵的新战术，逼迫黑棋弃子抗战，激烈搏杀。由于变化复杂，各有所忌。

图248

第6章 中炮过河车对盘河马左象

第79局 中炮盘头马对盘河马沉底炮

孟辰 负 蒋川

（2012年6月6日弈于各队主场全国象棋甲级联赛）

1. 炮二平五	马8进7	2. 马二进三	车9平8
3. 车一平二	卒7进1	4. 车二进六	马2进3
5. 兵七进一	马7进6	6. 马八进七	象7进5
7. 兵五进一	卒7进1	8. 车二平四	马6进7
9. 马三进五	炮8进7	10. 车九进一	炮8平9
11. 车九平三	车8进9	12. 兵五进一	炮9平7
13. 帅五进一	车1进1	14. 兵五进一	……

孟辰大师抛出"冲中兵"最新改进型布局飞刀！

14. …… 车1平8 15. 兵五进一 炮2平5
16. 炮五进五 前车退1（图249）
17. 车三平二 ……

倘若炮八退一怎样呢？前车平7，炮八平三，象3进5，马五进六，卒7平6，车四退二，车8进7，炮三平四，炮7平9，马七进五，炮9退1，帅五退一，马3进5，车四退二，炮9进1，帅五进一，马7进6，马五退四，卒3进1，马六进五，马5进4，帅五平六，炮9退1，仕六进五，卒3进1，车四进七，将5进1，马五退六，车8退2，黑棋优势。

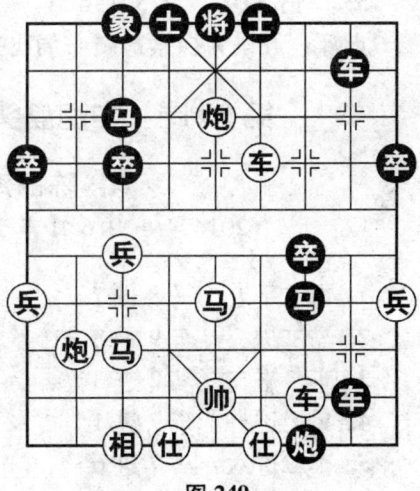

图249

17. …… 车8进7
18. 马五退四 象3进5
19. 马七进五 士4进5 20. 炮八平五 ……

为什么不马五进六？马3进5，马六进五，马7进6，车四退五，车8平6，帅五平四，卒3进1，炮八平二，士5进4，兵七进一，马5进3，黑棋优势。

20. …… 炮7平9 21. 炮五进五 士5进6
22. 炮五退二 炮9退1 23. 帅五退一 炮9平6

倘若马7进6，马五退四，炮9平6，黑棋亦优。

24. 车四平五　将5平4
25. 车五平六　将4平5
26. 车六平五　将5平4
27. 车五平六　将4平5（图250）
28. 马五进四　……

倘若马五进六，车8退4，车六平五，士6进5，马六进七，炮6平9，仕四进五，将5平6，黑棋优势。

28. ……　　　车8退4
29. 车六平五　将5平4
30. 马四进五　士6进5
31. 车五平六　将4平5
32. 车六退一　卒7平6

攻守兼备，黑棋胜势。

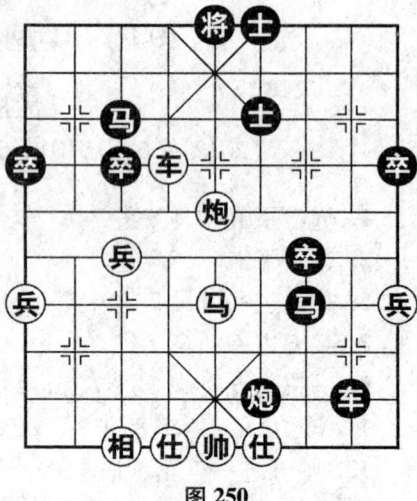

图250

33. 马五退七　将5平6　　　　　34. 车六退二　车8平7（黑胜）

点评：红棋为探索最新布局飞刀付出高昂代价，重演红阵请谨慎为佳。

第80局　中炮盘头马高左炮对盘河马沉底炮

陈丽淳　胜　陈青婷

（2014年1月6日弈于高密全国象棋女子甲级联赛）

1. 炮二平五　马8进7
2. 马二进三　车9平8
3. 车一平二　马2进3
4. 兵七进一　卒7进1
5. 车二进六　马7进6
6. 马八进七　象7进5
7. 兵五进一　卒7进1
8. 车二平四　马6进7
9. 马三进五　炮8进7
10. 炮八进一（图251）　……

"高左炮"打马是女子特级大师陈丽淳以独特思维触角，首创最新布局飞刀！

10. ……　　　马7进5

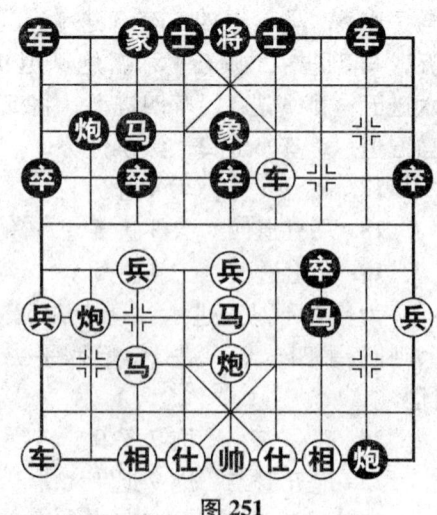

图251

第6章 中炮过河车对盘河马左象

11. 相七进五　炮2进1

似可车8进7,仕六进五,车1进1,炮八退一,卒7平6,车四退二,车1平4,车九平六,车4进8,仕五退六,车8退3,黑可抗衡。

12. 仕六进五　车8进4　**13. 车九平六　卒7平8**

似可炮8退2,车四退四,卒7平6,车四进二,炮8平3,马五退七,卒3进1,车六进六,卒3进1,相五进七,炮2进1,黑棋尚无大碍。

14. 兵五进一　……

夺取优势的佳着。

14. ……　　　车8平5（图252）

15. 车四退二　……

似可马五进六,马3退1,马七进八,炮2进3,马八进七,以下黑棋有两种选择:①车5进3,马六进八,马1进2,车六进九,将5进1,车四进三,绝杀红胜。②车5平4,车六进五,马1进3,车六进三,炮2平5,车四退三,炮5退2,车四平八,士6进5,车六平七,红棋优势。

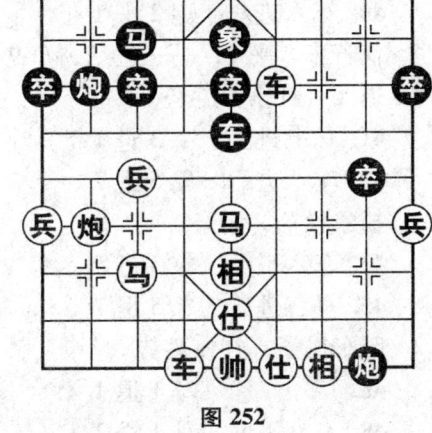

图 252

15. ……　　　卒8平7

16. 车四平三　……

稳健。倘若车四进四,车1进1,车四平九,马3退1,车六进八,车5平2,炮八平七,红棋优势。

16. ……　　炮8退5	17. 车三进四　士4进5
18. 马五进三　车5平2	19. 炮八平三　卒5进1

20. 车三平四　……

暗伏杀机!

20. ……　　　炮8平7	21. 炮三平二　炮7退4
22. 炮二进四　车1进2	23. 车四退三　车2进2
24. 车四平五　车2平8	25. 炮二平一　车8退4
26. 炮一进二　车8退2	27. 炮一退二　车8进2
28. 炮一进二　车8退2	29. 炮一退二　车8进2
30. 炮一进二　车8平9	31. 炮一平二　车9平8
32. 炮二平一　车8平9	33. 炮一平二　车9平8
34. 炮二平一　车8平9	35. 炮一平二　车9平8

36. 炮二平一　车8平9
37. 炮一平二　车9平8
38. 炮二平一　炮7平8

黑棋形成长捉，必须变着。

39. 车五平八（图253）　炮2退3

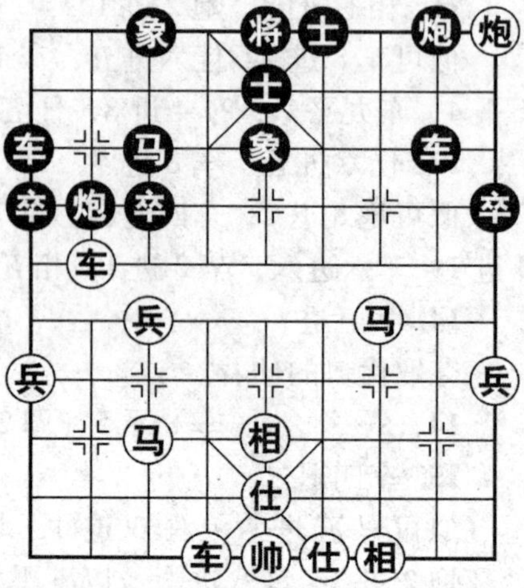

似应车8平9，炮一平四，车1平2，炮四退三，卒3进1，炮四平七，炮8平7，坚守为宜。

40. 车六进八　炮2平1

倘若车8平9，马三进二，车9平8，马二退四，红棋亦胜势。

41. 马七进五　卒3进1
42. 车八进一　象5进7

扬象拦挡，无奈。

43. 车六平七　象3进5
45. 马三进五　象5退7

踏车得子，红棋胜势。

46. ……　　　车1退1
48. 车八平九　马1进3
50. 兵七进一（红胜）

44. 车八进三　士5退4
46. 前马进七　……
47. 车七平九　马3退1
49. 车九退二　车8平4

图253

点评："高左炮"首次亮相高奏凯歌，造成黑棋失败的症结与飞马换炮有关，那么如何应对呢？请看陈青婷大师的杰作。

第81局　中炮盘头马高左炮对盘河马沉底炮

张国凤　负　陈青婷

（2014年1月10日弈于高密全国象棋女子甲级联赛）

1. 炮二平五　马8进7
2. 马二进三　车9平8
3. 车一平二　马2进3
4. 兵七进一　卒7进1
5. 车二进六　马7进6
6. 马八进七　象7进5
7. 兵五进一　卒7进1
8. 车二平四　马6进7
9. 马三进五　炮8进7
10. 炮八进一　车1进1（图254）

女子大师陈青婷抛出最新改进型布局飞刀！

11. 炮八平三　……

第6章 中炮过河车对盘河马左象

炮马交换是夺取优势的好棋！

11. ……　　　卒7进1
12. 车九平八　……

倘若兵五进一，车1平7，马五进六，卒7平6，马七退五，车7进5，兵五进一，士6进5，相互搏杀胜负难料。

12. ……　　　炮2退1
13. 车八进七　炮2平7
14. 马五进三　车8进5
15. 车八平七　车8平7
16. 炮五进四　士6进5

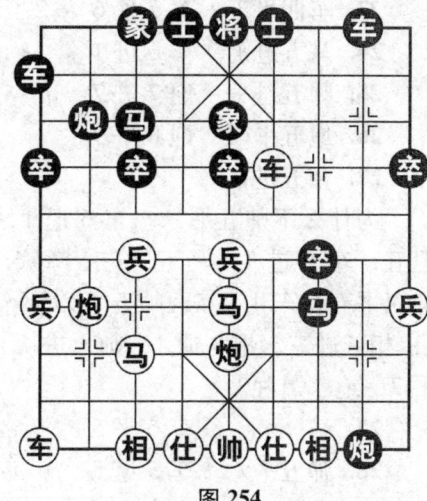

图254

居高临下的决战气势咄咄逼人。倘若炮7平5，车七退一，卒7平8，相七进五，车7平5，炮五进二，车1平5，车七平五，象5退7，车五退二，车5进4，帅五进一，卒8平9，车四平一，卒9平8，车一平四，象7进5，局势平稳。

17. 兵五进一　车1平2
18. 相七进五　卒7平8（图255）

分卒弃车，惊人之举！

19. 马七退五　……

不能相五进三，因炮7进8，帅五进一，车2进7，帅五进一，炮8退2，绝杀黑胜。

似应车七进二，车7退1，车七退三，车2进6，马七退五，车7平5，车四进二，炮7退1，炮五平二，炮8退6，车七平二，车2退1，车二平九，卒8平9，车九平三，炮7平6，马五进三，红棋尚可一战。

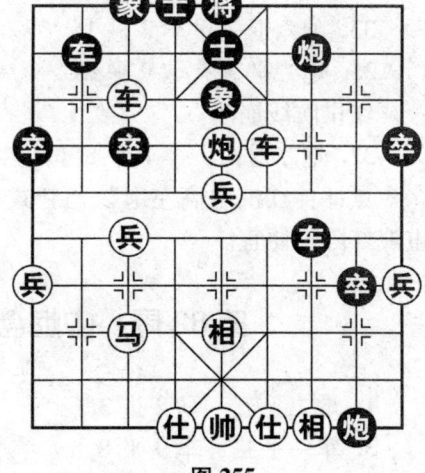

图255

19. ……　　　车7退1

应车七进二吃象为宜。

20. ……　　　车7进4
22. 车四退一　车2平5（图256）

弃车砍炮，石破天惊！

20. 兵五平四　……
21. 兵四平五　车2进3

23. 车四平五　车7平6
24. 马五进七　车6进1
25. 帅五进一　炮7进7
26. 炮五平二　炮8平9
27. 相五进三　……

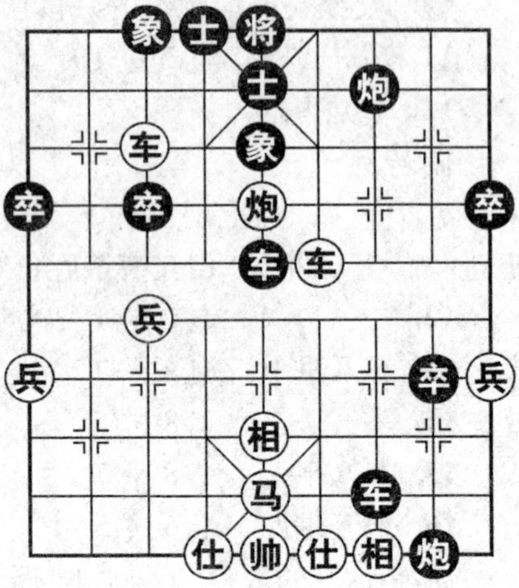

为什么不帅五平六？车6退1，马七退五，车6进1，马五进三，车6平4，帅六平五，车4平5，帅五平六，卒8进1，相五进三，炮9退1，帅六进一，车5平2，绝杀黑胜。

27. ……　　　　车6平5
28. 帅五平六　车5退5
29. 车七退一　车5平2

倘若车5平4，帅六平五，车4进3，黑棋亦胜。

30. 兵七进一　车2进4　　31. 帅六进一　车2退1
32. 兵七平八　炮7退1

似应炮7平3打车得子胜势。

33. 帅六退一　车2进1　　34. 帅六进一　炮9退1
35. 炮二平五　炮9平8　　36. 炮五平二　卒8平7

红棋防线崩溃。

37. 炮二退四　卒7平8（黑胜）

点评：红棋"高左炮"是新式布局武器。陈青婷大师飞刀出鞘相当锋锐，重演红阵没便宜。

图256

第82局　中炮盘头马对盘河马进炮牵马

1. 炮二平五　马2进3　　2. 马二进三　马8进7
3. 车一平二　车9平8　　4. 兵七进一　卒7进1
5. 车二进六　马7进6　　6. 马八进七　象7进5
7. 兵五进一　卒7进1　　8. 车二平四　马6进7
9. 马三进五　炮8进5

象棋大师黄勇抛出最新布局飞刀！

10. 兵五进一　炮8平3
11. 马五退七　卒5进1　　12. 马七进五（图257）　……

图257形势之下黑棋有马7进5与车8进4两种选择。

第6章 中炮过河车对盘河马左象

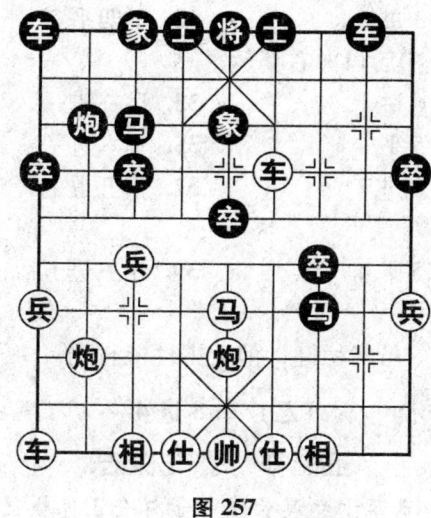

图 257

（甲）马 7 进 5

卜凤波 和 黄勇

（1985 年 6 月 23 日弈于邯郸将相杯象棋大师邀请赛）

| 12. …… | 马 7 进 5 | | |

"飞马踏炮"稳健。倘若卒 5 进 1，马五进三，红棋优势。

| 13. 相七进五 | 卒 7 平 6 | | |

弃卒引车，精巧！

| 14. 马五进六 | 马 3 退 5 | 15. 马六进八 | …… |

似可炮八进三，马 5 进 7，车四平七，士 6 进 5，车九进一，红棋优势。

| 15. …… | 车 1 平 2 | 16. 车四平七 | 车 2 进 1 |
| 17. 炮八进五 | 车 2 进 1 | 18. 车七平六 | 车 2 退 1 |

黄勇大师中盘防御能力相当大，卜凤波大师的攻势逐渐退潮。

19. 兵七进一	马 5 退 7	20. 仕六进五	马 7 进 6
21. 车九平六	士 6 进 5	22. 兵七进一	卒 9 进 1
23. 兵九进一	车 2 进 1	24. 后车进五	卒 5 进 1
25. 后车平一	……		

双卒联手虎视眈眈，红车不得不吃边卒。

25. ……	马 6 进 7	26. 车六平四	马 7 进 8
27. 车一平六	车 8 平 7	28. 帅五平六	车 7 进 6
29. 兵一进一	车 7 平 2	30. 兵一进一	象 5 退 7

31. 兵一平二	象3进5	32. 车四平三	……

细腻！防止黑马卧槽后再向右翼运子。

32. ……	卒6进1	33. 兵二进一	卒5进1
34. 车三退二	卒5平4	35. 车六进一	卒6平5
36. 车三平七	马8进7	37. 相五退七	卒4平3
38. 兵二进一	……		
38. ……	卒5平4	39. 相三进五	前车进3
40. 车六平五（和棋）			

点评："飞马踏炮"虽然稳健，但反击性能较弱。

（乙）车8进4
王瑞祥 负 艾保宏

（2006年6月1日弈于慈溪长城电子杯全国象棋区县级锦标赛）

12. ……　　　　车8进4（图258）

陕西榆林名手艾保宏首创巡河车保卒最新布局飞刀！

13. 马五进六　　卒5进1

弃马取势，构思别具一格！

14. 马六进七　　车1进1
15. 炮八平七　　车1平3
16. 车四平七　　炮2进4
17. 车七平三　　……

似可车七平六，卒5进1，炮五平六，马7退5，车六退二，炮2退1，兵七进一，车8平3，车六平五，前车进3，马七退六，前车平4，马六退八，红棋优势。

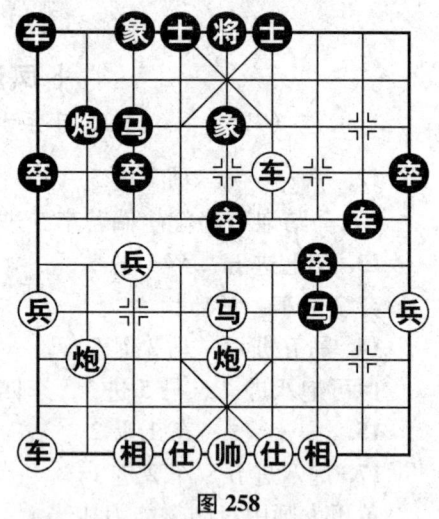

图258

17. ……	炮2平5	18. 仕六进五	车3平6（图259）
19. 车三退二	……		

败着！似应车三平六，士6进5，帅五平六，车6进3，车九平八，炮5平3，车八进三，炮3退4，炮七进五，红棋优势。

19. ……	车8平6	20. 帅五平六	马7进5
21. 帅六进一	……		

倘若相三进五，前车进5，帅六进一，前车退1，红棋胜势。

21.	马5退3	22. 车三退二	后车平4

第6章 中炮过河车对盘河马左象

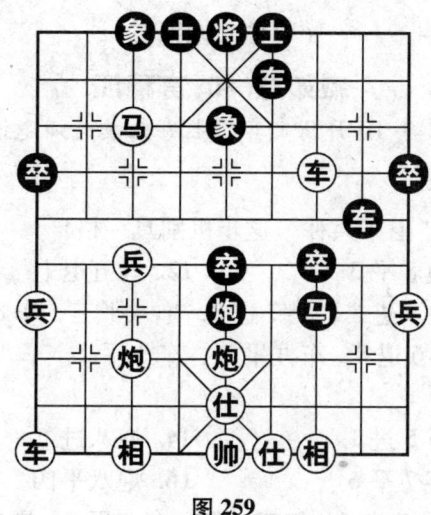

图259

23. 车三平六　炮5平4　　　24. 车六平三　炮4平8（黑胜）

点评："先弃而不能后取"会有风险。本局弃子成功与红棋应着出错有关，重演黑阵谨慎为宜。

第83局　中炮盘头马对盘河马进炮打马

1. 炮二平五　马8进7
2. 马二进三　车9平8
3. 车一平二　马2进3
4. 兵七进一　卒7进1
5. 车二进六　马7进6
6. 马八进七　象7进5
7. 兵五进一　卒7进1
8. 车二平四　马6进7
9. 马三进五　炮8进5
10. 兵五进一　炮2进1（图260）

"高右炮"是象棋大师言穆江首创最新布局飞刀！图260形势之下红棋有车四退三与车四退四两种选择。

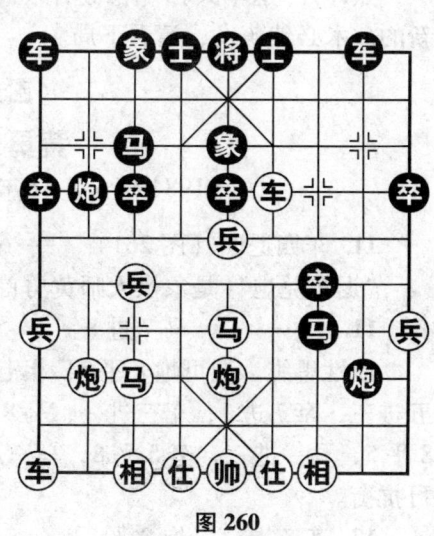

图260

（甲）车四退三

臧如意 和 言穆江

（1982年10月9日弈于上海象棋大师邀请赛）

11. 车四退三 ……

象棋大师臧如意"退车兵林"这步棋别具一格！

11. ……　　炮 8 平 3　　12. 马五退七　车 8 进 6

似可卒5进1，炮八进二，马7进8，炮八平三，车8进6，车四平二，马8退6，帅五进一，马6退8，车九平八，车1平2，车八进三，马8退7，黑可抗衡。

13. 车九进一　卒 5 进 1　　14. 炮八进二　车 1 进 1

15. 车九平六　卒 7 平 6　　16. 炮八平四　……

倘若车四进一，马7进5，相三进五，车8平3，黑棋优势。

16. ……　　马 7 进 8　　17. 车四平二　马 8 退 6

18. 车六平四　马 6 退 8　　19. 马七进五　车 1 平 6

20. 炮五进三　士 6 进 5　　21. 马五进六　车 6 进 4

鸣金收兵。

22. 车四进三　马 8 退 6　　23. 马六进八（和棋）

点评："退车兵林"稳健有余而攻击力不足，红棋的局面不很理想。所以新的战术必然萌发，请看下局。

（乙）车四退四

黄勇 胜 言穆江

（1984年5月18日弈于武汉第三届三楚杯）

11. 车四退四（图261）……

"退车兑炮"是象棋大师黄勇首创最新改进型布局飞刀！

11. ……　　马 7 进 8　　12. 车四平三　卒 7 进 1

惯性思维。似可炮8平5，相七进五，卒7进1，车三退一，卒5进1，马五进三，卒7进1，车三进一，马8退9，马三退一，车8进6，马七进五，车8平5，马一进三，车5平8，马三进五，马3进5，仕六进五，士4进5，黑可抗衡。

13. 车三退一　炮 8 平 3　　14. 车九进一　……

倘若马五退七，卒7进1，车三进一，车8进6，兵五平六，车1进1，车三退一，马8退7，车九进一，炮2进3，车九平六，马7进5，炮八平五，车8平

216

3，马七退九，炮2平9，兵六进一，炮9平5，仕四进五，卒5进1，黑可抗衡。

14. ……　　　　炮3退1

倘若卒7平6，马五退七，马8退7，车九平六，士6进5，车六进二，车8平6，马七进六，卒6进1，车三进二，卒6平5，兵五平六，车1进1，相三进五，车1平4，马六退四，红棋稍优，但黑方比实战要好。

15. 车三平二　　车8进8
16. 车九平二　　卒7平6
17. 马五进六　　炮3平5
18. 仕四进五（图262）　卒3进1

倘若马3退1，车二平四，炮2进3，兵五进一，象5退7，帅五平四，士4进5，兵五平六，象3进5，马六进四，红棋优势。

19. 马六进七　　炮2平3
20. 车二平四　　卒6平7
21. 车四进三　　车1进2
22. 马七退五　　车1平2
23. 炮八平六　　士4进5

倘若士6进5，兵五平六，卒3进1，车四平七，车2进1，车七平二，红棋亦优势。

24. 帅五平四　　车2进4
25. 兵五平六　　炮3进2

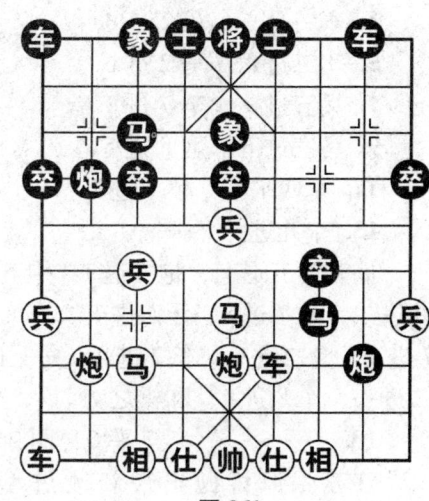

图261

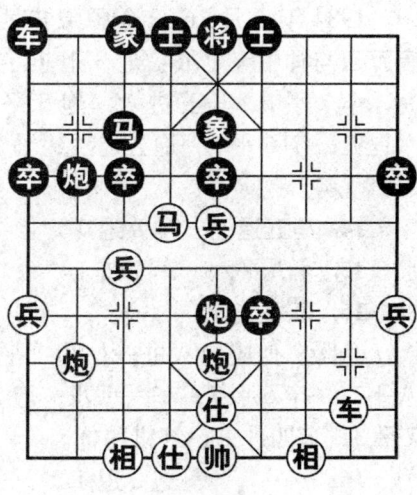

图262

26. 马五退七（红胜）

点评：黑棋"高右炮"的防御性能较弱，重演此阵谨慎为宜。

第84局　中炮盘头马对盘河马进炮牵马

黄世宏　负　张海涛

（2012年11月3日弈于南京第八届弈杰杯象棋公开赛）

1. 炮二平五　　马8进7　　**2. 马二进三　　车9平8**

3. 车一平二　马2进3　　　　4. 兵七进一　卒7进1
5. 车二进六　马7进6　　　　6. 马八进七　象7进5
7. 兵五进一　卒7进1　　　　8. 车二平四　马6进7
9. 马三进五　炮8进5　　　　10. 车四退四　马7进8
11. 车四平三　卒7进1　　　 12. 车三退一　炮8平3
13. 车九进一　……

倘若马五退七，炮2退1，炮五平二，炮2平7，车三平二，车1平2，车九进二，炮7进8，仕四进五，车8进6，车二退一，炮7退2，炮八平三，卒7进1，炮二退一，车2进4，马七进五，车2平8，马五退三，前车进2，车二进一，车8进4，和棋之势。

13. ……　　　　卒7平6（图263）

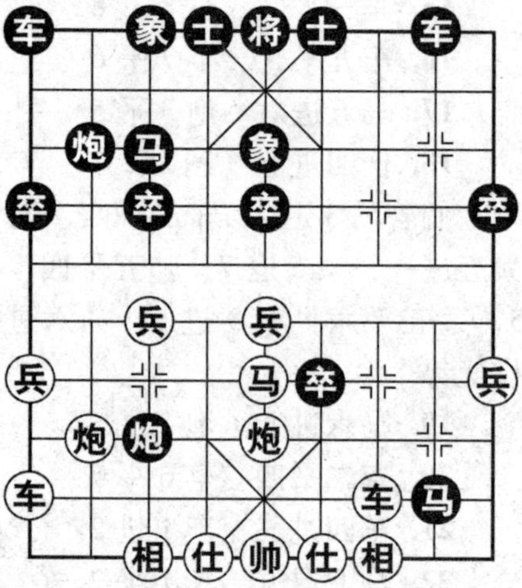

江苏张海涛抛出最新改进型布局飞刀！

1984年4月16日全国象棋团体赛，唐万云与林中宝之战：炮3退1，兵五进一，卒7平6，马五进六，炮3平5，马六退五，卒6平5，炮五退一，马8退9，黑棋优势。

14. 马五退七　马8退7
15. 车九平六　车1进1
16. 车六进五　……

急躁。似应炮八进一，车1平7，炮八平三，卒6平7，车六平八，炮2退1，车八进六，卒7进1，车三平四，车7平3，车四进二，红棋稍优。

图263

16. ……　　　炮2退1　　　　17. 车六进二　炮2进3
18. 车六平九　马3退1　　　　19. 兵五进一　……

似应炮五进四，士6进5，炮五退一，车8进5，炮八进二，红棋尚无大碍。

19. ……　　　卒5进1　　　　20. 兵七进一　炮2退3

佳着！倘若卒3进1，马七进六，士6进5，马六进八，车8进5，炮八平七，车8平2，马八进七，马1进3，炮七进五，卒5进1，黑棋多卒，红棋多子，各有顾忌。

21. 兵七进一　炮2平7　　　　22. 炮五平三　马7退6
23. 炮三平二　卒6平7（图264）

第 6 章 中炮过河车对盘河马左象

24. 车三平二 ……

倘若车三平四，炮 7 进 8，仕四进五，卒 7 进 1，车四进四，车 8 进 7，马七进六，车 8 退 4，帅五平四，士 6 进 5，马六退五，车 8 平 3，炮八平三，卒 5 进 1，车四平五，车 3 平 7，炮三平四，车 7 进 2，黑棋优势。

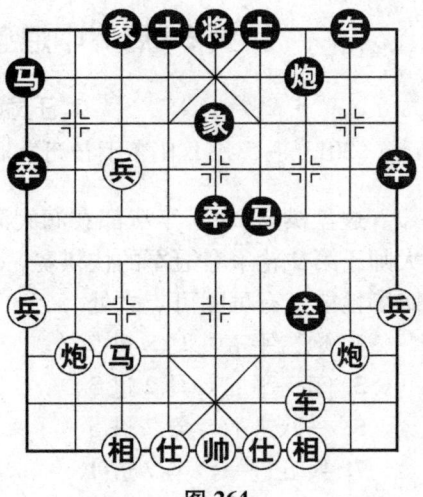

图 264

24. ……	炮 7 进 8		
25. 仕四进五	车 8 进 5		
26. 车二退一	炮 7 退 2		
27. 炮八进三	……		

倘若车二平四，车 8 进 2，马七进六，车 8 退 4，马六进四，车 8 平 3，马四退三，车 3 进 6，黑棋优势。

27. ……	马 6 退 7	28. 马七进五	卒 7 平 6
29. 马五进六	士 6 进 5	30. 炮八进三	……

倘若炮八平五，车 8 退 1，炮五退一，车 8 平 4，炮二进六，车 4 平 8，车二进五，马 7 进 8，炮二平九，马 8 进 9，黑棋优势。

30. ……	马 7 进 5	31. 兵七平六	马 5 进 7
32. 兵六平七	炮 7 平 3	33. 炮八进一	炮 3 退 2

似可象 5 进 3，马六退七，马 7 进 5，马七进五，卒 5 进 1，黑棋胜势。

34. 相七进五	炮 3 平 5	35. 炮八退七	车 8 退 2
36. 炮八进七	象 5 进 3	37. 马六退七	炮 5 进 1
38. 马七进六	炮 5 平 9		

黑棋物质优势太大，红棋难以抵挡。

39. 兵九进一	卒 6 平 7	40. 相五进三	炮 9 退 1
41. 炮二进三	马 7 退 6	42. 车二进四	炮 9 退 1
43. 相三退五	车 8 平 3	44. 炮二平四	车 3 平 8
45. 车二进二	马 6 进 8（黑胜）		

点评：红棋虽然受挫，倘若攻击方向正确还是尚可一战。

第85局　中炮盘头马对盘河马进炮牵马

王斌　负　于幼华

（2013年5月1日弈于扬州泰润大酒店·铂金府邸杯全国象棋公开赛）

这盘棋是2013年江都泰润大酒店·铂金府邸杯全国象棋公开赛两位特级大师于第9轮争夺冠军的快棋赛。于幼华冷门飞刀突然亮相，经实战检验，其防御性能尚有可圈可点之处。

1. 炮二平五　马8进7
2. 马二进三　车9平8
3. 车一平二　马2进3
4. 兵七进一　卒7进1
5. 马八进七　象7进5
6. 车二进六　马7进6
7. 兵五进一　卒7进1
8. 车二平四　马6进7
9. 马三进五　炮8进5
10. 车四退四　马7进5（图265）

"飞马踏炮"是全国象棋冠军于幼华抛出的最新怪异型布局飞刀！

11. 炮八平五　炮8平5
12. 相七进五　车1平2

倘若卒7进1，车九平八，车1平2，兵五进一，卒5进1，马五进六，马3退5，车八进六，马5进7，马七进八，红棋稍优。

13. 车九平八　炮2进5
14. 车四进四　……

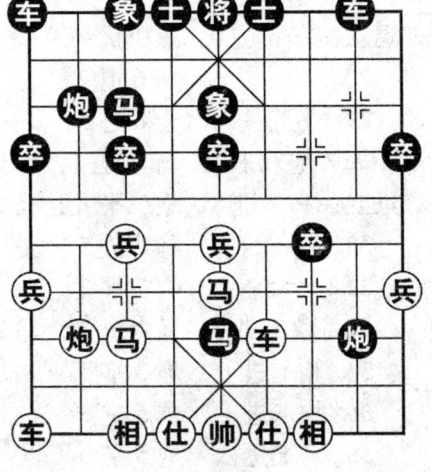

图265

倘若马五进三，车8进6，兵五进一，卒5进1，车四进四，车8平3，马七退五，炮2退1，车四平七，车2进2，马三进五，士4进5，前马退三，红棋稍优。

14. ……　　　车8进4
15. 马五进三　卒3进1
16. 兵五进一　炮2退4
17. 车四进二　士4进5
18. 兵七进一　象5进3
19. 兵五进一　……

倘若车八进四，车8进2，兵五进一，马3进5，车四退三，象3退5，马七进五，马5进3，局势平稳。

19. ……　　　马3进5
20. 车四退二（图266）　……

精巧！多得一象。

第6章 中炮过河车对盘河马左象

20. ……　　　炮2平6
21. 车八进九　车8平7
22. 车八平七　士5退4
23. 马七进五　士6进5
24. 马五进七（余略，黑胜）

点评：最后形势应是和棋之势。因快棋规则规定红方6分钟、黑方5分钟，和棋黑胜，所以判黑胜。

"飞马踏炮"新着和棋易而赢棋难。

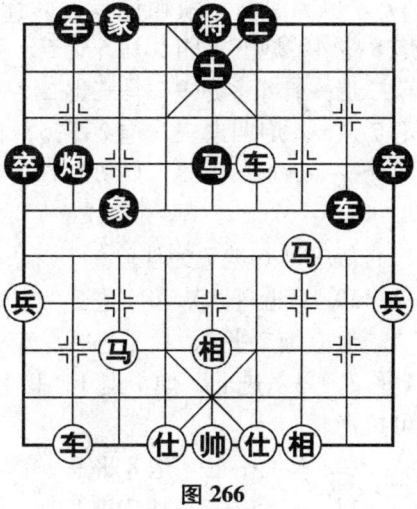

图 266

第86局　中炮过河车进而复退对盘河马左象

李义庭　胜　赵松宽

（1958年11月2日弈于北京象棋表演赛）

1958年是中炮过河车冲中兵战术破土萌发元年，棋手们纷纷摩拳擦掌，跃跃欲试。为了抵抗冲中兵战术，北京著名棋手赵松宽曾经首创"盘河马左象"新着。由于当时对左象这种战术处于探索期，"过河车进而复退"稳健型战术应运而生。

1. 炮二平五　马8进7
2. 马二进三　马2进3
3. 车一平二　车9平8
4. 兵七进一　卒7进1
5. 马八进七　象7进5
6. 车二进六　马7进6
7. 车二退二（图267）　……

全国象棋冠军李义庭首创"中炮过河车进而复退"的最新布局飞刀！

7. ……　　　车1进1
8. 车九进一　车1平4
9. 炮八进三　……

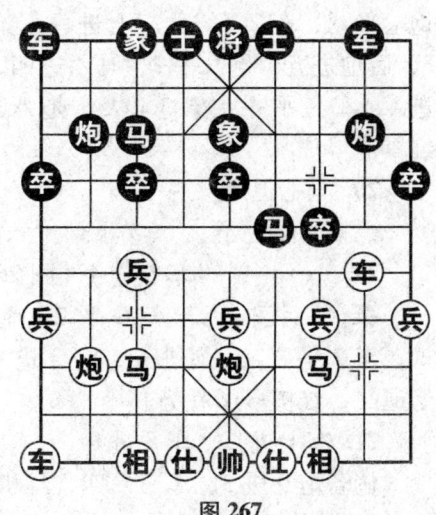

图 267

"倒骑河炮"新颖怪异！为什么不车二平四顶马？车4进3，车九平二，炮8进4，炮五平四，马6退7，兵三进一，卒7进1，车四平三，炮8平7，车二退一，车8进9，马三退二，马7进6，车三平四，炮2进2，兵九进一，炮7退6，炮四进三，炮2平6，相三进五，炮6平8，马七进六，卒3进1，兵七进一，车4平3，局势平稳。

9. ……　　　　马6退7

似应马6进7为佳。

10. 马七进六　车4进3　　11. 炮八退一　卒3进1

似应炮2平1，兵三进一，卒7进1，车二平三，马7进8，炮五平六，车4平2，马六进七，炮1退1，相七进五，车8平7，车三进五，象5退7，黑可抗衡。

12. 车九平七　炮8平9　　13. 车二平四　卒3进1
14. 车七进三　马7进8　　15. 炮五平六　车4平5
16. 马六进七　卒7进1

急于反击。似可车5平3，炮六平七，车3平2，炮八进三，车2退2，车四平二，马8退7，车二进五，马7退8，兵三进一，卒7进1，车七平三，车2进2，相七进五，士4进5，黑棋尚无大碍。

17. 车四平三　车5平6　　18. 炮六平七　马8进9

边线切入，弃子抢攻。

19. 马三进一　炮9进4

倘若车8进6，马七退六，车6平2，炮七平八，车2平3，车七进一，象5进3，后炮进五，炮9平2，马六进四，马3进4，车三平一，象3退5，炮八退三，红棋优势。

20. 马七退六　……

黑棋必然丢子。

20. ……　　　　车6进4（图268）

孤注一掷！倘若车6平2，炮七平八，车2平8，后炮进五，马3进4，后炮退二，红棋多子胜势。

21. 车七进三　车8进8

倘若炮9进3，车三平四，红棋胜势。

22. 车三平二　……

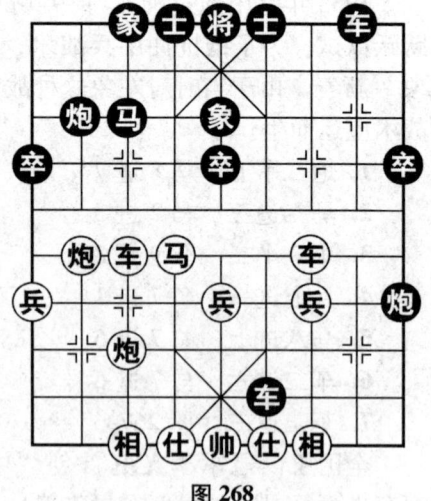

图268

第6章 中炮过河车对盘河马左象

似应车三平四,车6平4,炮七平五,炮9平5,仕四进五,士6进5,车七平八,红棋胜势。

22. ……　　车8平7　　23. 仕六进五　……

似可车二平四,车6平4,炮七平五,炮9平5,仕六进五,红棋胜势。

23. ……　　车7进1（图269）

倘若炮9进3,车二退四,炮9平7,车二平三,车7进1,车七平八,红棋多子胜势。

24. 炮七退一　……

有惊无险!似应炮七进七,象5退3,马六进五,炮9进3,炮八平五,象3进5,帅五平六,车7退3,帅六进一,车7平5,马五进三,车5退1,车二平五,红棋胜势。

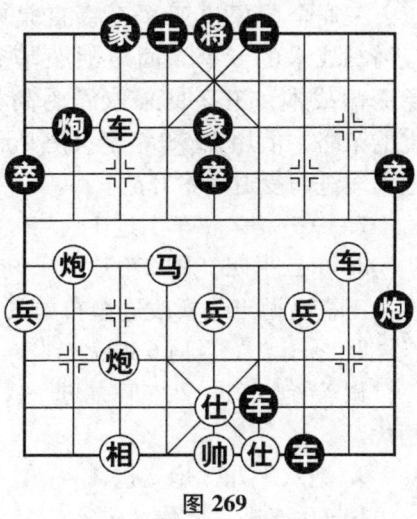

图269

24. ……　　炮9平5
25. 帅五平六　车6平5
26. 车二平四　炮5平2
27. 相七进五　……

老谋深算。

27. ……　　车7平8　　28. 马六进五　……

倘若马六退八,炮2进4,炮七进八,象5退3,炮八平五,士6进5,炮五退三,红棋胜势。

28. ……　　车5退1　　29. 马五进三　车5平4

30. 炮七平六（红胜）

点评:冷门"倒骑河炮"首发成功,但是并非完美无缺。所以新战术又在研发,请看下局。

第87局　中炮过河车进而复退对盘河马左象

王嘉良　负　胡荣华

（1960年6月19日弈于杭州五省市象棋邀请赛）

中炮冲中兵对盘河马于1958年横空出世之后,到1959年争斗的焦点是以盘河马"右象"为主。1960年上海15岁少年胡荣华以"飞左象"冷门战术挑战东北虎。王嘉良飞刀出鞘,两大高手上演一场激烈的搏杀之战。

1. 炮二平五　马8进7　　　　2. 马二进三　卒7进1
3. 车一平二　车9平8　　　　4. 车二进六　马2进3
5. 兵七进一　马7进6　　　　6. 马八进七　象7进5
7. 车二退二　……

三届全国象棋亚军王嘉良是中炮对盘河马战术的专家。面对胡荣华突发左象冷门战术，王嘉良采取忍为高、退为上的策略，借用1958年李义庭所创中炮过河车进而复退战术开战。

7. ……　　　　车1进1
8. 车二平四（图270）　……

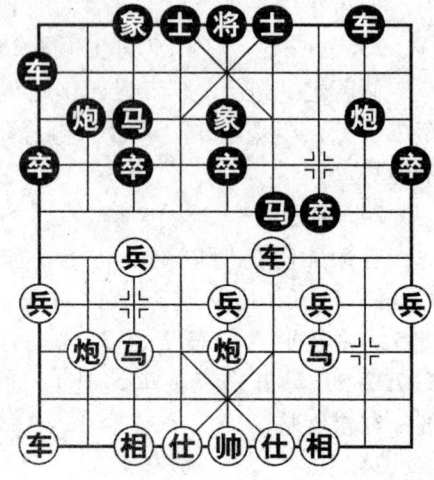

图270

王嘉良抛出最新改进型布局飞刀！

8. ……　　　　马6退7

倘若炮8进2，车九进一，红棋稍优。

9. 炮八平九　炮2进4
10. 兵五进一　炮8进4　　　11. 车九平八　车1平4
12. 兵三进一　……

不明显的软着！似应马三退一，车4进5，炮五平二，车8平7，马一进二，车4平7，马二进三，象5进7，相七进五，后车平8，炮二平四，局势平稳。

12. ……　　　　炮2平7　　13. 相三进一　……

倘若马三退五，车8进1，车八进七，车4平6，车四进四，车8平6，兵三进一，马7退5，炮五平二，车6进4，兵三进一，象5进7，兵三平二，炮8退1，黑棋有攻势。

13. ……　　　　车4进7　　14. 仕四进五　车8进5
15. 车八进七　卒7进1　　　16. 车四进四　……

倘若车四进三，士6进5，车四平三，炮7退4，马三进二，卒7平8，黑棋优势。

16. ……　　　　炮7平3　　17. 马七进五　……

对攻之势十分复杂。倘若马七退八，车4平3，炮九退二，卒7进1，马三退二，车8平5，相一退三，马3退5，黑棋优势。

17. ……　　　　卒7进1

似应车4平3，仕五进六，炮3进3，仕六进五，卒7进1，黑棋胜势。

第 6 章　中炮过河车对盘河马左象

18. 炮五平六　炮 8 平 5
20. 相七进五　卒 7 平 6
22. 相五退三　车 3 平 2

19. 马三进五　车 4 平 3
21. 车八平七　卒 6 平 5
23. 炮九平七　士 6 进 5

机警！否则红棋有"点象眼"的攻势。

24. 炮六进六　车 2 平 4
25. 炮六平九　车 8 平 5
26. 炮九进一　前卒进 1

佳着！相互搏杀进入高潮！

27. 相三进五　车 5 进 2（图 271）
28. 帅五平四　……

倘若车七进一，车 4 退 4，车四退六，车 4 平 5，车四平五，车 5 进 3，炮七退一，车 5 平 9，黑棋胜势。

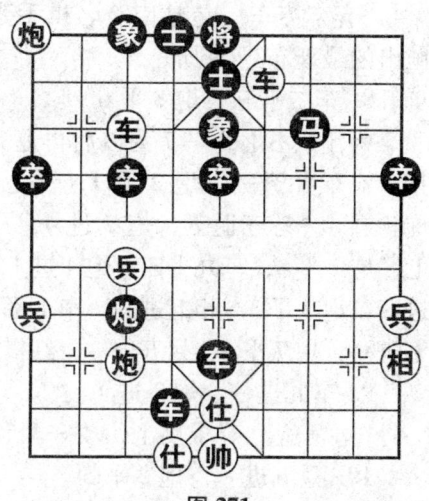

图 271

28. ……　　　车 4 退 4

机警！倘若车 5 平 3，车七平五，炮 3 平 6，车五平三，车 3 平 6，帅四平五，车 6 进 1，车三进二，士 5 退 6，仕五退四，车 4 退 3，车四进一，将 5 进 1，车四平五，将 5 平 6，车五退三，炮 6 平 8，车三退一，将 6 进 1，炮九平六，炮 8 进 3，车三退八，车 4 退 3，炮六平四，红棋胜势。

29. 车七平五　车 4 平 6
31. 车五平七　车 5 平 3

30. 车四退三　马 7 进 6
32. 车七进二　车 3 平 2

解杀还杀，黑棋胜势。

33. 车七退二　车 2 退 7（黑胜）

点评：也许在名人效应影响下，"中炮过河车进而复退"战术从此退出大型比赛主战场。

第 88 局　中炮过河车进而复退对盘河马左象

胡荣华　胜　张仲保

（1966 年 1 月 23 日弈于河内 1966 年中、越象棋友谊赛）

1966 年中、越友谊赛，越南名将阮得丁以中炮过河车进而复退战术向胡荣华挑战，结果遭到盘河马的沉重打击（详见第 6 局）。紧接着越南张仲保与胡荣华交战时，胡荣华演绎进而复退，有趣的是张仲保借用胡荣华盾牌战术，应战胡荣华的中炮长矛……

1. 炮二平五　马８进７
2. 马二进三　车９平８
3. 车一平二　马２进３
4. 兵七进一　卒７进１
5. 车二进六　马７进６
6. 马八进七　象７进５
7. 车二退二　卒７进１（图272）

"弃卒撞车"是越南著名棋手张仲保抛出的最新布局飞刀！

8. 车二平三　炮８平６

为什么不炮８平７为以后再退２路炮打车？车九进一，炮２退１，马七进六，炮７进４，马三退五，炮２进４，马五进七，炮２平４，车九平四，炮４进１，车四进四，炮４平３，相七进九，车１平２，兵五进一，炮７平１，兵五进一，红棋优势。

9. 车九进一　炮２进４

"过河炮"寻求反击，攻守两利。

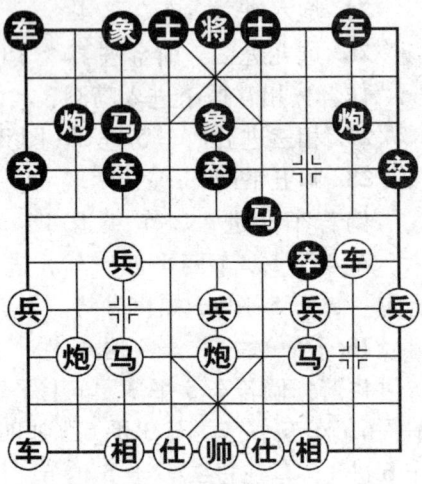

图272

10. 兵五进一　炮２平３

过于追求攻击速度，似应士６进５加强防御为佳。

11. 兵五进一　……

弃中兵是乘虚而入的佳着，吹响飞马盘中的攻击号角！

11. ……　　　卒５进１

为什么不炮３进３打相？仕六进五，卒５进１，车三进一，捉死黑马优势。

12. 马七进五　……

"飞马盘中"，攻势锋锐。

12. ……　　　马６进５

软着！似应炮３平７，炮五进三，士４进５，相三进一，马６进５，马三进五，车８进６，炮八平五，车１平２，车九平六，车２进６，马五进六，炮７平５，仕六进五，车８退２，车三平五，炮５退２，炮五进三，车２退４，黑棋尚可坚守。

13. 马三进五　车１平２　　14. 炮五进三　士６进５

似应士４进５背车补士为宜。

15. 炮八平五　……

红棋双炮一马与双车形成完美战术组合。

15. ……　　　车２进４　　16. 车九平四　……

第6章 中炮过河车对盘河马左象

主攻方向正确。倘若车九平六，车8进4，前炮平六，马3进5，炮六进三，炮3平2，车三平五，车8平4，车六进四，车2平4，车五进二，车4退3，马五进四，车4进5，车五平一，红棋虽然优势，明显不如实战。

16. ……   炮6进4

借助红马的阵前"连环炮"封锁黑车虽然有点虚浮的感觉，也别无良策退敌。倘若炮6退2，车四进四，炮3平4，车三进二，黑棋也难抵抗。

17. 兵一进一（图273） ……

胡荣华历来用兵神出鬼没，轻重缓急皆恰到好处。

现在虽然可以车三进二抢占卒林要道控盘，可是胡荣华却别出心裁，启动九尾龟在边线上缓缓爬行，移动黑炮边线的靶标，耐人寻味。

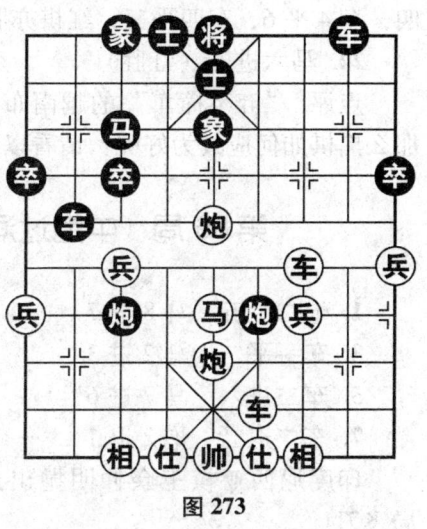

图273

17. ……   车8平6
18. 车四平六   ……

调车左肋，暗伏跳马打车，炮轰中象，马踏中象的绝杀之着。值此一着，红棋奠定胜势。

18. ……   炮3平4

越南名将张仲保双炮夹马，顽强防御，延缓红棋攻城擒王的速度。

19. 车三进二   车2进2

放弃河头阵地，加强前沿防御，但是被红马趁机穿出。倘若车6平8，车三平七，炮4平3，车七平一，红棋胜势。

20. 马五进六   炮4平5
21. 仕六进五   马3退1
22. 车三平六（图274） ……

精妙！

22. ……   炮5平4

无奈！倘若马1进3，前车进二，车6进4，马六进七，将5平6，马七进五，将6进1，前车进一，红棋胜势。

23. 前车平一   车6进4

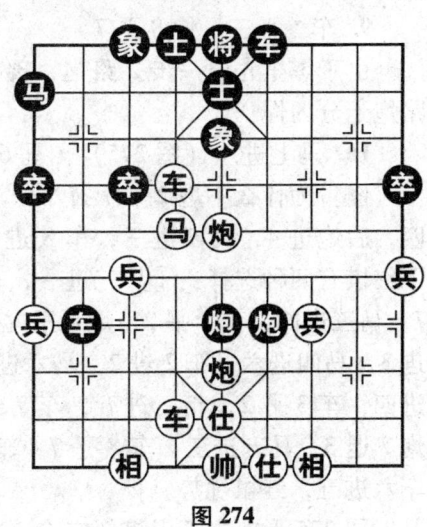

图274

速败！倘若炮4平5，车一平六，炮5平4，前车进二，车6进4，马六进五，车6平5，马五进七，将5平6，前车退五，车2平4，车六进二，炮6退5，车六平四，车5平4，炮五平四，车4退3，炮四进六，士5进6，车四进四，车4平6，车四平三，红棋亦胜势。

24. 马六进五（红胜）

点评： "弃卒撞车"的越南布局飞刀因反击性能较弱遭到毁灭性的打击。那么黑棋如何应战为好呢？请看以下战局。

第89局　中炮过河车进而复退对盘河马左象

1. 炮二平五　马8进7　　2. 马二进三　车9平8
3. 车一平二　马2进3　　4. 兵七进一　卒7进1
5. 车二进六　马7进6　　6. 马八进七　象7进5
7. 车二退二　炮2退1

印度尼西亚棋王余仲明抛出最新布局飞刀！

8. 车九进一　卒7进1

"弃卒撞车"是反击佳着！

9. 车二平三　炮8平7

由于黑棋先退一步2路炮，现在平7路炮十分凶悍！

10. 马七进六（图275）　马6进4

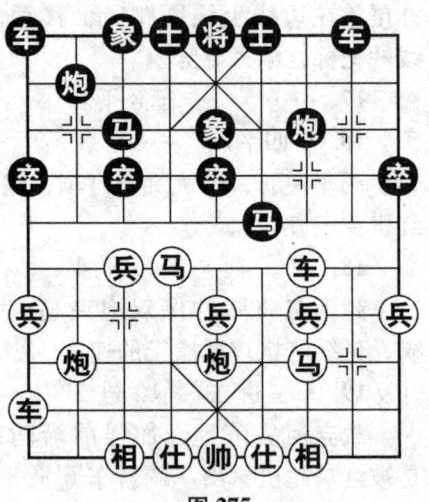

图275

怪！为什么不炮2平7打车？马六进四，后炮进4，马四进三，车8进2，以下红棋有两种选择：①兵三进一，车8平7，马三进四，车1平2，炮八平九，车7进3，马四进六，车2进2，马六进七，车2平3，炮五进四，士4进5，炮九进四，车3平2，相三进五，车7进1，兵五进一，红棋优势。②前马退五，炮7退3，马五进三，车8平7，车九平六，车1平2，炮八平七，车7进4，车六进五，红棋优势。

图275形势之下黑棋似应炮7进4，马三退五，马6进4，车三退一，炮2平1，车九平六，马4进5，相三进五，车1平2，炮八平九，车8进4，车六进六，车2进2，车六进一，炮1进1，马五进三，卒3进1，车三进一，士6进5，黑可抗衡。

第6章 中炮过河车对盘河马左象

11. 车三进三（图276）……

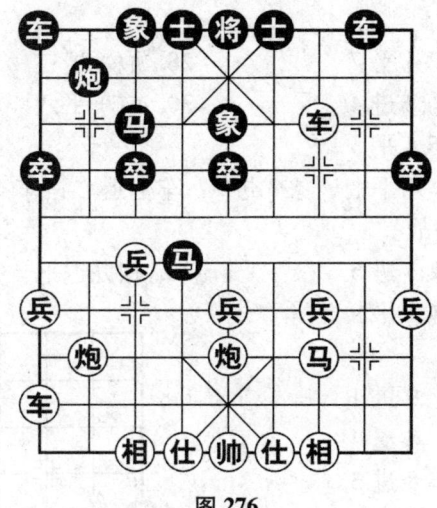

图 276

图276形势之下黑棋有卒3进1与炮2平6两种选择。

（甲）卒3进1

赵汝权 负 余仲明

（2007年10月18日弈于澳门第10届世界象棋锦标赛）

| 11. ……   卒3进1 | 12. 车九平七   …… |

稳健！倘若兵七进一，以下黑棋有两种选择：①车8进4，车九平六，马4进5，相三进五，车8平3，车六进七，炮2进1，炮八进二，炮2平1，车三退一，红棋优势。②马4进2，兵七平八，马3进2，车九平四，前马进4，车四平六，炮2进6，炮五平八，马4退3，炮八平五，红棋优势。

| 12. ……   炮2平3 | 13. 炮八平七   马4进3 |

倘若车1进2较为稳健。

14. 车七进一 卒3进1	15. 车七平六 卒3平4
16. 相七进九 马3进2	17. 车三退一 卒1进1
18. 炮五进四 炮3平5	19. 炮五平一 ……

炮轰边卒保持牵制力！倘若炮五进二则稳健。

19. …… 车1平2	20. 仕四进五 车2进2
21. 兵三进一 车2平4	22. 车三平四 卒4进1
23. 车六平四 炮5进5	24. 帅五平四 士4进5
25. 马三进四 炮5平1	26. 马四进三 象5退7

27. 炮一进二 ……

进炮凶悍。

27. ……	车4平7	28. 炮一退三	车8进4
29. 兵一进一	马2进4	30. 前车平六	马4进6
31. 帅四平五	卒4平5		

倘若车7平4，车六平七，象3进5，车七退二，车4进3，车七平六，马6退4，黑棋也足可一战。

32. 车六平七	象3进5	33. 相九退七	炮1退1
34. 车七平五	炮1平9		

余仲明力挽狂澜。

35. 相三进一	炮9进1
36. 炮一进四	车8退4
37. 炮一退四	车8进3
38. 马三退四	车8进1（图277）

39. 兵三进一 ……

顽强！为什么白白丢子而不炮一进四逃炮？车8平6，车五退二，车7平6，炮一退五，前车平9，炮一平二，车6平8，红棋也要丢子。

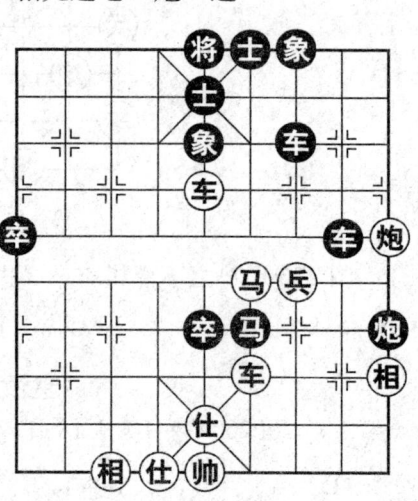

图277

39. ……	车8平9		
40. 马四进二	车7进2		
41. 马二退一	车9进2	42. 车五退三	车7进2
43. 相七进五	卒1进1	44. 相五退三	马6退7
45. 车五平三	车9平7		

至此形成"车马卒对单车仕相全"残局，黑棋胜势。

46. 帅五平四	马7进8	47. 车四进三	卒1进1
48. 帅四平五	卒1平2	49. 帅五平四	卒2平3
50. 车四退三	马8退7（黑胜）		

点评：余仲明最新飞刀把大名鼎鼎香港棋王拉下马。

（乙）炮2平6

赵国荣 和 于幼华

（2012年6月15日弈于句容第4届句容茅山杯全国象棋冠军邀请赛）

11. ……	炮2平6（图278）

第6章 中炮过河车对盘河马左象

特级大师于幼华抛出最新布局飞刀！

12. 车九平六　马4进5
13. 相三进五　车1平2
14. 炮八平七　车2进7
15. 车六平七　炮6平1
16. 炮七进四　炮1进5
17. 兵七进一　……

为什么不炮七进三打象？象5退3，车三平七，车8进7，马三退五，炮1进3，后车平九，炮1平2，车九退一，士6进5，车七退二，车8平6，车七平二，卒1进1，黑棋有攻势。

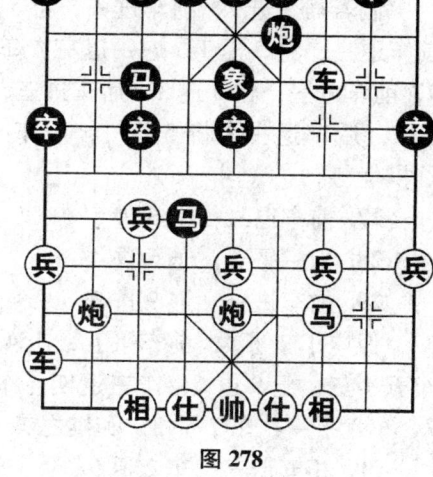

图 278

17. ……　　　卒9进1
18. 车七进一　车2退1

退马窝心机警！否则肋车点象眼有攻势。

19. 车七平六　马3退5
20. 车三退一　车8进7

赵国荣弃马点穴令人震惊。

21. 车六进六　……
21. ……　　　车8平7

于幼华在攻击中拼命，在防御中也敢玩火。现在赵国荣送来大礼，欣然收受，但是要付出代价。

22. 车三平五　象5进3
23. 车五退一　车7退1
24. 炮七平一（图279）　炮1平5

为什么不车7退3捉炮？炮一进三，车7退3，炮一退三，以下黑棋有两种选择：①车2退3，车五平六，马5进7，前车进一，将5进1，后车进三，将5进1，前车平七，红胜。②象3进1，车五平六，炮1平5，仕六进五，炮5平4，后车平五，炮4平8，帅五平六，炮8进3，帅六进一，车2进2，帅六进一，车2退8，相互搏杀，各有顾忌。

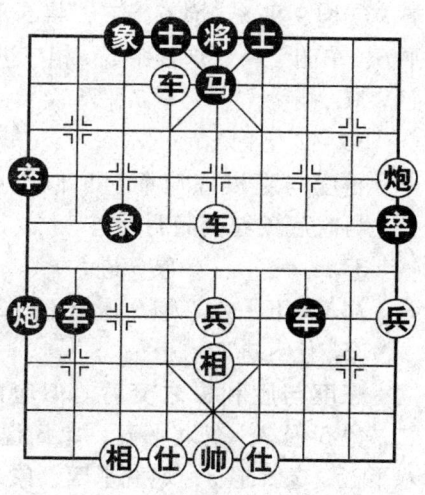

图 279

25. 仕六进五　炮5平9

似应象3进1坚守为宜。

26. 车五平六（图280）　马5进4

倘若马5进7，前车进一，将5进1，前车退一，将5退1，炮一退三，车7平9，前车进一，将5进1，后车进三，将5进1，后车退一，将5退1，后车平三，红棋优势。

27. 前车退二　士6进5

28. 炮一平五　士5进4

29. 前车进一　炮9进3

似应车2平4，前车平五，士4进5，车五平三，士5退6，车三退四，车4平7，车六平一，车7平3，和棋之势。

30. 相五退三　车2退5

无可奈何！只好退车防守。

31. 相七进五　……

错失良机！似应前车进二，将5进1，后车平五，以下黑棋有两种选择：①车7进3，炮五平一，象3退5，炮一退六，车7平9，车五平二，红棋胜势。②炮9平8，炮五平三，将5平6，车六平五，炮8退7，后车平四，炮8平6，车四平一，炮6平5，相三进五，炮5平8，车五平二，红胜。

31. ……　　　　车7平6　　32. 前车进二　将5进1

33. 炮五平八　……

再度与赢棋擦肩而过！似应后车平七，再吃底象红棋简明胜势。

33. ……　　　　象3进5

34. 帅五平六　炮9退1（图281）

35. 仕五进四　……

三度与胜利失之交臂。似应前车平二，象5退7，车六平五，象3退5，炮八平五，象5退3，炮五平四，象3进5，车二退一，抽车红棋胜势。

35. ……　　　　车6进1

36. 后车平一　车6进2

37. 帅六进一　炮9平6

38. 车六退三　炮6退7

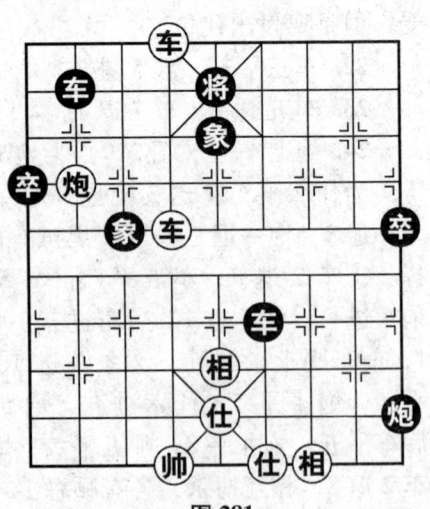

图281

第6章 中炮过河车对盘河马左象

于幼华在顽强防御之下,终于有了喘息之机,而且还有点东山再起的意味。

39. 帅六平五　车6平2　　　40. 车一进一　后车平4
41. 车六进二　将5平4　　　42. 车一平四　炮6进1

大难不死,鸣金收兵,和为上。

43. 炮八平五　车2退1　　　44. 帅五退一　车2进1
45. 帅五进一　车2退6　　　46. 车四进一　车2平5
47. 车四进一　将4退1（和棋）

点评:拼命三郎大难不死犹如神助,重演黑阵还真有点悬!
这盘棋是"得子失先非上策"的真实写照,细细体会赵国荣弃子点穴的意境必获益匪浅。

第90局　中炮过河车进而复退对盘河马右象

1. 炮二平五　马8进7
2. 马二进三　车9平8
3. 车一平二　马2进3
4. 兵七进一　卒7进1
5. 车二进六　马7进6
6. 马八进七　象3进5
7. 车二退二（图282）……

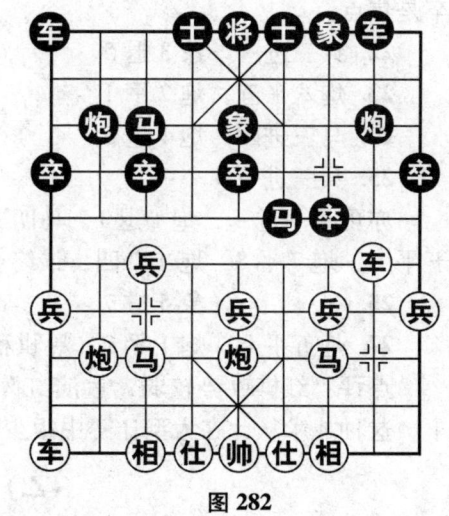

图282

图282形势之下黑棋有卒7进1与士4进5两种选择。

（甲）卒7进1

王嘉良　和　杨官璘
(1957年11月17日弈于上海全国象棋个人赛)

7. ……　　　卒7进1　　　8. 车二平三　炮8平7
9. 车九进一　炮2退1　　　10. 马七进六　马6进4
11. 车三进三　士4进5　　　12. 车九平六　车1平4

13. 车六进二　车8进4　　　14. 车三退三　……

倘若炮五平六，炮2平4，车六进一，炮4进6，车六进五，士5退4，红棋也没便宜。

14. ……　　　炮2进4　　　15. 车三平四　卒3进1
16. 车四退三　卒3进1　　　17. 车四平七　车8平3
18. 炮五平六　炮2退4（图283）
19. 炮六进二　车4进5

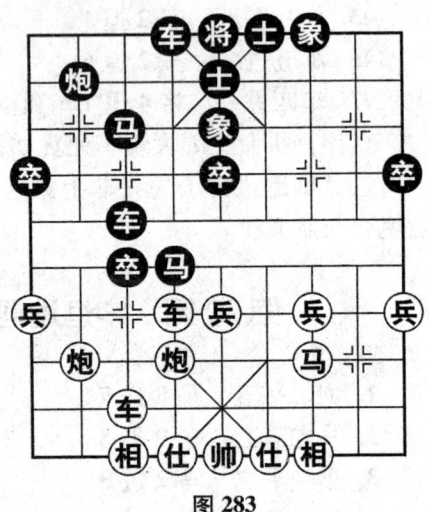

图283

倘若炮2平3，炮八平九，卒3进1，车六退二，卒3进1，车七平九，卒3平2，相三进五，卒2平1，车九进一，车3进5，车九平六，车3退3，黑棋优势。

20. 车六进一　卒3平4
21. 车七进四　象5进3

兑车后形成马炮残局，以下争夺兵卒是焦点。

22. 兵三进一　象3退5
23. 炮八平五　炮2平1
24. 马三进四　炮1进5
25. 兵三进一　……

亦可兵一进一，炮1退1，马四进五，马3进5，炮五进四，炮1平7，炮五平二，炮7平8，炮二平四，最终会形成"炮双卒和炮仕相全的残局"。

25. ……　　　象5进7　　　26. 炮五进四　象7退5
27. 炮五平七　炮1平9（黑棋稍优，余略，终局和棋）

点评：红棋攻势较弱，重演红阵请谨慎。也许在这盘棋名人效应影响之下，这种战术从此在大型比赛中很少出现。

（乙）士4进5

黎德志　胜　周龙

(2013年7月13日弈于重庆首届学府杯象棋赛)

7. ……　　　士4进5（图284）

重庆周龙抛出最新布局飞刀！

8. 车二平四　马6退7　　　9. 炮八平九　炮2进4
10. 兵五进一　……

倘若兵三进一，卒7进1，车四平三，马7进8，车九平八，炮2平3，炮五平四，车1平4，相七进五，炮8平6，车三平二，车4进4，仕六进五，炮6平8，马三进四，马8进6，车二平四，炮8平7，兵一进一，红棋优势。

10. ……　　　车1平4

似应车1平2，兵三进一，卒7进1，车四平三，马7进8，车九平八，炮8平6，黑棋尚可抗御。

11. 车四退一　炮2退2
12. 车九平八　炮2平6
13. 车八进七　炮6退2
14. 车四进三　……

似应马七进八为佳。

14. ……　　　炮8进4

似应卒3进1，车四平三，马3进4，车八退六，炮6进5，黑棋足可一战。

15. 车四平三　车8进2　　**16.** 马七进八　炮8平1
17. 兵五进一　……

中路突破的佳着。

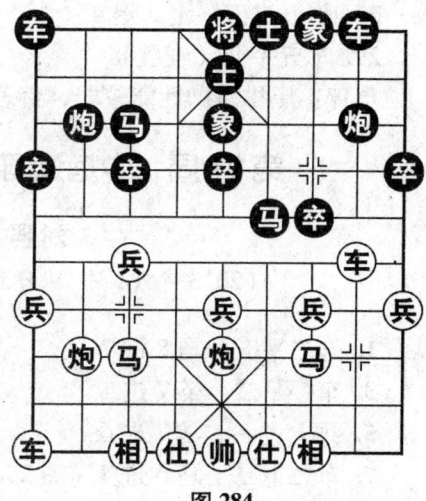

图284

17. ……　　　卒5进1　　**18.** 马八进七　卒5进1

倘若炮6进3，车八平七，炮1平3，车七平八，炮6平5，仕四进五，炮3退3，车三平七，红棋多子亦优。

19. 车八退四　炮1退1
20. 马七进五　……

弃马踏破黑棋防线，胜利在望。

20. ……　　　车4进2
21. 马五退四　炮6退1
22. 兵七进一　炮6平7
23. 车三进一　车8平7
24. 马四进三　车4平7
25. 车八进一　炮1进1
26. 车八平五（图285）　……

拔掉中卒，黑棋难以招架。

26. ……　　　象7进5

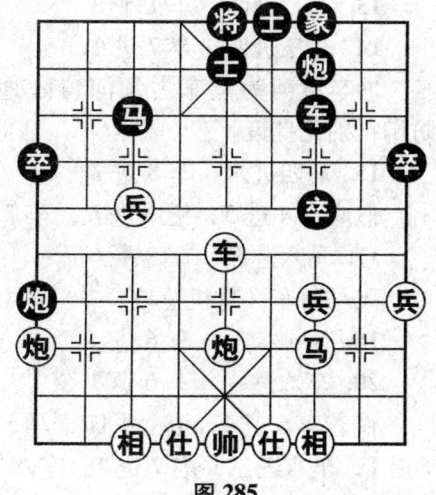

图285

27. 炮五进五　士5退4　　　28. 炮九平五　车7进1
29. 车五平九（红胜）

点评：黑棋防御性能较弱，倘若重演谨慎为妙。

第91局　中炮过河车进而复退对盘河马左象

刘强　胜　李小龙

（2013年12月29日弈于西安班迪杯年终总决赛）

1. 炮二平五　马8进7　　　2. 马二进三　车9平8
3. 车一平二　卒7进1　　　4. 车二进六　马2进3
5. 兵七进一　马7进6　　　6. 马八进七　象7进5
7. 车二退二　马6进7（图286）

西安李小龙抛出最新探索型布局飞刀！

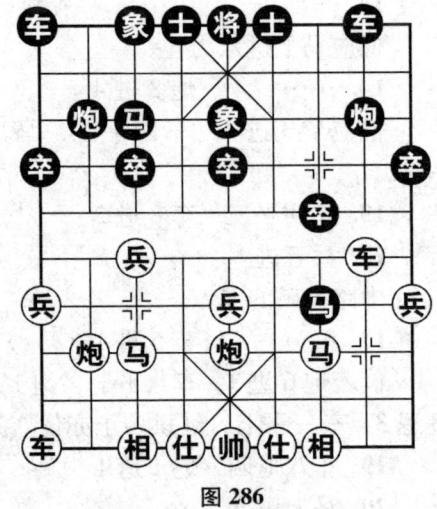

图286

8. 炮八进一　……

进炮打马是争先的佳着。

8. ……　　　　马7进5
9. 相七进五　车1进1
10. 炮八平七　车8进1
11. 车九平八　炮2平1
12. 炮七进三　炮8平7
13. 车二进四　车1平8
14. 马三进四　卒7进1

冲卒渡河为黑车占领河口阵地加强防御，别无良策。

15. 马四进六　车8进3　　　16. 兵七进一　马3退5

似应士4进5，仕六进五，卒7进1，尚可抗御。

17. 马六进四　车8平6　　　18. 马七进六　……

飞马踏车，趁机抢攻。

18. ……　　车6进4　　　19. 相三进一　象5进3
20. 车八进一　车6退1　　　21. 仕六进五　车6进1

倘若车6退4，炮七平四，马5进6，相五进三，炮1进4，车八进二，炮1退1，车八进三，炮7进1，车八平九，炮1平2，车九平八，炮2平1，马六进四，红棋亦优。

第6章 中炮过河车对盘河马左象

22. 仕五进六　车6退1
23. 仕四进五　车6进1
24. 仕五退四　车6退1
25. 马四退三（图287）……

刘强大师精巧的一套组合拳相当漂亮精彩！

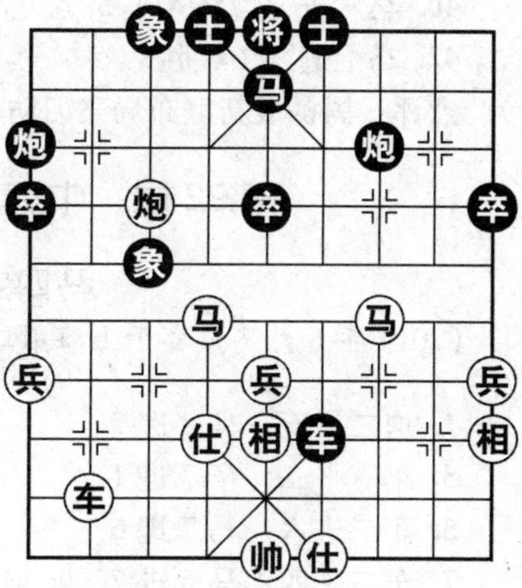

25. ……　　　车6平9

倘若车6退6，马六进五，以下黑棋有两种选择：①车6平8，马五退七，马5进4，炮七平一，红棋胜势。②象3退5，马五进三，炮1平7，炮七平五，红棋胜势。

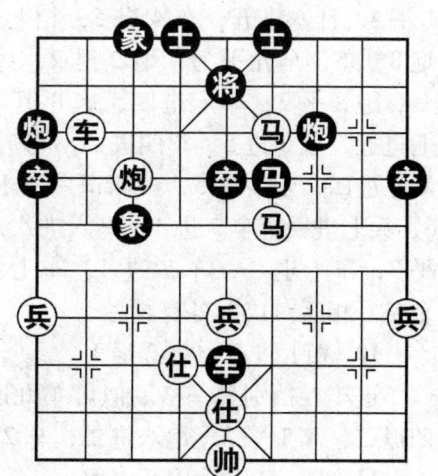

图287

26. 马三进二　车9平6
27. 马六进四　车6平5

吃相虽然雪上加霜，但是无奈。

28. 仕四进五　马5进6　　29. 马二进四　……

亦可炮七平四，士6进5，马二进三，将5平6，马四进二，将6进1，炮四退四，红棋胜势。

29. ……　　　将5进1　　30. 车八进七　将5进1
31. 车八退一　将5退1（图288）
32. 前马退六　……

似可后马进六，将5平6，马四进六，士6进5，车八平三，车5平8，炮七进二，车8退7，车三退一，红棋速胜。

32. ……　　　将5平4
33. 车八平三　……

劫吃一炮，红棋必胜！

33. ……　　　马6退5
34. 马六进五　……

稳健！亦可车三平五，红棋速胜。

34. ……　　　士4进5
35. 车三平七　车5平8
36. 马四退六　象3退5　　37. 车七进二　车8进2
38. 仕五退四　车8退5　　39. 炮七退三　士5进4

图288

237

40. 马六进七　将4平5　　　41. 车七退一　将5退1
42. 马七进九（红胜）

点评：黑棋最新型布局飞刀防御性能较差，重演此阵请小心为宜。

第92局　中炮肋车捉马对盘河马左象

马四宝　负　刘俊达

（2014年6月7日弈于上海第二届上海·川沙杯象棋业余棋王公开赛）

1. 炮二平五　马8进7　　　2. 马二进三　车9平8
3. 车一平二　卒7进1　　　4. 兵七进一　马2进3
5. 车二进六　马7进6　　　6. 马八进七　象7进5
7. 车二平四　马6进7　　　8. 炮五平六　……

卸中炮是象棋大师言穆江于1980年全国象棋个人赛所创。

8. ……　　　　车1进1
9. 马七进六　炮8平7（图289）

黑龙江名手刘俊达首创最新探索型布局飞刀！

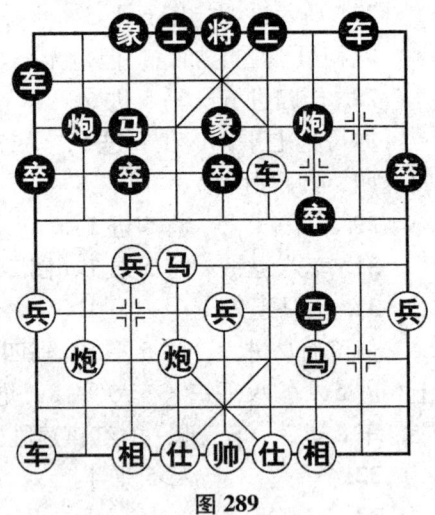

图289

朦胧记得1980年全国象棋赛，言穆江与吕钦之战：炮2进1，马六进七，车1平4，仕六进五，车4进5，相七进五，炮8进5，车九平七，炮2退2，兵七进一，炮2平3，车七进四，炮8退3，马七进五，象3进5，车四进一，马7退6，马三进四，士4进5，马四退六，士5进6，兵七进一，卒7进1，马六进八，车8平7，车七退一，车7进1，车七平六，余略。相互对攻，各有顾忌。

10. 相七进五　炮2退1　　　11. 车四进二　……

进车拦挡别具一格。似可车九进一，炮2平4，马六进七，炮4进2，车四退二，车1平2，炮八进二，车2进3，车九平七，红棋优势。

11. ……　　　　士6进5　　12. 车四退六　……

怪异趣向！可能为了防止黑棋车8平6兑车。

12. ……　　　　卒5进1　　13. 马六进七　卒5进1
14. 车四进一

第6章 中炮过河车对盘河马左象

似应车四进四抢占制高点为宜。

14. ……　　　　　车8平6

兑车是攻守两利的佳着！

15. 车四进六　士5退6　　16. 炮八进一　卒5平6

似可炮2平5，炮八平三，炮7进4，兵五进一，炮5进4，仕四进五，车1平4，黑棋优势。

17. 炮八进一　炮2平7　　18. 车九进一　……

倘若炮八平四，车1平6，炮四平六，卒7进1，车九平八，车6进2，马七退五，卒7平6，黑棋优势。

18. ……　　车1平6　　19. 车九平二　马7进5
20. 相三进五　前炮进5　　21. 炮六平三　炮7进6
22. 炮八进二　卒9进1　　23. 马七退五　……

似应炮八退一，车6进2，炮八平五，士4进5，兵七进一，车6平5，车二平七，炮7平8，兵七平六，红棋尚可一战。

23. ……　　马3进5

准备右马左移，其目的可能是防止红棋右炮左移。似可士4进5，炮八平一，车6进3，马五进七，车6退1，炮一进三，象5退7，兵七进一，车6进1，黑棋优势。

24. 车二进五　马5退7　　25. 炮八平三　炮7平9

倘若炮7退4，车二平三，马7退8，虽然攻势受阻，但局势平稳。

26. 车二进一　马7进5　　27. 炮三进三　……

"见将就将"似有商榷之处。似应炮三平九打卒，卒6进1，炮九进三，卒6平5，车二平五，车6平5，车五平六，车5平4，车六进一，马5退4，相五退三，炮9平4，兵七进一，进入残局胜负难料。

27. ……　　士6进5
28. 炮三平一　车6平9
29. 车二进二　士5退6
30. 炮一平四　马5退7
31. 车二退七（图290）　炮9进2

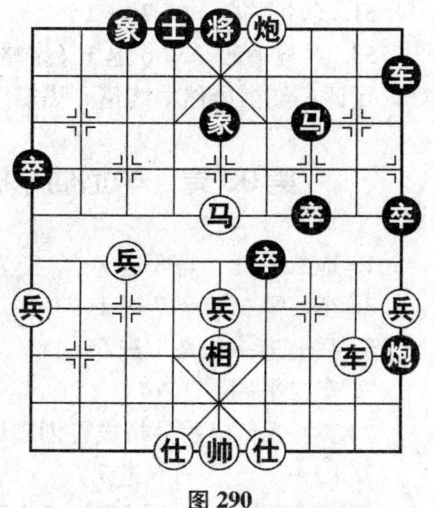

图290

似应炮9平5，车二平五，马7退6，兵七进一，士4进5，兵七平六，车9进

2，黑棋优势。

32. 车二退二　将5平6　　　33. 车二平一　车9进2
34. 兵七进一　……

弃兵避免黑车捉马的困境。

34. ……　　　象5进3　　　35. 仕四进五　车9平5
36. 马五退七　象3进5

似可将6平5，车一平二，士4进5，车二进四，车5平6，黑棋稳步进取为宜。

37. 车一平二　马7退5

"窝心马"构思精巧别致！是为了左马右移。

38. 车二平四　车5平6　　　39. 兵五进一　马5进3
40. 兵五进一　将6平5　　　41. 马七退五　车6退1
42. 马五退四　卒6平5　　　43. 车四平二　马3进2
44. 车二进三　……

似应车二进九，车6退2，车二退六，卒5平4，车二平八，马2退1，车八进三，卒1进1，车八平六，车6进2，车六退二，红棋足可一战。

44. ……　　　卒5平4　　　45. 车二平八　马2退1
46. 车八进三　卒1进1　　　47. 车八平三　士4进5
48. 马四进三　士5退4

似应马1进2为佳。

49. 马三退一　士4进5　　　50. 车三平九　卒6进1
51. 车九平二　卒7进1　　　52. 兵五进一　马1进2
53. 兵五平四　车6退1（余略，终局黑胜）

点评：红棋虽然最终遭到黑棋飞刀攻击而败，还是有可圈可点之处。

第93局　中炮肋车捉马对盘河马左象肋车捉马

1. 炮二平五　马8进7　　　2. 马二进三　车9平8
3. 车一平二　卒7进1　　　4. 车二进六　马2进3
5. 兵七进一　马7进6　　　6. 马八进七　象7进5
7. 车二平四　……

加拿大著名棋手吴裕成首创"肋车捉马"最新布局飞刀！

7. ……　　　马6进7　　　8. 马七进六　车1进1（图291）

图291形势之下红棋有炮五进四与炮八平六两种选择。

第6章 中炮过河车对盘河马左象

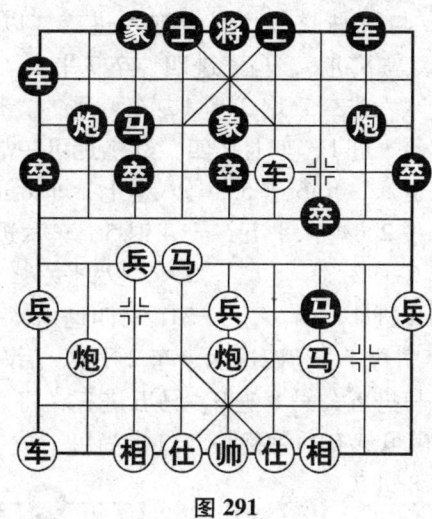

图291

（甲）炮五进四

吴裕成 负 吕钦

（1997年11月21日弈于香港第5届世界象棋锦标赛）

9. 炮五进四 ……

炮轰中卒打开卒林横向通道，往往会造成多兵之势。

| 9. …… | 马3进5 | 10. 车四平五 | 炮8进5 |
| 11. 炮八进一 | 马7退8 | 12. 马六进七 | 车8进3 |

13. 车五平二 ……

随手兑车错失良机！似应炮八进三狙击，车8退1，马三进四，马8进9，车九进二，炮8进2，仕六进五，红棋不差。

13. ……	炮8退4
14. 相七进五	车1平6
15. 仕六进五	车6进2

16. 马七进六 ……

孤马单刀赴会，被黑炮盖帽，这不是要遭到围剿吗？实则是大智若愚。

16. ……	炮2平4
17. 车九平六	炮8退1（图292）
18. 车六进五	……

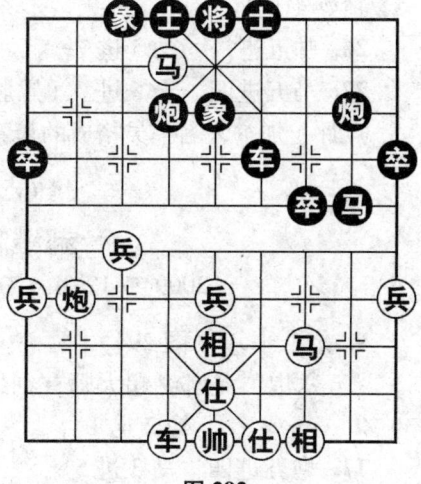

图292

关键之际掉链子，与跳马脱节。似应炮八进二，以下黑棋有两种选择：①卒7进1，车六进五，马8进6，马三进四，卒7平6，马六退八，炮4平3，马八进七，象5退3，车六进二，炮3平1，车六平二，炮1进4，车二平七，车6平2，兵七进一，象3进1，车七平四，红棋足可一战。②车6进1，车六平八，马8进7，马六退八，士6进5，马八退七，车6退1，马七进六，士5进4，车八平六，车6平2，炮八平五，士4退5，车六进四，红棋足可抗御。

18. ……　　　车6平2　　　19. 炮八平六　士4进5
20. 马三进四　炮4进4　　　21. 马四退六　……

似可车六退二，卒7进1，马四进六，车2平4，后马退四，车4进3，马四退六，卒7平6，后马进五，马8进9，马五进三，将5平4，马六退五，卒6进1，兵五进一，黑棋虽然有兵种优势，红棋尚可一战。

21. ……　　　马8进7
22. 兵七进一　……

似应后马进五，炮8进7，相五退七，车2进6，车六退五，马7进9，马五退四，红棋尚可支撑。

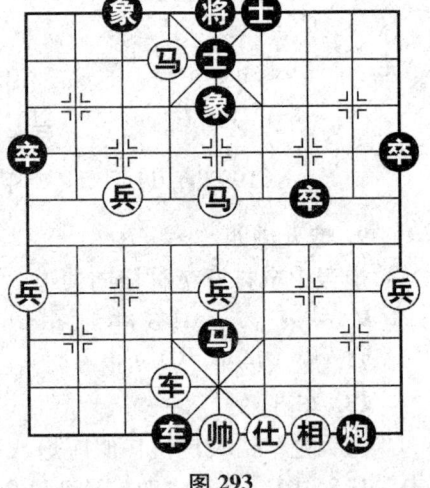

图293

22. ……　　　车2进6
23. 仕五退六　炮8进7

凶悍！

24. 后马进五　马7进5
25. 车六退四　车2平4（图293）

精妙绝伦！

26. 帅五进一　马5进7
27. 马五进四　士5进6（黑胜）

点评：加拿大名手吴裕成的最新飞刀虽然遭到重挫，其布局尚有可取之处。

（乙）炮八平六

郝继超 和 黄海林

（2009年12月6日弈于昆明全国象棋个人赛）

9. 炮八平六（图294）　……

"五六炮"是郝继超大师首创最新改进型布局飞刀！

9. ……　　　炮2退1　　　10. 车九平八　炮2平7
11. 炮五进四　马3进5　　　12. 车四平五　炮8进5
13. 相七进五　车1平6　　　14. 车五平三　炮7退1

第6章 中炮过河车对盘河马左象

稳健！倘若车8进5，马六进七，车6进7，仕六进五，炮8平5，帅五平六，车8平3，车三进二，车3退2，车三平六，士6进5，炮六退一，车6退4，相三进五，红棋多子优势。

15. 仕六进五　士6进5

退炮颇有出其不意的感觉。

16. 炮六平七　炮8退6

17. 车三平二　马7退6

18. 马六进四　车6进3（图295）

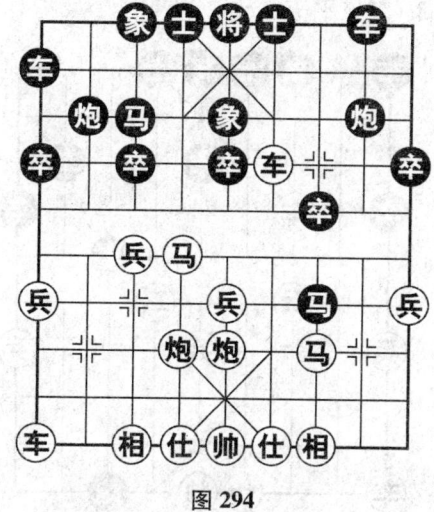

图294　　　　　　　　　图295

19. 相三进一　……

似应马三进二，车6退4，相三进一，炮7进1，车二平七，红棋优势。

19. ……　　　车6退4

及时交换，鸣金收兵。

20. 车八进六　炮7进7

21. 炮七平三　炮8平9

22. 车八平七　车8进3

23. 车七平二　车6进6

24. 车二平一　炮9进5

25. 车一平九　车6平5（和棋）

点评："五六炮"是刚柔相济的战术，优势不大却很稳健。

第94局　中炮肋车捉马对盘河马左象肋车捉马

丁庆亮　胜　谢洪照

（2012年5月5日弈于海宁浙江省第16届宋城·海宁·忆慈杯象棋公开赛）

1. 炮二平五　马8进7

2. 马二进三　车9平8

3. 车一平二　马2进3

4. 兵七进一　卒7进1

5. 车二进六　马7进6
6. 马八进七　象7进5
7. 车二平四　马6进7
8. 马七进六　炮8平7
9. 车四平三　车8进2

宋城棋院丁庆亮抛出最新布局飞刀！

10. 马六进五　马7进5
11. 相七进五　……

似应相三进五为宜。

11. ……　　马3进5
12. 车三平五　炮2退1
13. 车五平七　炮2平7

急于攻城！似应炮2平5，车七平八，卒7进1，黑棋有攻势。

14. 马三进四　……

无所畏惧生死一战！倘若马三退五则稳健。

14. ……　　前炮进7

一炮换双相，攻杀由此进入高潮！

15. 相五退三　炮7进8
16. 仕四进五（图296）　车1平2

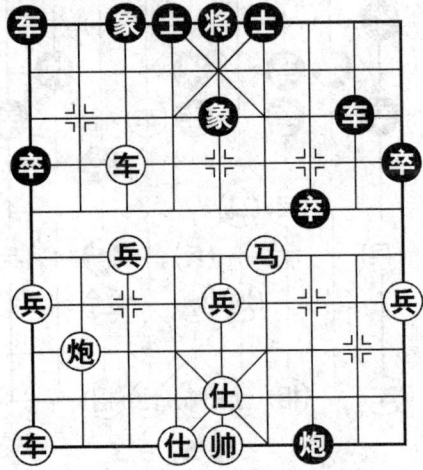

图296

错失良机！似应炮7平9，帅五平四，车8进7，帅四进一，车8退4，以下红棋有两种选择：①车七平四，炮9平1，马四进六，炮1退1，帅四进一，士4进5，马六进八，炮1平3，炮八平七，车1进2，马八进七，将5平4，马七退九，象3进1，黑棋优势。②马四进六，炮9平1，马六进八，炮1退1，仕五退四，车8平6，帅四平五，车6退4，马八进七，车6平3，车七进二，车1平2，炮八进六，卒7进1，兵五进一，士6进5，车七平六，炮1进1，帅五平四，炮1退2，车六退六，车2进1，车六平九，车2进5，黑棋优势。

17. 车九进二　车8进7

似可车2进4，炮八平二，车2平6，车九平四，卒7进1，马四退六，车6进3，仕五进四，车8进5，马六进五，士6进5，马五退三，车8平7，马三进二，卒1进1，黑棋尚可一战。

18. 炮八进四　卒7进1
19. 马四进六　车2进1

倘若炮7平4，仕五退四，炮4平6，车九平四，炮6退1，帅五进一，炮6进1，车七平三，士4进5，车三退二，红棋多子优势。

20. 车九平四　炮7平4
21. 仕五退四　炮4退4

22. 马六进四　车8退4

肋车捉炮，黑棋呈崩溃之势。

23. ……　　　　炮4平6

倘若卒7进1，车四平六，车2平6，后车进二，车8平4，马四进六，车6平4，车六退二，红棋胜势。

24. 帅五平六　士6进5
25. 马四进三　将5平6
26. 车六平四　士5进6
27. 前车进一　车2平6
28. 前车进一　将6进1
29. 马三退四　士4进5
30. 炮八退二　……

精巧！致命一击。

23. 车七平六（图297）……

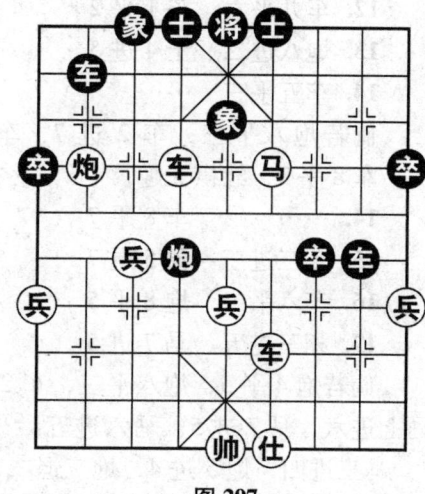

图297

31. 兵七进一　车8进4

30. ……　　　　士5进6
32. 炮八平三　炮6进4

33. 马四退五（红胜）

点评：最新飞刀虽然折断，但炮轰底相的杀伤力不可小觑。

第95局　中炮横车对盘河马左象冲卒逐车

孟立国　胜　言穆江

（1982年10月14日弈于上海上海杯中国象棋大师邀请赛）

1. 炮二平五　马2进3
2. 马二进三　马8进7
3. 车一平二　车9平8
4. 兵七进一　卒7进1
5. 车二进六　马7进6
6. 马八进七　象7进5
7. 车九进一（图298）……

"左横车"是特级大师孟立国于1982年上海杯中国象棋大师邀请赛上首创最新布局飞刀！

7. ……　　　　卒7进1

"冲卒逐车"，展开对攻，势在必行。

8. 车二平四　马6进7

炮轰中卒，冷箭突发！

9. ……　　　　马3进5

9. 炮五进四　……

10. 车四平五　炮8进5

11. 相七进五　炮2平4

245

似应炮2进2再向左翼集结为宜。

12. 车九平六　车1平2
13. 炮八进二　士4进5
14. 车五平三　……

倘若炮八平三，车2进7，车六进一，车8平7，红棋无趣。

14. ……　　　车8平7
15. 车三进三　象5退7
16. 车六平二　炮8平5
17. 相三进五　马7进5

倘若炮4平5，炮八平三，车2进7，马七进六，马7进5，马六进五，马5退3，马三进四，炮5进4，炮三退二，马3进5，仕四进五，炮5平3，仕五进六，红棋优势。

18. 炮八平三　炮4平5

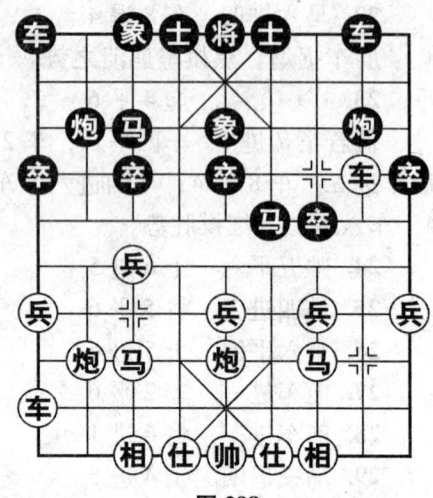

图 298

19. 炮三平五　马5退7

20. 炮五进二　……

佳着！保持多子之优。

20. ……　　　车2进7
21. 车二进二　……

简单问题复杂化！似应车二平七较简捷有力。

21. ……　　　马7退6
22. 马三退五　将5平4
23. 车二平四（图299）　车2退3

为什么不马6进5踏兵？以下红棋有两种选择：①车四平五，炮5进4，马七进五，车2平4，后马进七，车4退4，炮五退一，红棋多子胜势。②马七进五，车2平4，后马退三，车4进2，帅五进一，车4退6，车四进三，车4进5，帅五退一，车4退2，车四退三，炮5进4，马三进二，红棋胜势。

24. 车四进一　炮5平6
26. 车三进一　……

进车链马是佳着！

26. ……　　　炮6平5

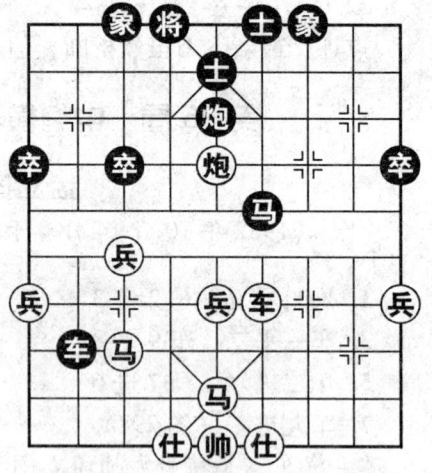

图 299

25. 车四平三　车2平4

27. 马五进四　……

第6章 中炮过河车对盘河马左象

似应马五进三，马6进5，车三平六，马5退4，仕四进五，红棋多子胜势。

27. ……	车4退1	28. 车三平四	车4平5
29. 仕四进五	炮5进4	30. 马七进五	车5进3
31. 兵九进一	象7进5	32. 车四进一	卒3进1
33. 兵七进一	象5进3	34. 马四进三	车5平9
35. 车四平九	象3退5		

退象弃边卒颇为老练，边卒存在，有时会造成限着延长。

36. 车九平六　将4平5　　37. 马三退五　……

特级大师孟立国棋艺精湛，退马取势，体现残局功夫高深。

37. ……　　　卒9进1

为保留小卒造成致命伤害。似应士5进6，未雨绸缪，也许尚存一线和棋之望。

38. 马五进四　……

机不可失！这是"车马兵胜单车士象全"绝佳形势，黑棋很难和棋了。

38. ……　　　车9平7　　39. 兵九进一　……

小兵从容渡河将直捣黄龙。

39. ……　　　卒9进1
40. 兵九平八　车7退4
41. 仕五退四　……

老练！黑士与中象皆不能动。

41. ……　　　卒9平8
42. 兵八进一（图300）　车7进4

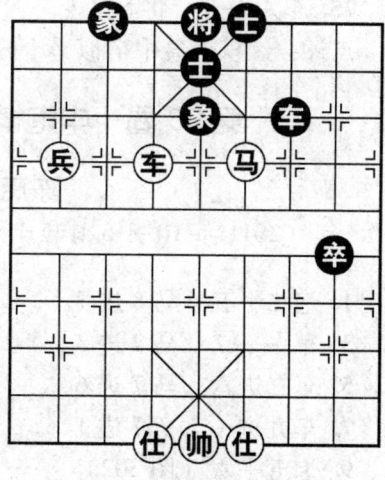

图300

43. 兵八平七	车7平5		
44. 仕六进五	士5进6		
45. 马四进六	将5进1		
46. 车六平二	将5平4		
47. 马六退八	车5平3		
48. 兵七平六	将4退1		
49. 车二退二	车3平4	50. 兵六平五	士6退5
51. 车二平九	车4平3	52. 马八退六	车3进3
53. 仕五退六	车3退5	54. 车九平六	将4平5
55. 仕四进五	车3退1	56. 马六进四	士5进6
57. 兵五平六	车3退2	58. 马四进六	将5平4

59. 马六退八　车3平2　　　　60. 兵六平五　将4平5
61. 车六进二　士6退5　　　　62. 马八退六　车2进1
63. 马六进四　车2平4
64. 车六平七　车4进3
65. 兵五进一（图301）……

经过漫长顽强的防守，防御大堤终于崩溃。

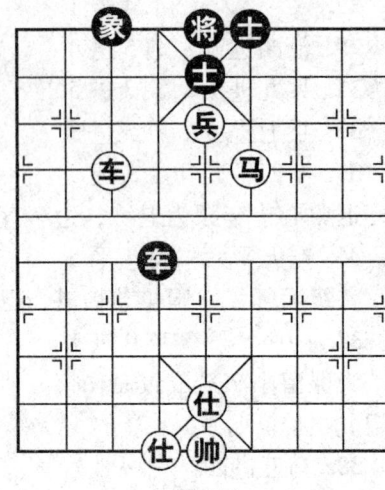

图301

65. ……　　　　象3进5
66. 马四进三　将5平4
67. 马三退五　车4退3
68. 马五退四　将4进1
69. 马四进六　将4退1
70. 车七进三　将4进1
71. 马六退七　车4进2
72. 车七退三　车4平2
73. 马七进八　士5进6　　　　74. 车七平六　将4平5
75. 车六平五　将5平4　　　　76. 仕五进六（红胜）

点评：红棋炮轰中卒似乎十分神奇，实则是因软着叠加造成黑棋失败。

第96局　中炮横车对盘河马左象冲卒逐车

陈茂顺 胜 谢灶华

（2011年10月5日弈于惠州中国移动幸福惠州象棋公开赛）

1. 炮二平五　马8进7　　　　2. 马二进三　车9平8
3. 车一平二　马2进3　　　　4. 兵七进一　卒7进1
5. 车二进六　马7进6　　　　6. 马八进七　象7进5
7. 车九进一　卒7进1　　　　8. 车二平四　马6进7
9. 炮五平六（图302）……

江西著名棋手陈茂顺首创卸中炮最新布局飞刀！

9. ……　　　　车1进1　　　10. 炮八进二　车1平7
11. 相七进五　炮8进5　　　　12. 炮八平三　马7进5

弃马换相是争夺优势的佳着。

13. 相三进五　炮8平5　　　　14. 车九平八　车7进4

似可炮5平3，马三进四，炮2平1，马四进三，车7平4，仕六进五，炮

第6章 中炮过河车对盘河马左象

1进4，黑棋足可一战。

15. 车八进六　炮5平3
16. 马三进四　……

为什么不马三退五？炮3平1，车八平七，炮1进2，马五退七，车8进6，仕四进五，车8平5，车七平八，车7平3，黑棋优势。

16. ……　　　车8进6
17. 仕六进五　车8平5

倘若车8平6，马四进六，车6退3，马六进四，车7退2，炮六进四，炮3平8，帅五平六，炮8进2，帅六进一，炮8退6，车八平七，炮8平6，炮六平四，车7平6，车七退一，和棋之势。

18. 车八平七　车5退1

似应车5平1，车七平六，士4进5，车六退二，车1进3，炮六退二，炮3平9，车六平二，卒5进1，黑棋尚可一战。

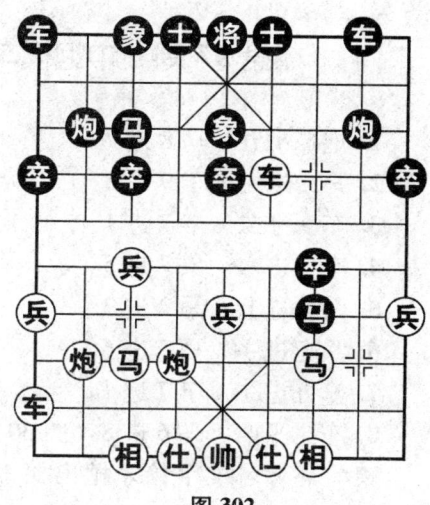

图302

19. 马四进三　炮3退1
20. 车七平六　炮3平5
21. 帅五平六　士6进5
22. 车六退四　车5平3
23. 马三进二　车3进4
24. 帅六进一　车3退1
25. 帅六退一　炮5平7
26. 炮六平三（图303）……

解杀还杀，上段双方攻守相当紧凑精彩！

26. ……　　　车7退4
27. 马二退三　炮7退2
28. 车四平五　士5进4

弃士速败。应车7进1为宜。

29. 车六进四　士4进5
30. 车六进一　车7进1
31. 马三进五　车7平6
32. 马五进七（红胜）

点评：黑棋虽然遭受挫折，但其反击力不可小觑。

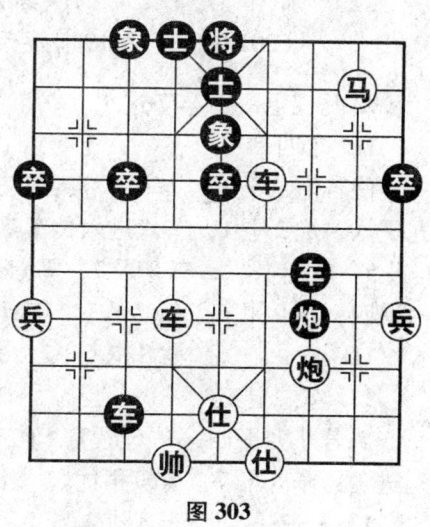

图303

第97局 中炮横车对盘河马左象冲卒逐车

1. 炮二平五　马8进7
2. 马二进三　车9平8
3. 车一平二　卒7进1
4. 车二进六　象7进5
5. 马八进七　马2进3
6. 兵七进一　马7进6
7. 车九进一　卒7进1
8. 车二平四　马6进8（图304）

柬埔寨著名棋手赖才抛出探索型最新布局飞刀！

图304形势之下红棋有马三退一与马三退五两种选择。

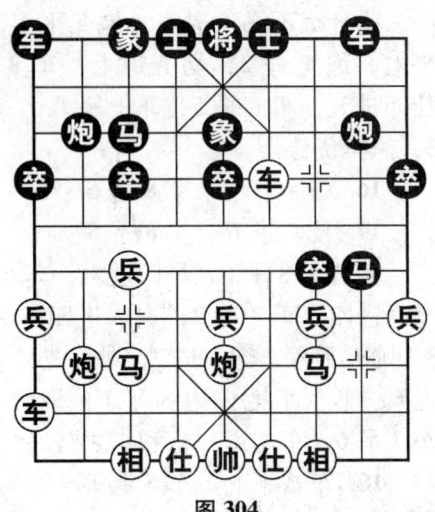

图304

（甲）马三退一
洪家川 负 赖才
（2010年11月19日弈于广州第16届亚运会象棋比赛）

9. 马三退一　卒7进1 10. 炮八进一　车1进1
11. 车四平二　……

倘若炮八平三，车1平7，炮三平二，炮8进4，马一进二，车7进5，车九平八，炮2平1，车八进六，车7平8，车八平七，前车平6，车四平五，士6进5，车七退一，车8平7，马七进六，车6平9，车五平二，马8进6，马六退四，车9平6，车二平三，车7进3，车七平三，平淡之势。

11. ……　　　马8退6 12. 车二退一　车1平6
13. 车二退三　……

倘若车九平四，马6退7，车二退四，车6进7，车二平四，马7进8，马七进六，车8平7，黑棋稍优。

13. ……　　　车8进1 14. 炮五平四　车6平7
15. 炮四进二　车7平4 16. 车九平四　马6进8
17. 车二平六　马8退7 18. 炮八进一　……

似应炮四进三，车8平6，相七进五，车7退1，车六退一，坚守为宜。

第6章 中炮过河车对盘河马左象

18. ……	马7进6	19. 炮八平四	车8平6
20. 车六平四	炮2进4	21. 炮四平五	……

倘若炮四进五，车6进6，车四进一，车7平3，炮四退一，车3进1，黑棋优势。

21. ……	卒7平6	22. 前车平二	炮8平6
23. 车四平八	炮2平3		
24. 相七进五	卒5进1		
25. 车八进二	卒5进1		
26. 车八平七（图305）	卒5平6		

亦可车7进3，兵五进一，炮6平7，车七平八，车7平9，黑棋胜势。

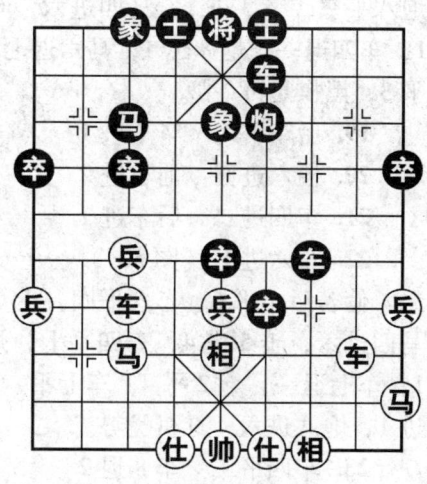

图305

27. 兵五进一	车7进3
28. 马一进三	炮6平7
29. 车七平八	炮7进4
30. 车八进四	马3进5
31. 马三退五	后卒平5
32. 马七进八	卒6进1
33. 马五进七	卒6进1（黑胜）

点评：冷门飞刀突然亮相，红棋措手不及而导致失败。

（乙）马三退五

杨正双 胜 赖才

（2010年12月1日弈于沙捞越第16届亚洲象棋团体赛）

9. 马三退五（图306）　……

"窝心马"是缅甸著名棋手杨正双抛出的最新改进布局飞刀！

9. ……	卒7进1	10. 车四平二	马8退6
11. 车二平四	马6进8	12. 马七进六	炮8平7
13. 相三进一	车1进1	14. 相一进三	车1平4

红棋飞相之后，底线呈空虚之势，似应炮7平9，炮五平二，马8进7，马五进三，卒7进1，炮二平一，炮9进4，相三退五，车1平4，马六进四，卒7平8，炮一退二，车8进6，车九平四，士4进5，仕四进五，车4进3，黑棋足可一战。

15. 马五进七	马8进7	16. 车九平四	车4平8
17. 马六进四	炮7进2		

似应炮7平8，前车平二，炮8平6，车二进二，车8进1，马四退三，士6进5，马三进五，车8进3，黑棋尚无大碍。

18. 炮八进一　马7进8

似应炮7平8，后车平二，炮2进1，炮八平三，卒3进1，马四进六，卒3进1，车四退一，炮8退1，马六退七，炮2平3，黑棋足可一战。

19. 后车平六　卒7进1
20. 仕六进五　前车进2
21. 车四进二　后车进1
22. 车六进七（图307）　士6进5

倘若后车平6，车六平四，士6进5，马四进六，士5进4，车四平七，炮2进1，车七退一，炮2平4，车七平六，卒5进1，炮八进六，红棋优势。

23. 车四平二　车8退2
24. 车六平七　车8平6
25. 马七进六　炮2进3
26. 车七退一　……

红棋多子胜势。

26. ……　　　卒1进1
27. 炮五进四　炮2平4
28. 马四退六　车6进4
29. 车七平六　车6平7
30. 车六退二　马8退6
31. 相七进五（余略，终局红胜）

点评："窝心马"虽然攻城擒王，黑棋的反击不可小觑，重演红阵还是小心为宜。

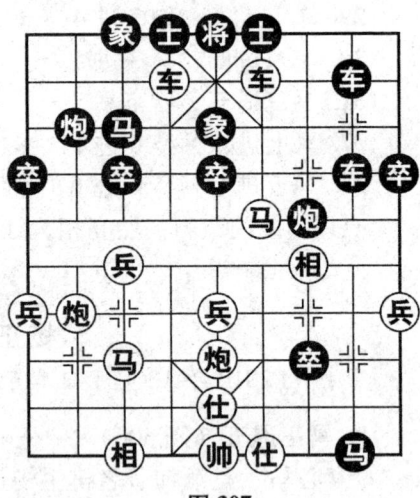

图306

图307

第7章 中炮过河车对盘河马冷门孤局

中炮过河车对盘河马经近一个世纪争斗，可谓百花齐放。既有轰轰烈烈的主流战术，也有像闪亮的流星划破夜空后消失了的孤局，同样也给棋人留下深刻印象。

第98局 中炮过河车炮轰中卒对左马盘河左象

王嘉良 胜 胡荣华

（1963年8月5日弈于西安全国象棋团体赛）

1. 炮二平五　马2进3　　2. 马二进三　马8进7
3. 车一平二　车9平8　　4. 兵七进一　卒7进1
5. 车二进六　象7进5　　6. 马八进七　马7进6
7. 炮五进四（图308）……

"炮轰中卒"打开卒林通道是王嘉良首创最新布局飞刀！

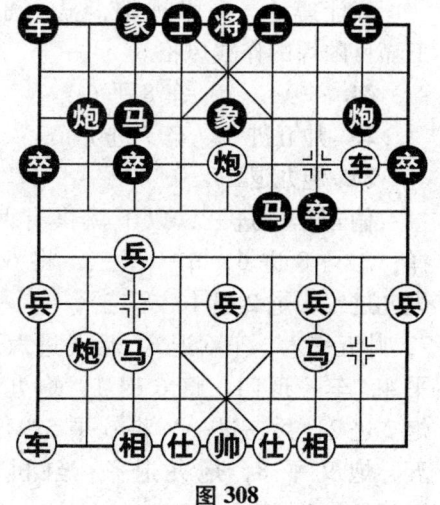

图308

7. ……　　　马3进5
8. 车二平五　车1进1
9. 车九进一　……

两大高手针锋相对，各显神通！

9. ……　　　车1平4
10. 车五退一　马6退7
11. 炮八平九　士6进5

补士似无可非议，但红车镇头，威胁黑棋左翼马炮不敢轻易出动。似应车4进5闪开"象眼车"则攻守兼备。

12. 相三进五　……

稳健。亦可车九平二，车4进5，马七进八，炮8进2，车五退一，车4

平1，马三退五，子力灵活。

12. ……　　　炮8平9

胡荣华发现要遭受牵制的弱点，忙分炮开边，并有潜伏边线切入的构想。

13. 马七进八　车8进7　　14. 马三退五　车8进1
15. 马五进七　车8平1　　16. 马七退九　车4进7
17. 马九进七　车4平7

胡荣华借捉马之机，快速把车调到红棋右翼，形成各攻一翼之势。

18. 车五退一　炮9进4
19. 仕四进五　车7平8
20. 车五平一　车8进1
21. 仕五退四（图309）　马7进8

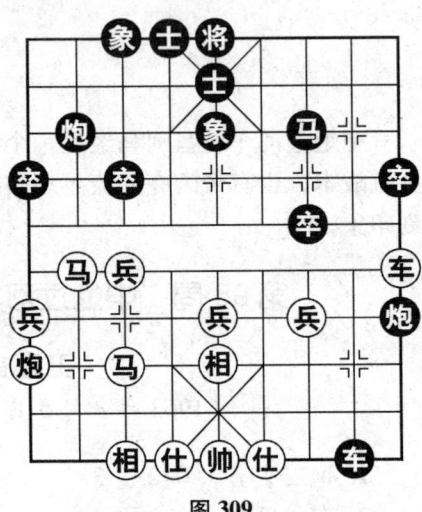

图309

为什么不炮9进3？马七退五，将5平6，车一平四，将6平5，车四平一，将5平6，车一平四，将6平5，车四平一，不变作和。

22. 车一进二　象5退7
23. 炮九进四　将5平6
24. 马八进七（图310）　……

弃仕搏杀，高瞻远瞩，显示东北虎王嘉良凶悍的作战风格。

24. ……　　　车8平6
25. 帅五进一　卒7进1
26. 炮九退二　……

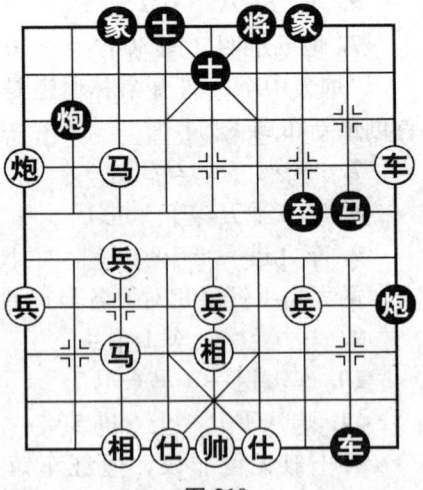

图310

倘若车一进三，以下黑棋有两种选择：①马8进6，车一平三，将6进1，炮九进二，炮2退1，车三平一，马6进7，帅五平六，车6退6，后马进六，车6平4，车一退四，将6退1，炮九退二，炮2进2，兵三进一，将6平5，仕六进五，炮9平8，炮九退一，红棋优势。

②将6平5，车一平三，士5退6，前马退五，士4进5，车三退四，马8进7，车三平一，炮9进3，炮九平五，炮2平5，马五进七，车6退6，前马退六，炮9退4，车一平七，象3进1，车七平八，炮9平4，马七进六，将5平4，

第7章 中炮过河车对盘河马冷门孤局

相五进三,红棋优势。

26. ……　　　卒7进1
27. 车一进三　将6平5
28. 兵七进一　炮2平9

背水一战。倘若车6退9,车一退四,马8进6,炮九平五,象3进5,帅五退一,马6进7,仕六进五,炮2平4,前马退五,炮4退1,马五退三,炮9平8,马三进二,车6进3,车一平三,将5平6,车三平四,车6进1,马二退四,红棋优势。

29. 车一平三　士5退6

退车捉马,黑棋崩溃。

30. 车三退四　……

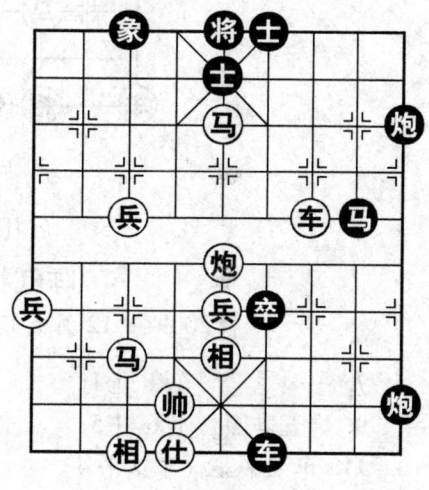

图311

30. ……　　　前炮进2
31. 炮九平五　卒7平6

倘若马8进9,车三平五,士6进5,车五平一,将5平6,车一退二,红棋亦胜势。

32. 前马进五　士4进5
33. 帅五平六（图311）……

精妙绝伦！一剑封喉。

33. ……　　　象3进5
34. 车三平六　车6退1
35. 仕六进五（红胜）

点评："炮轰中卒"虽然打通卒林横向通道,但是也造成黑棋子力出动快速的后果。尽管东北虎战胜胡司令影响较大,但并未形成后来者趋之若鹜的现象。重演红阵还是谨慎为宜。

第99局　中炮过河炮对盘河马左象

1. 炮二平五　马8进7
2. 马二进三　车9平8
3. 车一平二　马2进3
4. 兵七进一　卒7进1
5. 车二进六　马7进6
6. 马八进七　象7进5
7. 炮八进四（图312）……

广东名手陈红标首创"五八炮"最新布局飞刀！

图312形势之下黑棋有车1进1与卒7进1两种选择。

255

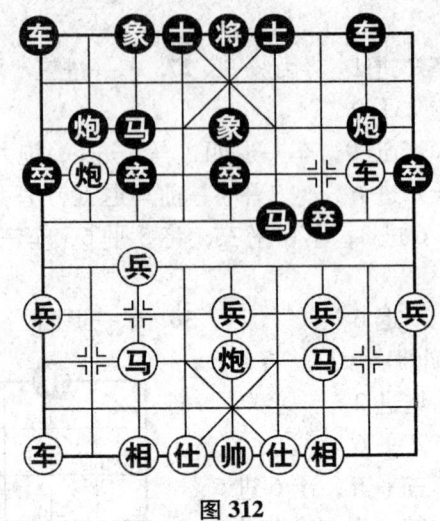

图 312

（甲）车 1 进 1

陈红标 胜 刘立山

（2009 年 12 月 6 日弈于广州市象棋甲组联赛）

7. ……　　车 1 进 1	8. 炮八平五　马 3 进 5
9. 炮五进四　士 6 进 5	10. 车九平八　车 8 平 6
11. 车二平三　车 1 平 4	12. 仕六进五　车 4 进 5
13. 相七进五　车 4 平 3	14. 马七退六　炮 2 进 4

主动反击，倘若炮 8 平 7 则稳健。

| 15. 兵五进一　马 6 进 7 | 16. 兵五进一　炮 8 进 6 |

似应炮 8 进 3，车三退一，炮 8 平 5，车三进一，卒 9 进 1，炮五退二，马 7 退 5，车三退二，马 5 进 7，黑足可抗御。

17. 车三退一　炮 8 平 7	18. 相五进三　卒 3 进 1
19. 车三平二　卒 3 进 1	20. 马六进五　马 7 进 5
21. 相三退五　卒 3 平 4	22. 车二退一　卒 4 进 1

似应车 6 平 7，马三进四，车 3 平 6，马四进六，炮 7 退 3，马六进八，将 5 平 6，相三进一，炮 7 平 5，炮五退二，卒 4 平 5，车二平五，车 7 进 7，相一退三，炮 2 平 9，局势平稳。

| 23. 马三进四　卒 4 进 1 |

败着！似应炮 7 退 2 为佳。

| 24. 马四进六　车 3 平 4 | 25. 马六进八　…… |

第7章 中炮过河车对盘河马冷门孤局

"飞马奔槽"，黑棋陷于困境。

25. ……　　　　炮2平3（图313）

无奈！

26. 车八进三　……

似应兵五平六，车4退2，马八退六，红棋速胜。

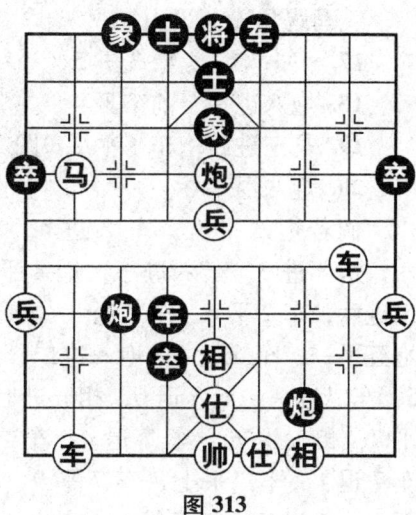

图313

26. ……　　　　炮7退6
27. 马八进七　车4退5
28. 车八平七　炮7退1
29. 马七退八　卒4进1
30. 车二平三　炮7平6
31. 车七进六（余略，终局红胜）

点评：五八炮稳健性较好，赢棋不易，输棋也难。

（乙）卒7进1

李进 和 吴贵临

（2013年6月25日弈于惠州第二届佩雷斯杯惠州象棋邀请赛）

7. ……　　　　卒7进1（图314）

吴贵临抛出最新布局飞刀！

8. 车二退一　马6退7
9. 车二退二　卒7平6
10. 车九进一　炮2退1

"退炮"是机动灵活的佳着。

11. 马七进六　……

倘若车九平四，炮8进2，车二进一，炮2平8，车二平四，前炮平7，马三退一，炮8进7，前车平三，车1平2，车四平八，士4进5，马七进六，炮8退5，黑棋足可抗御。

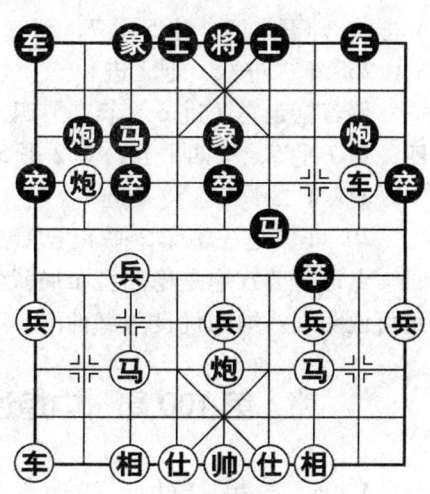

图314

11. ……　　　　炮2平5
12. 车二进三　卒6平5　　13. 马六进七　马7进6
14. 车二退一　马6进7　　15. 车二退二　马7进5
16. 相七进五　炮5平3　　17. 马七进五　……

飞马踢象逼上梁山。

17. ……　　　象3进5
18. 炮八进一　前卒平4
19. 马三进四　车1平2（图315）
20. 炮八退六　……

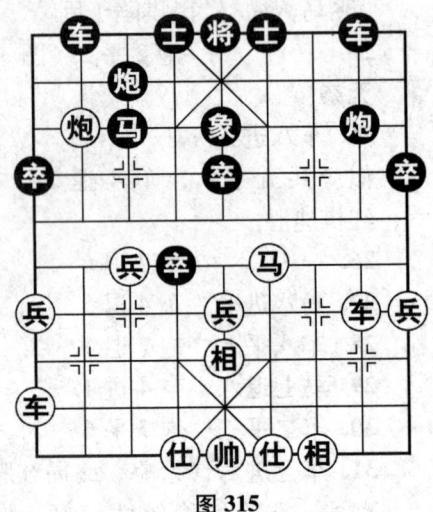

图315

倘若炮八平五，车2进4，车九平六，炮8进3，车六进三，炮8平4，车二进六，车2平6，车二退一，炮3进4，炮五平一，车6进1，炮一进二，士6进5，车二进一，士5退6，相五进七，车6平7，相七退五，车7退4，车二退二，车7退1，车二平七，车7平9，车七平五，士6进5，车五退一，卒1进1，黑棋优势。

20. ……　　　马3退5
21. 炮八平二　马5退7
22. 马四进三　炮3平8
23. 车二平三　后炮进7
24. 车九平二　炮8平7

倘若士4进5，马三进四，车8进1，车三进六，车8平6，车二进六，车6进8，帅五平四，象5退7，车二退一，车2进3，平淡之势。

25. 车二进八　炮7进4
26. 马三进五　将5进1

倘若错走马7进6，车二平四，将5进1，车四退二，车2进2，车四退四，炮7平5，车四平五，车2平5，兵七进一，红棋优势，黑棋无趣。

27. 车二平三　将5进1
28. 车三退六　车2进4
29. 车三进三　车2平5（余略，终局和棋）

点评：五八炮是稳健型布局武器，一位业余棋手能与国际特级大师打平，足可说明五八炮的优良防御性能。

第100局　中炮过河车对盘河马右炮过河

1. 炮二平五　马8进7　　2. 马二进三　车9平8
3. 车一平二　马2进3　　4. 兵七进一　卒7进1
5. 车二进六　马7进6　　6. 马八进七（图316）　……

图316形势之下黑棋有炮2进4与炮2进2两种选择。

第7章 中炮过河车对盘河马冷门孤局

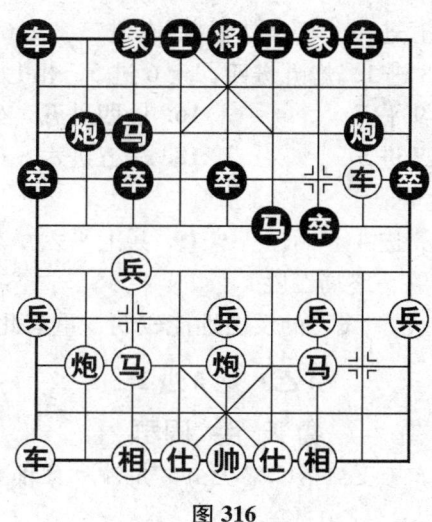

图 316

（甲）炮2进4

牛志峰 胜 张永亮

（2014年5月21日弈于太原新庄杯象棋公开赛）

6. ……　　　　　炮2进4

"过河炮"是山西朔州棋手张永亮抛出的最新布局飞刀！

7. 兵五进一　卒7进1　　　**8.** 车二退一　卒7进1

似应马6进7，兵五进一，士6进5，马三进五，卒7平6，车二进一，炮2退3，马五进六，卒3进1，炮五进四，马3进5，车二平五，炮2进1，兵七进一，炮2平4，兵七平六，车1进2，仕六进五，炮8进7，黑棋尚可一战。

9. 兵五进一　卒7进1

似应马6退7，车二平三，卒7进1，车三进二，象7进5，马七进五，炮8进5，马五进六，车1进2，车三退四，炮8平5，相七进五，炮2退2，马六进八，车1平2，仕六进五，卒5进1，车九平六，车8进3，车六进五，炮2进1，车三平六，卒5进1，前车进一，车8平4，车六进三，马3退5，兵七进一，马5退7，兵七进一，红棋虽然仍优，但黑棋尚可一战。

10. 兵五平四　象7进5　　　**11.** 马七进五　车1进1
12. 炮八平三　车1平7　　　**13.** 炮三平二　炮2平9
14. 炮二进五　炮9进3

为什么不车7进8吃相？车九进一，炮9进3，车九平二，马3退5，后车退一，车7平6，帅五进一，车6退3，后车进三，车6平8，车二退二，马5退7，炮二退一，车8进1，炮五进四，士6进5，相七进五，红棋胜势。

15. 车二退五　炮9平7　　　16. 仕四进五　卒3进1
17. 兵七进一　车7进5　　　18. 马五进六　……

简明！保持多子优势。

18. ……　　　马3进4　　　19. 兵七平六　车7平6
20. 车二平三（余略，终局红胜）

点评：黑棋"过河炮"飞刀的反击性能较弱，重演此阵请小心为宜。

（乙）炮2进2

鲁天 胜 周群

（2014年6月8日弈于上海第二届上海·川沙杯象棋业余棋王公开赛）

6. ……　　　炮2进2

"巡河炮"最早是2013年12月1日福建省板桥津点杯象棋锦标赛，福州陈炳霖与漳州王永明之战首创，以下接走：兵五进一，象3进5（似应卒7进1），兵五进一，卒5进1，马七进五，马6进7，炮五进三，士4进5，炮八平五，炮2退1，车二平七，炮2进4，车七平二，马3进4，车九平八，炮2平7，马五退三，马4进3，车八进三，马7退5，马三进五，车1平4，仕四进五，车4进4，车八进六，车4退4，车八平六，将5平4，后炮平二，余略，红胜。

7. 车九进一（图317）　……

江苏棋手鲁天抛出最新改进型布局飞刀！

7. ……　　　象3进5
8. 兵五进一　卒7进1
9. 车二平四　马6进7
10. 兵五进一　炮8进5

兑炮是奇着怪步！似可卒5进1，车四平三，马7进5，炮八平五，士4进5，车三退二，炮8平6，车九平八，车1平2，车八进二，车8进4，局势平稳。

11. 炮五平二　车8进7
12. 马七进五　车8退2

呆板！似可车8退3，马五进三，车8平7，后马进五，卒5进1，炮八平三，卒5进1，马五退四，炮2退1，车四平七，卒5平6，马四进三，马3退

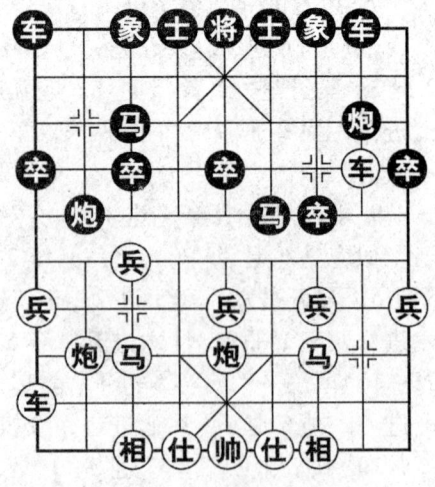

图317

第7章 中炮过河车对盘河马冷门孤局

1，车七退一，车7平3，兵七进一，卒6平7，马三进五，炮2平5，马五进四，车1平2，相互对攻各有顾忌。

13. 兵五进一　炮2平5　　　14. 炮八平五　马7进5

弃车取势伤亡较大。似应车8退1为宜。

15. 马三进二　马5进3　　　16. 马五退六　前马退2
17. 车九进一　卒7平8　　　18. 车四退一　炮5平1
19. 车九平四　士4进5　　　20. 兵五进一　象7进5
21. 前车平八　车1平4　　　22. 车八退二　车4进8
23. 车四进四　……

红车进卒林横扫，黑棋少象，很难招架。

23. ……　　　炮1平5
24. 车四平七　车4退3（图318）
25. 帅五进一　……

似应车七进一吃马，车4平5，相三进五，红棋速胜。

25. ……　　　马3退4
26. 车七平五　炮5进1
27. 车八进六　车4平3
28. 车五进一　卒9进1
29. 车五退二　卒9进1
30. 兵一进一　卒8平9
31. 车八平九　卒9平8
32. 车九退三　卒8平7
33. 相七进九　车3平2
34. 车九平三　卒7平6
35. 车三平四　卒6平7
36. 相三进一　卒7进1
37. 车四退二（余略，终局红胜）

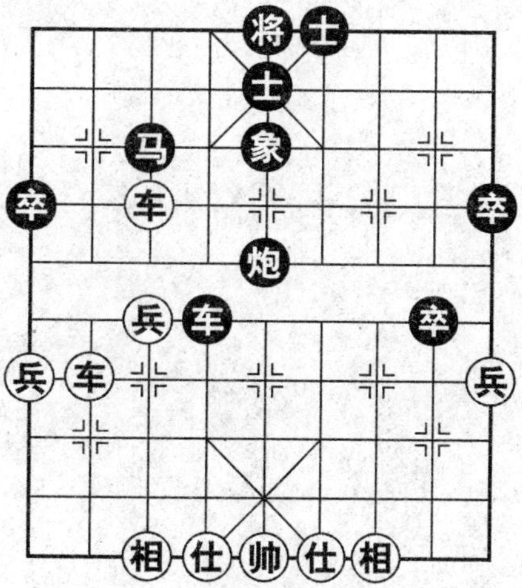

图318

点评："巡河炮"有沿河八打之妙，但在此局则没有体现其威力，重演黑阵请小心！